U0025365

獻給我的父母

唐俊賢與黃玉潔
他們用顛沛流離，換來我的自由

漂流途中

Drifting On Route— the Smalley's Roaming Career

司馬家的流浪生涯

唐嘉慧 著

漂流途中

—— 目錄 Contents

編者序

　　與嘉慧結識，進而成為熟稔的工作夥伴和好友，說來奇妙，是英國作家杜瑞爾的書為我們牽的線。

　　高中時期第一次讀到杜瑞爾的書，深深被他書裡的動物世界吸引，也種下日後選擇自然出版的人生因緣。1994年大樹文化剛創立的第二年，有一天接到嘉慧毛遂自薦的電話，茫茫人海中兩位杜瑞爾的忠實粉絲於焉相遇。

　　嘉慧的中英文造詣皆佳，更難能可貴的是她可以完全抓到杜瑞爾說故事的精髓，希臘三部曲的中譯本把杜瑞爾的童年生活和英式幽默表達的活靈活現，台灣讀者讀起來一點也沒有違和感，她的出色譯作成就了希臘三部曲的暢銷。

　　後來嘉慧結識了來自英國的地球科學家司馬立，1998年婚後與先生一起遷居美國，從此展開司馬家的流浪生涯近20年。2018年夏天嘉慧把她幾十萬字的書稿傳給我，我才知道她依舊未曾忘情寫作，只是這次說的是自己和家人的故事，以及他們的異國生活，還有許多難得一見的自然景觀。

　　身為這本書的第一位讀者，完完全全被書中的精彩情節所吸引，從而看到了過去20年她在異國異地的生活、掙扎和喜樂。她的美妙文字往往伴隨著生動的畫面，特別是那些我根本無緣一訪的自然美地，好似與他們一起同遊，體驗剎那間的感動。

　　浩瀚無邊的地球家園，我們每個人終其一生也只能以管窺天，但透過閱讀，我們得以分享彼此。漂流途中，是過客，也是滿載生命重量的歷程。

張蕙芳

漂流之始

台北

Drifting On Route ———
the Smalley's Roaming Career

(1998)

1998 年 11 月 15 日是我和史提夫在台北度過的最後一個星期日。天氣陰涼，偶陣雨。

大清早，我們照常帶凸凸坐計程車至建國高架八德路口與山友集合，結伴爬山，走出一身汗，一路閒扯淡。在山中消磨大半日之後，下山搭伙吃頓可口實惠的晚午餐，不藉尼古丁酒精，只取野菜粗食與同志友誼。肚皮緊、眼皮鬆、四肢酥軟、心情舒暢地回家。

我愛爬山。尤其結婚前，爬山對單身的我來說是重要的活動兼運動。我成天獨自在家伏案譯書，幸虧加入這以克拉克亥奇健身中心幾位會員為主、但熱忱歡迎新朋友、因此成員流動大的爬山團體，認識不少來自各行各業的「社會人士」，生活才不致於太過封閉。1996 年初，更因為爬山，遇見被美國康納和石油公司從英國調來台北，在台灣海峽內探勘油氣的地球物理專家史提夫。千里姻緣，紅娘便是可愛的台北郊山。

爬山四、五年，許多新面孔出現又消失，只有幾顆老芋仔每週日恆常報到——和我一樣家人都已移民國外、年逾耳順的老爹；沈默寡言、山路最熟的楊宗輝；像粒日本果凍的韓瑞；職場女強人科羅娜；還有五十歲、不成家也不出家的工廠老闆兼禪師道格拉斯。見到這幾個人，我就開心。無論結伴坐公車，或自駕車，一駛出擁擠市區，望見綠色山景，整個人便無端興奮起來。進了入山口，開始爬石階，低海拔的雜樹林、野花蟲鳥，令人眼花撩亂；若有溪流、泉水相伴，心情亦隨之跳躍、飛揚！待步入山腰樹林深處，林相變單純，日照受遮擋，嚮往登頂望遠的意念如箭上弦，心境逐漸沈澱。持續行走數小時，注意力集中於雙足，尤其是走在沒舖步道的林中，必須在行進間不斷選擇安全省力的落腳點，那是一種全神貫

注，紛擾消融的狀態。

　　剛開始我不敢帶凸凸週日登山，因為無法預知路況，也不能想像抱著她爬稜脊。史提夫出現後，想出對策，遭遇陡峭路段，向上爬時由我帶凸凸，將她塞進背包，只留她的頭和兩隻前腳在外，拉鏈盡量拉緊，史提夫緊跟在後，防止她因緊張亂動而掉出來。往下爬時，史提夫用左手將她夾在腋下，騰出右手緣繩或梯。偶爾必須扮演軟綿綿的填充玩具狗，凸凸配合得宜，默契十足。凸凸的身體如體操選手呈標準倒三角型，前腿粗壯，後腿及臀部瘦小，其實是天生的登山能手，極少需要人抱。往上爬，她的後半身不造成任何負擔；往下衝，屁股和後腿幾乎一直懸空，每跨一步，只需用一隻後腳如蜻蜓點水般輕輕點地一下，一怔一怔，兼具平衡及轉向動能。凸凸憑藉「超人」的攀爬能力、耐力與速度，立刻被山友們接納，意外獲得一個展露潛能的平臺。

　　七年前，我住陽明山上，隔壁屋主是位花花公子，週末才帶不同的女友上山過夜。他養了一群狗，主人不在時便出來遊蕩乞食。這群狗不斷生小狗，小狗不斷離奇失蹤，凸凸便是其中一窩小狗中出奇小的一隻。這群狗大概都有狐狸狗的血統，再與土狗雜交，凸凸天生畸形，四條腿特別短，長成一隻特別矮的中型狗。是特殊的緣份吧！她出生那天我就看見她了，像團淡黃色的小毛球，委棄在滴滿黑色機油的車庫角落。接下來三個月，我目睹她的兄弟姊妹快高長大，只要好心人送食物來，便踏著長腳輕鬆跨過矮小又膽怯的她，奔向食物，一掃而光，留下那團骯髒的黃色小毛球，孤伶伶在冬日寒風中瑟縮顫抖……。

　　考慮三個月，眼看她除了裝滿蛔蟲的肚子愈形鼓脹，幾乎沒有

長大，自顧不暇的我終於收養了她。有了愛與溫暖，凸凸出落得特別漂亮，雖然尾巴和背交接處仍留有當流浪狗的印記，一片光禿無毛的皮膚，但她全身毛色金黃，毛茸茸的長尾巴永遠翹得老高，巧妙遮住那片癩皮，而且寬厚的胸前有一片「圍兜」，毛特別細長柔軟、顏色淡得近乎純白，順著胸腹延續到後半身，正好圍住她窄窄的小屁股，若隱若現露出一雙尖尖小腳，如芭蕾舞孃穿著紗裙一般；這便是她英文名字 Tutu 的由來。

凸凸在山中總是引人注目，有人猜她是博美（似乎太大），也有人猜她是英國女王養的柯基犬（又似乎太小），只有和她一起爬山的山友說她像隻兔子！

我愛爬山。爬山的時候我總感到幸福無邊；這幸福來得晚，份外珍貴。爬山的時候有史提夫和凸凸在身邊，還有一群我喜歡的山友，在喜歡的環境裡，一起做喜歡的活動。群山環繞的盆地裡，坐落我的城；我在那城裡有更多的熟識，和一份喜歡的工作。爬山時我常覺得自己擁有一切，什麼都不再欠缺…。

幾乎是如此的…，幾乎…。

這一天山友們決定去石碇，要爬一條有點難度、視野開闊的路線，大家準備了超甜水果和健康點心，登頂後道格拉斯煮泡高山老人茶，擺開龍門陣，為司馬立和我餞行。

司馬立是史提夫調來台北後，祕書印名片時給他取的中文名字，因為他姓 Smalley。從英文「狹窄的林間空地」，搖身變成中文「站立的大將軍」，不啻神來之筆，比「費南迪」或「史密斯」有學問多了，我們因此常愛直呼其中文名。

楊宗輝選的這條路線走起來果然過癮,路徑或林相皆變化多端。入山後先走一大段多竹林,爬一道濕滑的土崖,變成一群帶隻泥狗的泥人隊伍;接著走幾片氛圍迥異的闊葉林,包括最令我難忘的一片苔林;再爬一個多小時驚險的稜脊,高潮迭起,終致登頂。

　　我注意到走這條路線的阿里桑足登雨鞋的特別多;那種在五金店 10 元一雙、鬆垮垮的農夫雨鞋。雨衣也多是 7-11 便利商店裡販售的透明輕便雨衣。我們這群人登山裝備堪稱專業,只有韓瑞懶,會去買 7-11 的塑膠雨衣,和穿球鞋(名牌的!)爬山。來台灣跟著本地人登山,很多細節讓史提夫這位老英嘆為觀止,譬如韓瑞的穿著,又譬如他不能想像為什麼有人能穿橡膠雨鞋在這麼難走的山路裡健步如飛!他們不怕扭到腳踝嗎?穿不穿襪子?踩到尖石腳不痛嗎?雨水流進鞋裡怎麼辦?

　　爬稜線時大家真的手腳並用「爬」山,而非「走」山,完全沒有私人空間,有時頭幾乎碰到上面山友的腳,腳也幾乎踩到下面山友的頭。無論隊友,或陌生人,大家魚貫移動,奮力攀爬,鮮少說話,只聽見彼此的喘息聲,和嗅到別人身上的汗臭味。還有台北人對這項活動全民化的狂熱,以及山中自由心證的安全設施(和凡事小心翼翼的英國標準不太一樣),處處令史提夫印象深刻,備感新鮮。

　　「有意思」成為他講得最溜的中文片語之一。我,「有意思」;台灣人,「有意思」;生活在台北,「有意思」!我覺得他才「有意思」。史提夫有輕微懼高症,爬稜脊、上下崖面,常見他臉色發灰,神情凝重,我知道那時他腦袋裡千百個念頭又開始高速運轉,紅燈黃燈閃爍不停!害怕繩子斷掉!怕在異國深山裡從高處摔下!山中

沒設急救站，山友知道最近的醫院在哪裡嗎？怎麼去？…。

我常提醒史提夫他幸運極了，能夠入境隨俗。他同意。

登頂常是爬郊山的反高潮。能停下腳步享受涼風吹拂汗濕的臉和身體，的確舒服；能登高遠眺來時路，雄視群山，令人得意。然而峰頂方寸之地，週末假日常擠得人滿為患，坐也不是，站也不是。我們一行人只停留片刻，便決定退場。下山前，我踏上模糊刻著「562m」的小小地標石，最後一次環顧四方，向心愛的台北郊山道別。群山如黛，我在綠色海洋裡搜尋今天走過那片苔林的可能方向，然而一波波平緩起伏的浪頭，在眼底360度環繞，一色一樣地蔥蘢、濕潤、飽滿，尋它不得。可能這又將是一次重逢無期的邂逅，日後只能在自己心中搜覓，我給它留下一個永遠不變的位置。

今後再走進心中那片苔林，闊葉樹林不會那麼毫無預兆、出人意料地被檜木和筆筒樹這奇異的組合取代。老樹高壯，樹間距離明顯拉遠，平緩的林地見不著山徑，大片毯狀苔蘚和地衣，厚實地覆蓋地面，還毛茸茸附著在樹木枝幹上。小雨仍會滴滴答答地下吧…，翠綠苔蘚珊瑚狀的袖珍葉片，仍將包藏千萬顆微細水珠，再一次讓我感覺像是突然闖入寂靜無聲的水世界，不敢確定是否還能用鼻子正常呼吸而心頭一緊…。

所有的美感經驗——聽見動人的音樂，看見美的景物，和特別喜歡的人相對而坐…，都是一種心痛的經驗；像心臟驀地被隻小爪子攫住，令我呼吸困難，脊椎發涼，全身起雞皮疙瘩。那是一種細緻、脆弱、藏在深處的痛，有點難忍，但絕不願它麻木、消失；因為那感覺難得出現。後來我明白那種心痛的感覺叫作「愛戀」、叫作

「捨不得」。今天，當我走在那片苔林裡，我經驗到了那種感覺。我愛戀，我捨不得，我想永遠待在那片林子裡⋯。

然而，我非走出那片苔林不可；如同登頂後必須下山，煮茶餞行、共享午餐，都在推送我結束這最後一次週日的登山。

回到空蕩蕩、只剩 600 磅空運物品的家已近四點。我趕緊給凸凸洗個澡、毛吹乾，再做每週日爬山後的簡餐──洋芋泥淋罐頭茄汁豆配煎蘑菇。等我和史提夫一人端個大盤坐在客廳借來的兩把椅子上用餐時，凸凸早已吃完狗豆豆，鑽進特別為她處女航購置、舖有軟墊的中型狗籠，呼呼大睡。我倆一邊吃，一邊望著落地窗外忠孝東路四段巷子裡的繁華燈火陸續點亮，好多家看起來挺誘人的餐廳尚未嘗試，就得離開了⋯。

六點不到，晚餐結束。

和氣大愛大安區今晚將在復興小學操場團煉，我決定不參加朋友在誠品敦南店的新書發表會，跟史提夫講我要去團煉。

「妳週一到週五每天早上都去松江路團煉，還不夠？」史提夫有點氣極敗壞，不可置信地問我。「今天爬了一整天山，妳不累嗎？我認為妳瘋狂了！那個叫老師的男人今天晚上會去嗎？」

我不作聲。繼續洗碗。

「妳想練習轉圈圈，在家裡轉不行嗎？」他語氣放軟，幫我把鍋盤餐具用茶布擦乾擺好。

「老師上個星期就回美國了！我跟你說過，和氣是一種需要團煉的氣功。我們馬上搬去德州，到時候我沒有選擇，非自己一個人煉不可，所以現在我想抓住每一個團煉的機會；所以前一陣子老師

人還在台北的時候，我才整天追著他跑！」

史提夫把茶布掛好，眼睛望著地板，莫可奈何地說：「妳愛做什麼就去吧！我可要早早上床睡覺。我累了。而且明天一早我還得去公司上班。」

我進房換上和氣服。出門前先向史提夫這個早睡早起、生活規律的好寶寶道晚安，在他唇上輕啄一下。待我返家時，他肯定早已沈睡。我鎖上門，獨自走路過去。

晚間團煉的同修很多，熟識的面孔卻沒幾個，但有麗麗傳人師姊帶領。大家照例先男左女右排好隊，鞠十八個躬，再感謝天地宇宙和氣大愛，接著手按肚臍起功，圍成幾個大圈轉；少數人或繼續鞠躬、或繞大圈行走、或各轉各的。

煉和氣是斌斌和小孩子推薦的。三年前斌斌罹患血癌，在榮總接受慘酷的重化療。療程結束後，他們夫妻倆共同決定不再向西醫求助，將探索另類療法。那時老師剛從洛杉磯回台灣收學生，斌斌和小孩子入了門。

三年來斌斌的癌症持續緩解，小孩子最近懷上身孕，兩人喜悅地等待為人父母，迎接這體現他倆歷經病厄錘鍊、痛苦煎熬後浴火重生的和氣寶寶。他們早知道我有不孕的問題，每次聯絡，總對老師推崇備至，對煉和氣的效果讚不絕口，告訴我許多不孕的同修因此懷孕，重病患者因此病情減輕、甚至痊癒，但我總找些藉口，就是懶得從台北去永和上課及團煉。

直到今年秋天，康納和石油公司與中油合作在台灣海峽鑽的兩口井都是乾的，台北分公司只好收攤，史提夫調回德州休士頓總

公司塵埃落定，我突感時不我予，才下定決心，從九月起，削尖了頭，走訪台北各區傳人、區長及資深師兄、師姐，跟隨各區團煉、學鞠躬，終於如願在 10 月 25 日第一次見到老師，受傳和氣，「光復」了自己的身心靈。參班時我動輒淚流滿面，深受感動，感應強烈。

　　兩個月前我同時開始進行人工授孕療程，常跑三軍總醫院，抽血、打促進排卵針、照超音波、作各項婦產科檢查，過著人為刀、我為魚肉的日子。檢查結果確定我因腹部開過兩次大刀，腹腔內疤痕組織太多，左邊卵巢已切除，右邊卵巢發育不良，且右輸卵管阻塞不通。折騰一個月，醫生計算可「採收」的成熟卵泡，和我同療程的病友，兩個卵巢內加起來高達兩打，我卻只有一個半！我和史提夫決定中途放棄抽身。

　　努力徒然，療程失敗，我只能將所有希望，放在修煉和氣上。

　　受傳後，方可煉和氣。老師說明他發明的這個修煉法，最早階段只是一種氣功，到了我加入的時段，已成為靈修。煉和氣屬於氣功中的「動功」，目的在「跟著和氣走」，聽從自己內在的氣動。同修們各個在不同的人生階段，煉功方式五花八門，有人感覺不到體內有任何氣動，紋風不動杵在原地，有人輕搖輕晃、或在場內走路，這些都屬於「文」派煉法。「武」的嘛，有悲嚎的、有痛哭流涕的、有罵人的、有打人的、還有許多嘔吐的——從一袋高手到十袋高手、比比皆是…，高手們都在排毒，排除體內的負面能量。

　　和氣煉上後，開始旋轉，外相如蘇非派的旋轉舞蹈者。旋轉的目的是和地球連接，承接天地光明正向的能量。內在的光明主軸愈明確，轉得愈順、愈輕柔、愈美。大部分同修只會自轉，有些同修

一邊自轉，一邊繞大圈公轉，軌道明確圓整，彷彿地球圍繞太陽。

首次感覺自己體內氣動，是極震撼的經驗，啟動後開始旋轉，我立刻對煉功上癮，因為和氣啟動的不只是體內沈睡已久、怙恃俱失的精氣神而已，它還喚醒了深植在每一個中國人基因內對成仙悟道的嚮往。只要閉上眼睛，手按肚臍，將自己交託出去，便能起駕野闊、隱逸微茫。偶爾不自覺果真放下一切，進入無求狀態，更可游移太虛、逍遙雲漢。

剛受傳不久，還不太會轉，我有過一次神奇的經驗。那天晚上也在復興小學操場團煉，老師還沒回美國，由他帶領團煉。我先和大家一起煉和氣，轉得不順，心裡害怕踩空摔跤，不時睜開眼睛，瞄到幾位傳人師姐轉得如此輕盈飄逸、神形兼具，不禁自慚形穢。一有比較、羨慕（也就是嫉妒）的負面想法，氣動迅速消失，旋轉跟著停止。但我還想繼續煉，便走到一旁籃球場上，試著再啟動。開始轉後，或許是場地的關係，令我童心復萌，覺得兀自在操場上張開雙手做鳥飛狀轉圈圈，也挺開心！不久，我驚覺自己腳步加快，而且開始公轉，愈轉愈急，愈跑愈快，本來向兩旁伸展的雙臂，漸漸往上伸直，彷彿有股強大力量將我往上提。當時我完全不感覺自己的身體有重量，所有動作都不由自主地自動進行，只感到轉速飛快，風在耳畔咻咻劃過，腦袋裡來不及有任何想法，周遭人事物盡皆消失，連時間感也不見了⋯。等我莫名其妙停下來，張開眼睛，才發現老師獨自站在不遠處看我，臉上掛著神祕的微笑。

那一次經驗，除了「心凝形釋」四字，無法用任何言語描述。

後來我沒再經歷過那種狀態，今夜亦然。但經過三個星期的惡補猛煉，現在煉和氣多能達到舒適、放鬆感，收工後無不身心泰然；

練鞠躬後右腳踝持續水腫、令人忐忑不安的狀況也已消失，並且自然而然想吃素了。傳和氣時，老師曾要求新同修承諾百日築基，也就是從受傳那天起，一百日勤煉不輟；老師承諾，只要好好煉，七個月後和氣大愛必將我們全身每一個細胞徹底更新。

收工後，我慢慢環繞仍在團煉同修的外圍行走。麗麗師姊正繞著最大一圈同修護持，時不時停下，望空揮舞雙臂做拿雲攫石狀，附近幾位同修的腳步立刻明顯加快、轉速提昇。我還看見一位身材高胖的師姊正躺在地上滾。師姊雙眼輕闔，臉部表情放鬆，彷彿在熟睡，她身體柔軟，雙臂朝上緊貼頭部，雙腿伸直，正以一種不急不徐的平穩速度從籃球場的一端往田徑操場滾。等她滾過跑道，即將滾進操場內，在旁護持的欣怡師姊伸出一隻腳，輕輕抵住她的後腰。她立刻停止滾動，靜靜躺著。欣怡師姊彎下腰，用手將她輕輕往滾過來的方向一推，這位師姊又以同樣的速度、不急不徐地循原路徑朝籃球場滾了回去…。

在台北東區喧鬧繁華的夜裡，我獨自慢踱回家。走進巷口前，回望誠品大樓一眼，遙祝朋友新書發表會成功圓滿。敦南仁愛圓環仍燈火通明，五彩斑斕。我心中升起一股強烈的渴望：就算懷不了孕，也想繼續修煉和氣大愛。老師說我們都是老靈魂，為了尋找光明，生生世世迷途流浪，和氣大愛會帶我們回家。

人生豈不充滿吊詭？正當我即將遠渡重洋，開始客居異鄉，我卻渴望回家了！

我告訴自己，未來三個月將是關鍵；為修煉也好，為懷孕也好，無論多不安定，定要完成百日築基！

漂流之一

Drifting On Route 美國

the Smalley's Roaming Career

(1998-2007)

溫哥華 — 洛杉磯

11 月 16 日，先飛溫哥華探望我的家人。媽媽和姊姊 97 年夏天赴倫敦參加我們的婚禮，之後我們已一年多沒見面。

十年前媽媽隨姊姊和加籍姊夫移民加拿大，拿到公民身分後立即在溫市西區靠近英屬哥倫比亞大學附近買下一棟中型房子。年紀輕輕便守寡的媽媽個性剛烈，捍衛自己獨立自主的生存狀態，好比她平日與人相處捍衛正義與合理性一般，絲毫不容妥協。眾人皆知姊姊一家跟她住，沒人敢講她跟姊姊一家住。媽媽這棟房子的確發揮了最高效益，成為蓬飛四散的唐家人在溫哥華市的據點和落腳處。

我們在媽媽的地下室窩了五天，除每天帶凸凸到附近公園散幾次步，全家人出外飲一次茶，哪兒也沒去。媽媽每天忙著張羅三餐，指揮我和姊做副手，三餐擺上桌後，她便坐下目不轉睛盯著史提夫，看他吃飯、給他夾菜。幸虧史提夫早已習慣，能夠在她鷹瞵虎視下正常作息。每天一大清早他先走到鄧巴街上的超商買兩份英文報，沒事就坐在家裡看報紙。

媽媽家的房子和車庫之間有個小小的後院，後院裡有塊小小的水泥地，只要不下大雨，我就多穿幾件衣服站在那兒鞠躬煉和氣；因為水泥地太小、地勢傾斜，和氣煉得有一搭沒一搭，轉不順、也轉不久，媽媽總坐在廚房落地窗後看我煉。我很想和家人分享自

已性靈覺醒的奇妙經驗，可惜沒人想聽。姊姊不忍掃我的興，聽歸聽，但保留任何評論或回應，媽媽則完全不感興趣。在她眼裡，我這個女兒屬於空中樓閣族（一點都不像她！），不切實際到違悖常理的地步。幸好我終於在35歲高齡把自己給嫁了，而且嫁個老外居然很節儉（像她！），比愛花錢又海派的華人姊夫（不像她！）更像個中國人。托史提夫的福，我終於從媽媽的黑名單上除名，不過期望她平心靜氣地聽我發表高論，還辦不到。她尤其對我開始吃素大不以為然，對我不孕的問題，嚴重關切，無論聊什麼，總兜回這個話題：

「欸，小妹！小嘉慧不會生，妳幫她懷一個嘛！」媽突然說。

我和姊姊對望一眼，驚愕地說不出話來。姊姊兩個兒子即將高中畢業，終於看見隧道盡頭一點亮光，她愛打網球，跳交際舞，球友舞伴一籮筐，把她和「借腹生子」這個跟封建時代一樣遙遠的念頭聯想在一起，連我都忍不住替她打個寒噤。

「咦，妳們為什麼會覺得我這個想法很奇怪？如果我的親姊妹很想要個小孩，不會生，我會幫她生一個哦！這才叫愛妳的親人！讓妳所愛的人如願以償！這才叫愛！」，媽媽總覺得我們這一代的小孩很自私。

「我還沒這麼想要小孩！」我扯個謊。

「不然妳可以去領養一個！我可以寫信給四川的舅媽，大陸這麼多棄嬰，問問看親戚裡面有沒有生了不想要的…」

姊姊趕緊打斷媽媽的思路：「哎呀，媽！妳別在那兒瞎攪和了！還好史提夫聽不懂！」

我往史提夫專心看報的側面瞄一眼，我們三個大嗓門在他旁邊

嘰嘰呱呱，還提起他的名字，他臉上的肌肉卻紋風不動。其實即使我們用英文在他耳朵旁邊喊，他也未必聽得見。史提夫有個本事，做事專心，一旦投入，心無旁鶩，彷彿跟外界隔絕似的。這似乎是男生的特權；女生從小接受訓練，擅長一心多用，眼觀四面，耳聽八方，長大後好應付持家的塵勞。

史提夫用筷子連吃五天中餐後，我們告別媽媽和姊姊，又拉著三大件行李、狗與狗籠，花 5 天時間開車從溫哥華直下美國洛杉磯市。

史提夫想走著名的 101 號美國國道。冬季的北美，晝短夜長，氣候寒冽，並非駕車旅遊的理想季節，然而人煙稀少的美西太平洋岸在蕭瑟的仲冬裡，自有儷人的物外之美。小車在海洋與山林間一道彷彿不斷延伸的夾縫中滑行，海上常起霧，雲靄迷濛，水天一色，盡是冷色系，持續暈染成不斷變換的巨幅潑墨畫；鐵灰的懸崖峭壁、煙白的沙灘沙丘、不可測的藏青海水、和突兀其間墨黑色的奇石怪嶼⋯。另一塊常見的巨幅帷幕是單調劃一的針葉林，受到浸潤，線條柔化，抹去乾澀，覆被絨毛似地廓影朦朧，幽邃隱約。

通過美加國界後，先走 5 號國道，經華盛頓州奧林匹亞國家公園，行至奧勒岡州中北部，橫越 20 號公路抵達新港城過夜，隔日才正式進入 101 號國道濱海段。一整天緊貼氣勢磅礡的太平洋南行，中間穿越紅木國家森林，在北加州古雅的尤里卡城度過第二個晚上。第三天離開海岸，轉入內陸，早晨穿越漢勃特紅木州立公園，下午駛過舊金山金門大橋，在三藩市落腳。最後一天抵達洛杉磯，

沿途盡是時髦別緻的城市，尤其最後一段濱海公路，途經聖塔芭芭拉、文圖拉、再繞行 1 號公路上的馬利布和聖塔莫尼卡，全是堆金砌玉的錦繡地段，和頭兩天原始自然景觀截然不同。

88 年我離開遊學的紐約市，闊別十年，這二千多公里的旅程讓我重新習慣美國的大山大水。然而其中最美、最令我難忘的，非加州紅木森林莫屬。看照片、讀報導，都不能做好心理準備，或略減親臨其境的震撼。小車一駛入森林，便被一團無邊無際的寂靜吞噬，彷彿進入一個曠古湮遠、不屬於人類的時空。兩旁巨木巍然聳立，像數不清的巨人，森然羅列，緘默沈靜；千百年的存在實相，言語道斷。它們的數量如恆河沙數，陣列浩如煙海，一幢幢紅棕色的巨幹筆直插入天空，引頸也瞧不見樹頂。繚繞不散的白霧如穹廬，沁入人心的綠葉如氈帳，細密的杉葉往下垂，大片的蕨葉往上堆，層層疊疊…。

停在路旁，打開車門，那氣息！…，那股漫天卷地的氣息！不只迎面撲鼻，更倏地將人自外籠罩，透內滌清！那是個什麼樣的味道？些許杉葉的刺鼻，穿透力強而醒神；些許木屑的乾燥，舒爽宜人；但最主要的成分，是那溫潤濃郁、微微發酵的甜味；一種正在緩緩腐爛的植物混合著潮濕土壤的香甜味道！

我們牽凸凸走進森林「放風」，見四下無人，將狗鍊解開，沒想到凸凸一踩上積滿米黃色落葉（幾乎跟她的毛色一樣）厚甸甸、軟綿綿的步道，便發了瘋似地撒腿往前跑！與其說她在跑，不如說是蹦！一蹦一蹦便不見了踪影，消失在步道前方某處的蕨葉叢裡，不一會兒又出其不意從另一叢蕨葉裡鑽出，一蹦一蹦奔回我們身邊。就這麼來來回回、反反覆覆不知飛奔多少趟。我看她雙眼閃閃發

光，潮濕紅潤的鼻翼隨咧開大嘴喘氣的頻率明顯翕張，兩片耳朵在空中一搧一搧，全身金毛膨鬆飛揚，真像一隻超級大兔子！最妙的是她一聲不吭，不吠不叫，喘氣聲和腳爪落地聲又被森林吸收，從頭到尾完全是靜音效果。凸凸從小特別文靜，我養了她七年多，從沒見她如此亢奮。眼前的她，「樂不可支！手之、舞之、足之、蹈之！」，我簡直不認得了。

凸凸讓我見識到原始紅木森林芬多精的神祕力量！

我們在洛杉磯多停留一天，因為我想和大學死黨兔子聚聚。兔子畢業後工作才一年，便結識比她小幾歲的華裔美籍大帥哥，兩人一見鍾情、閃電結婚；隨丈夫移居洛杉磯後，閃電生子，閃電離婚，孑然一身留下打拼。年輕的前夫不負責任，十年來兔子一直獨立撫養兒子，做單親媽媽。

兔子陪我們入住旅館，把凸凸安頓好，接著堅持駕車帶我們回濱海公路上一家時髦餐館晚餐，餐後堅持買單請客。

在某些方面，兔子還是老樣子，慷慨俠義、心直口快，不過她也變了很多。她的身材仍然一級棒，不愧是當年由我冊封的「西語系美腿小姐」，但她臉上多了風霜。也許因為史提夫在場，她完全不講中文，美式英文說得溜，聽不出一點外國腔。前幾年她做房地產，賺很多錢，但她不恥房產經紀的卑鄙貪婪，默許各種不道德手段，這兩年她改行做律師助理，又不恥有照律師的懶惰冷酷，壓榨剝削像她這樣無照的助理。

一坐上駕駛座，她把在新國度裡吸收同化的攻擊性發揮得淋漓盡致：

「你！低能（moron）！」她對著一輛在交流道口跨線蝸行的汽車駕駛破口大罵。

我還來不及問她火氣幹嘛這麼大，一輛比她的運動型休旅車更大的運動型休旅車唰地超到前方，差一點撞上。兔子立刻猛撳喇叭，右臂幾乎和往後撐的身體呈直角。

「你！屁眼（asshole）！」她大吼！

等她放開喇叭，我對她說：「文嫻說她下次見妳，要送妳一副手提式傳聲筒，留在車上，妳想罵人的時候可以搖下車窗，對外廣播，罵個過癮！」

文嫻是我們的另一位死黨。兔子聽了開心大笑說：「你不覺得這些爛人真的欠罵嗎？！我現在完全能體會什麼叫『馬路怒火』！幸好我沒買槍⋯」

文嫻還說她覺得兔子變陌生了。她不懂為什麼從前認識的那個台灣女孩，怎麼就變成今天這位美國女人了？

我一直覺得紐約曼哈頓的城市天際線無以倫比，大洛杉磯市的地平線異常獨特，皆已成為涵意無限的圖符，引人遐思。洛杉磯很大，密佈高速公路網與複式交流道。無論在哪段路上，無論白天或不夜的晚上，遠方地平線上總有一抹或濃或淡的橙紅色霧霾，有時甚至籠罩整個天空。屬於沙漠的紅塵，襯托出錯落的棕櫚樹剪影，給予這座鋼筋水泥叢林太多暗示著異國情調的虛幻承諾與希望。

這圖符最突顯的主題，便是「寂寞」。

我一直覺得洛杉磯是我所到過最寂寞的城市。

休士頓

其實我們大可以銜接 10 號州際公路（I-10），從聖塔莫尼卡一路往東再開 2,500 公里，便可抵達目的地：德克薩斯州的休士頓市。幸好，史提夫無此意願！

I-10 是美國最南端、也是全美第四長的東西橫貫公路，總長 3,960 公里，其中三分之一在德州境內。德州之大，若把台灣橫過來擺，三個台灣的長度還抵不上德州的寬度；若論面積，得拿 20 個台灣才能把德州填滿。

我們在感恩節那天抵達，先入住 I-10 與 6 號州道交口的拉金塔旅館，因它既靠近康納和總公司又歡迎寵物。下了飛機，赫然發現當地晴空萬里，豔陽高照，天氣和暖，人們多著夏裝。從機場開到旅館，I-10 最窄的路段也有 11 線道，公路兩旁全是規模宏大的汽車代理商，一家連一家。玻璃窗環繞的展示廳內停滿最拉風的豪華車，店外廣袤的停車場塞滿待售新車與二手車，加上寬闊公路上川流不息的各式車輛，全在大太陽下反射金屬閃光，不斷突刺眼睛。休士頓，我們未來的家，給我的第一印象，竟像個超級大車店！

入住拉金塔旅館不滿一週，空運貨物抵達，公司把我們遷入水牛溪南邊的聖蒙蒂哥商務公寓。住旅館期間，我無法在房內煉和氣，曾有一晚嘗試在黑漆漆的停車場練習轉，然而前方是 I-10 上不斷唰唰經過的車輛以及路燈投射的幢幢魅影，後方則是漆黑一團的

公園空地，我實在無法進入狀態。先是 5 天駕車旅行，接著 5 天住旅館，受傳和氣時信誓旦旦要完成的百日築基，就這麼徹底泡湯。

在環境優美的聖蒙蒂哥公寓裡住了一個月，生活逐漸步上軌道。史提夫上班，我在家譯書、勤煉和氣。門控小區內有許多綠地及人工小湖，給凸凸極大的散步空間。工作之餘我隨房產經紀蔡女士到處看房子，趁機探查這廣大又陌生的城市。

休士頓太大，我們活動及找房子的範圍僅侷限於能量大道附近。全球最大的幾個石油天然氣公司，都在沿 I-10 不到 11 公里長的這個地段裡設立美國總部，如英國石油公司、荷蘭殼牌、美國艾克森美孚的化學總部、及康納和石油總公司等等；其他與能源生產有關工業的大小公司，更不計其數。

史提夫很多同事，尤其是有學齡孩子的家庭，都住在 I-10 以南、水牛溪以北的紀念城區。這是個老區，學區好，房價高，住戶以白人為主。房產經紀蔡女士也是台灣人，移民美國幾十年，人很好，但可能有潔癖，對紀念城區的老房子有成見，帶我去看的幾家都朽圮不堪，還刻意打開每個廚櫃，讓我一睹許多熙來攘往的蟑螂「老」社區。休士頓的氣候和台灣一樣，屬於「亞熱帶潮濕氣候」，因此蟑螂種類也是舊識，從黑油油巨型的美洲蟑螂，到淡棕色的小型德國蟑螂，以及介乎其間圓的、扁的各型蟑螂，洋洋大觀。

蔡女士不論明講或暗示，一再誇讚和推銷能量大道以西的凱蒂區。我看她心裡早已決定，我們該去住「追鶴鶉街」上的那一家——小小的，沒有加蓋游泳池和露台，院子從未經過造園設計，建材裝潢十分陽春，租金不及紀念城區大房子的三分之一，又被中國房東維護得極乾淨、彷彿從沒有人住過。一言以蔽之，它具備不追求美

感與享受的中國人所追求的特質：「實用」！

休士頓從東邊墨西哥灣的海港起家，19 世紀有大批黑奴（幾乎占當時人口的半數）種植棉花和糖這兩種珍貴的農作物，20 世紀初又發現大油田，然因氣候燠熱、蚊蟲多，一直被視為瘴癘之地。直到 1950 年代冷氣機普遍化，因地價、生活費較美國東北部低廉，大批工業及本國與外國的移民才開始湧入，帶動經濟起飛，逐漸成為美國的石油、船運、太空及醫療研究重鎮。因幅員遼闊、地勢低平（平均海拔 15 公尺；西北部最高，也不過 35 公尺），缺乏任何天然屏障，再經過幾次居民投票決定不受任何建築法令限制，城市便以驚人速度，不斷向外擴張。北邊的林地區及南邊的糖城區（華人最多，超過 11%）早已成氣候，東邊被海擋著，於是單調劃一的美式郊區便不斷沿 I-10 向西前進、長驅直入。凱蒂區便是這麼發展起來的。

凱蒂原本只是個圍繞重要火車站的小鎮，現已和休士頓連併。放眼望去，一個住宅區連著另一個住宅區，每區搭配一兩個購物中心，其餘全是兩樓帶院的獨棟洋房，小至百餘戶，大至上萬戶，櫛比鱗次、滿坑滿谷。幸好美國人鍾愛綠地，新社區開發時，預留各式公園地、精心設計維護。能量大道並毗鄰兩個勉力保留野趣的大型公園——喬治布希公園和熊溪拓荒者公園——是全美兩片僅次於國家公園體系、面積最廣的市區公園。（我夜裡在拉金塔旅館停車場煉和氣，背對的那「一團漆黑」，即是喬治布希公園的邊緣。）

地大、地價便宜，人們對於使用土地有恃無恐的揮霍，不僅在住宅區少見公寓，全是獨棟洋房，就連商店辦公室也多是平房，往橫發展，而且周邊的露天停車場全大得可以當賽車場。史提夫的公

司、康納和石油總部，占地 1.4 百萬平方英呎，樓層一律 3 層。英國石油辦公大樓算是能量大道裡蓋得最高的，也只有 12 層。地大、路廣、樓不高，讓我覺得休士頓的天空特別大、陽光特別熾烈。一出門頓時被曬得頭昏眼花、全身發黏；進門又被超強的中央空調冷氣凍得猛起雞皮疙瘩。

蔡女士不想帶我多看房子，我們帶史提夫去凱蒂區的追鵪鶉街，那棟小房子符合他的首要需求：安靜！離大馬路遠！再加上其他實惠的條件，他立刻同意簽約。就是它！

凱蒂追鵪鶉

　　搬家公司的貨櫃車剛離開，三個從早上便不時騎腳踏車在門前繞來繞去、順便往門內偷瞄的小孩，立刻來門口打招呼。大的男孩和女孩 10 歲左右，後面跟一個才 4、5 歲的小男孩，都是典型金髮碧眼的洋娃娃，非常可愛。三個小孩都極有禮貌，言談舉止大方自然，稱史提夫為"Sir"，稱我為"Ma'am"。他們先自我介紹，每個人報上自己的名字；原來就住在右邊隔壁。

　　接著由大男孩代表發言，開始提問：

　　「妳叫什麼名字？」（我乖乖報上名字。）

　　「妳從哪裡搬來的？」（「台灣。」）

　　「台灣在哪裡？」（「在亞洲。」）

　　「妳喜歡這裡嗎？」（「不知道，我們才剛搬來。」）

　　「我們很喜歡這裡。」（一陣靜默。三個小孩立正站好，各自雙手緊握腳踏車把手，六隻藍眼睛盯著我看。）

　　「你們今天不上學嗎？」我想到一個話題，打破沈默。

　　「我們還在放假。我們去達拉斯我祖母家過聖誕節和新年，前天才回來。（又一陣靜默！）妳去過達拉斯嗎？」

　　「還沒去過。」我答。（靜默。六隻藍眼睛繼續盯著我。）

　　我開始意識到這不是普通的、歡迎新鄰居的禮貌寒暄。那六隻藍眼睛裡有期盼，但他們太有教養，不好意思直說，一直努力隱忍…。我絞盡腦汁想，在我們空蕩蕩的冰箱和堆積如山的紙箱裡，

有適合孩子吃的零食嗎？大男孩突然吸一口氣，很快問一句：

「你們有小孩嗎？」

「我們沒有小孩。」

我的回答像根針，把眼前三個氣球同時戳破，三個娃兒明顯洩了氣、頓時全矮一截。最小的弟弟意興闌珊地把他的小小車調個頭，騎上就走。大的男孩跟女孩也分別跨上腳踏車，禮貌地對我說：

「很高興認識妳，夫人。再見！」

自從那次寒暄之後，三位小鄰居再也沒上我們家串門子。

雖說這棟房子在凱蒂算小，它也有兩層樓，四房三廳，一廚三衛，和獨立的雙車位車庫。庭園設計樣板化，通往正門的走道將前院草坪一分為二，左右各種一株瘦伶伶的小橡樹，小樹周圍用灰磚圍個圈，圈裡露出禿土；房子前緣闢兩片花床，種植最易維護的常青灌木。後院有塊加蓋的水泥走道兼露台，連接車庫和房子，其餘全是草地。草地靠房子邊上站一棵孤單的小樹，連屬於自己用灰磚圍起來的禿花床都沒有。

我們首先意識到那片面積不下 300 平方公尺的後院草地存在兩個大問題：第一，草坪草剩下不多，雜草到處蔓延。第二，草裡冒出不少螞蟻窩，像一座座沙粒堆成的小火山。湊近觀察，發現那些只是看得見的蟻窩，還有更多正在萌芽的小沙堆躲在雜草裡！至於螞蟻種類，似乎只有一種；體積比台灣的小黑螞蟻稍大，紅棕色，熙熙攘攘、極熱鬧！難怪遷居之後，凸凸每次出去上廁所，從不深入草地，都只在邊緣解決。

史提夫和我決定先把屋內整理好，再來處理院子。

從台北公寓搬進德州房子，空間方面「由儉入奢易」。我倆努力工作，一個周末下來，所有紙箱內的物品大致找到了新家，紙箱拆開鋪平、在車庫裡疊成兩大堆，等待搬家公司來取。

　　到了週日下午茶時間，終於可以喘口氣，休息一下。我在廚房裡泡茶，史提夫說他再去看看後院，或許想計劃下一步吧。等我把茶泡好，端到後院，卻不見人影。籬笆門和車庫門都敞開，車庫裡也沒人。

　　「史提夫，你在哪裡？」我對著空蕩蕩的後院大叫。

　　「妳到後面來！」他的聲音異常陰鬱，暗示著惡兆。大事不妙！

　　「哪個後面？你在哪裡？」

　　「我在圍牆後面。妳從外面繞過來！」

　　追鶇鶊街位於諾丁罕鄉村社區最南緣，但和大馬路之間還隔著一道寬廣的帶狀綠地。我們這排坐南朝北的房子，面對著街，背靠綠地，每家後院的圍牆，即是整個社區南邊圍牆；圍牆是水泥砌的，兩公尺高，所以我看不見史提夫，只聞其聲。

　　我們家是路口進來第二家。我從籬笆門走出去，繞過左邊鄰居大房子前院，沿著他家左邊走到底再左轉，立刻看見史提夫正瞪著水泥圍牆，一臉駭然。

　　我踏著長草躂到他旁邊，定睛一看，當下也呆了。原來水泥高牆每隔一段便突出一根鋼筋混凝土構造方柱，左右鄰居的方柱都很正常，就是我們家外面這幾根，像長了惡性瘤似地變肥變腫、畸形得厲害，因為每根都支撐著一個巨大的蟻窩！先從地面湧起龐大的錐形基地，再沿構造柱垂直向上，由粗變細，填滿柱與牆之間的

九十度直角空間，再向外鼓脹。最高一座蟻窩跟史提夫一樣高，最矮的也到我腰際，每一座都可媲美非洲荒原上的白蟻丘，不同的是每座蟻窩從下到上、每一吋表面都爬滿了跟我們在後院裡發現一模一樣的紅螞蟻，每隻都不停舞動著兩根觸角，急吼吼地奔向下一個工作地點！

眼前的奇景怵目驚心，我張開嘴巴，卻吐不出一個字來。這時突感腳上一陣劇痛，我尖叫一聲，把仍在震驚狀態中的史提夫也嚇醒了。我低頭看見三隻紅螞蟻分佈在我穿夾腳拖鞋的右拇趾上，正埋頭用力往我的肉裡叮。我手忙腳亂地想把那三隻螞蟻捏死、拍掉，卻驚覺兩邊腳踝上也在刺痛，而且已經爬了不少螞蟻。最恐怖的是我周圍所有的螞蟻，此刻全轉向我的雙腳，來勢洶洶地發動群體攻勢。

「我被螞蟻咬了！牠們會攻擊人！」我對史提夫大叫。

因為這種螞蟻螫人實在太痛，我像癲癇症發作似地瘋狂跺腳，朝自己雙腳胡亂拍打，同時眼角餘光瞥見螞蟻大軍陣勢爆增，只好轉身，拔腳朝回家的路上落荒而逃。

等跑進後門，才意識到史提夫也逃回來了，一直跟在我後面。

史提夫雖然穿了船用鞋，但沒穿襪子，也被螫了。我倆站在露台上檢查傷亡狀況：我比較慘，右腳趾和雙腳腳踝加起來被叮了十幾個疱，還有幾具螞蟻屍體，至死緊揪著我的皮肉不放；史提夫兩個腳踝也被咬了四、五個疱。每個疱陸續變成針頭大的白色小突起，硬梆梆的，又刺又癢又痛！白色硬疱接著變成大小水泡，我們不敢去摳。

我和史提夫一人抱一杯茶，忍著痛和癢，垂頭喪氣坐在廚房

裡。

「這可怎麼辦呢？」我問。

史提夫沒答話，眼睛突然一亮，站起來走到瓦斯爐前，把開水壺加滿，打火燒水。

「以前當童子軍去露營，碰到大螞蟻窩，澆滾開水，可以消滅蟻窩！」

「你現在就要去試嗎？已經快到晚餐時間咧？那些螞蟻窩這麼大！」我不敢置信、又非相信不可地問，史提夫就是這樣，當下行動派！

「我先澆院子裡那些小的試試看！」史提夫不看我，眼睛直視窗外的草地。我知道連續工作兩整天之後，小小的下午茶休息時間也泡湯了。

我們找出雨鞋，穿上襪子。史提夫提著開水壺，先拿後院一座較大的蟻窩開刀。滾水一澆，蟻丘立刻塌陷，同時樹倒猢猻散，大批紅蟻四散潰逃，還有許多蟻屍浮在濕沙上。

受到鼓舞的史提夫，從車庫裡抬出伸縮長梯，靠著後院圍牆，爬上梯子，把剩下半壺開水從院裡往牆外倒光，興奮地轉頭告訴我，巨蟻丘的峰頂明顯塌陷了！接下來他指揮我找出最大的兩個湯鍋，盛滿水，開始加熱，他繼續用開水壺燒水，又幫我搬張椅子放在長梯旁，方便我遞滾開水給他，還能親眼目睹殲蟻進度。

可惜被滾水燃起的樂觀預期心態，持續走跌，因為建築蟻丘的沙粒質量太大，峰頂塌陷到一定程度，就再也塌不下去了。被削頭的蟻丘上半截紅蟻活動死寂了，僅剩一縷家園被毀的白煙，但下半截和地面上仍密密麻麻佈滿狂奔亂走的紅蟻，看了叫人心裡難受。

等我們澆到第六大鍋滾水時，天色已暗，正反映了我倆無法言喻的心情。

這時，我們突然發現旁邊多了一位觀眾。

左邊鄰居的圍牆角探出一位大漢的上半身，他將兩隻手肘搭在牆上，似乎已經看戲看了很久。這位壯漢鼠褐色的毛髮異常濃密，蓄著大鬍色，眉毛兩大叢，蓬鬆的長髮紮成馬尾，鼻子又持別大，猛看像隻大老鼠。但他眼神和善，閃著笑意。

「嗨，我是吉姆！你們剛搬來嗎？」他看被發現了，先開口。

我們報上姓名，答說我們前天才搬進來。

「你們知道那是火蟻，非常頑劣！用水、用火、用任何手段，都無法消滅。」

我腦袋裡的小燈泡突然一亮，原來這就是鼎鼎大名的火蟻！我記起剛譯完的『雀喙之謎』，書裡詳細記載研究人員在登上加拉巴哥群島中無人小島工作之前，務必在小船上徹底清洗自己全身和所有將帶上島的裝備，目的即為嚴防不小心將火蟻帶上島。因為一旦火蟻登島成功，島上所有的原生物種，立刻完蛋！

火蟻的英文俗名為 red imported fire ant，源自南美洲，現已入侵美國南部、澳洲，並隨著全球暖化，不斷向北蔓延。牠的毒性極強，過敏體質的人被螫甚至可能死亡。一旦有一隻發動攻擊，牠所釋放出的費洛蒙會令整窩火蟻立時發狂，同時發動攻擊。

「若是換作我，我會去家居改善店買餌劑。」吉姆好心地補充。

晚餐後我們第一次走進美式家居改善店──超大的平房店舖、商品包羅萬象！僅僅滅火蟻的產品和用具就占一大面牆，包括殺蟲劑和餌劑兩種。我們採納吉姆的建議，買了一袋餌劑。但史提夫又

花兩個鐘頭在店裡瀏覽，顯然發現了新樂園。從此，周末到家居改善店逛逛，就成了生活中例行活動之一。

火蟻餌劑狀似卵磷脂，裡面大概有火蟻特別愛吃的味道，沿著火蟻活動的路徑或在蟻窩周圍灑一點，火蟻就會把餌劑拖回蟻窩，餵給蟻后吃，蟻族自然消滅。隨著我們腳上被叮的白水泡化膿、結疤、脫落，再經過幾場雨，不但後院草地的蟻丘消聲匿跡，就連我們家圍牆外那幾根構造方柱也恢復了正常面貌。

接下來的大事是買車。史提夫先去單車店裡買了兩輛腳踏車，並替我的單車配一只鐵菜籃，回家用多餘的地毯做成襯墊，把凸凸放進去剛剛好。住家附近有許多公園，周末可以帶凸凸出去騎單車兜風。

偌大的休士頓，除城中心有象徵性的公車外，不存在任何「大眾運輸系統」，沒車就等於沒腿。美國人愛車，德州人更是車狂；人家地大、路寬、車價便宜、又產石油！中國人相信節儉儲蓄，美國人卻鼓勵借貸消費。普通家庭起碼兩三輛車，五六輛亦不足為奇。

史提夫有許多英國同事，來到休士頓這愛車人的麥加聖地，多選擇一償宿願，買輛敞篷跑車過過癮，家用車則選一部中型「皮卡」客貨兩用卡車，特別適合去家居改善店逛，買家電、買木材、買磚瓦、買樹、買土、買全套衛浴加廚房！我和史提夫，一個台北人，一個倫敦人，初來乍到美國西部，拓荒精神尚不熾烈，無法想像自己成為驕傲的皮卡車主。歐洲人仍習慣開手排檔，但我只會開自排檔，史提夫替自己買一輛上下班用的手排小寶馬，再買一部自排福特探險家運動型休旅車，也算向地主國致敬，趕個時髦。

兩輛車買回家，接著考美國駕照，但要適應時時上下高速公路，出入交流道，還花了我一段時間。

　　我對選車買車沒興趣，開車只是必要的生活技能。我的首要之務是和休士頓的和氣大愛同修聯絡，希望能開始團煉。

　　透過台北同修，很快找到三位師姐，可惜都住得很遠；兩位住林地，一位住糖城。等終於約到一起見面，已是初春。同修相遇，一見如故，彷如失散的家人團聚，非常溫暖。師姐們尚未受傳大愛手，我幫她們做，師姐們受用，我也感覺與她們心靈相通。即使如此，想定期湊在一起團煉仍太困難。多虧住林地的袁師姐熱情，願意每周開車到西南邊的中國城跟我會面。沒有場地，我們將就社區公園，別人打球運動，我倆穿著白袍黑褲在草地上鞠躬、旋轉、做大愛手。反正有伴，怡然自得。

　　我還跟德州的和氣大愛傳人周師姐約好，拖著史提夫去奧斯汀拜訪她。周師姐本人氣質不凡，先生葉師兄在美國教育、出版及電腦科技業界頗負盛名，夫妻倆皆具群眾魅力。在周師姐的帶領下，奧斯汀和氣大愛分會活動頻繁，受到照顧的同修人數眾多，可惜距離休士頓車程三小時，我也不可能去跟他們團煉。

　　總而言之，言而總之，每天我仍獨自鞠躬、旋轉。如老師所說：小火慢熬，總達不到沸點。

　　奧斯汀之行，讓我見識到休士頓的城市風貌並不能代表德州。

　　奧斯汀是德州首府，也是著名的德州大學所在地，別名「矽丘」，與加州的「矽谷」遙相呼應，許多高科技電腦資訊業都在此設廠。戴爾電腦的創辦人麥可‧戴爾是葉師兄在德州大學教過的學

生，後來師徒成了創業夥伴。奧斯汀又以樹多和現場演奏音樂聞名，大部分居民不是大學生、教職員，便是高科技專業人才或音樂家，難怪一進城便能感受到一股年輕的朝氣，很酷！不過奧斯汀吸引我的地方，是它優美的環境。此城坐落德州中部丘陵地區邊緣，並有科羅拉多河經過，沿河有許多天然湖和三個大型人工蓄水湖，市民運動風氣盛，上山、下水皆宜。奧斯汀不但有山有水，地勢起伏多變化，且城西靠丘陵地區的土質以石灰岩為主，石灰岩軟，開路時直接從丘陵中間切過，路兩旁裸露的石灰岩壁與英格蘭南部著名的白堊一樣地亮白，顯現出自然石紋，上層再覆蓋薄薄一層紅色系表土、綠色植物與鮮豔野花，連公路景觀都獨樹一幟。

　　奧斯汀城市風貌給我的整體感受，是一種揉雜典雅與粗獷的平衡。日後我將不斷在德州這片最能代表美國拓荒精神的土地上發現這項特質。

大彎國家公園

　　有了福特探險家之後，我們計劃第一次野營，目的地是德州西南方墨西哥邊界上、全美第十四大的國家公園「大彎」（Big Bend National Park）；自科羅拉多州發源一路南流的格蘭河在此向東做一個 90° 的大轉彎，因而得名。

　　史提夫早早就得意洋洋地拿出他 12 歲那年父母送給他的聖誕節禮物，30 年來他一直悉心保存使用的一頂深桔色雙人帆布帳篷。接著他帶我去野外用品店添購睡袋、睡墊、地布、炊具、戶外餐具、汽化燈等各樣配件。我從小到大沒露過營，健行爬山住山中小屋從不需自己打理，著實沒想到野宿的準備工作如此繁瑣。

　　大彎國家公園內的營地有限，我們趕早預訂了營位及旅館，沒想到就在出發前兩天，史提夫的背疾又犯。

　　1984 到 1987 年間，史提夫調派開羅。那時西奈半島南端完全未開發，仍只是點綴幾個小漁村的荒漠。他和康納和同事幾乎每個周末都開車去今日已旅館林立的沙姆沙伊赫（Sharm El Sheikh）沿海潛水和做海上活動。1985 年他玩風帆衝浪受重傷，壓破了腰椎第四、五節之間的椎間盤。當時他用力想把躺在沙灘上的風帆拉起來，突感下背一陣擠壓和劇痛，似乎有液體從脊椎中流出（正是髓核中柔軟而極富彈性的半流體膠狀物質），接著人就倒在沙灘上動彈不得了。

　　接下來兩年是他的人生黑暗期。他常往返於開羅與倫敦之間，

接受「椎間盤突出症」的各種治療。先是注射木瓜凝乳蛋白酶，然後決定不做傳統開腔手術。他描述接受注射時，從麻醉中醒來，看見一根大針從腰際插進自己背裡，只覺得痛徹骨髓，心想打一針都這麼疼，那還能開刀嗎？他嘗試了各種復健療法及運動，買遍各種復健器材和座椅，但背仍無時無刻地痛，急性發作時更像個廢人，躺在床上無法活動。

「椎間盤突出症」其實是一種普遍的病症，很多人都受它折磨。椎間盤的構造就像輪胎，耐壓避震，一旦受傷或退化，就像輪胎外胎爆胎或磨損，氣（等同膠質液）洩了，鋼輪（等同髓核）當然會突出，到處亂撞。椎間盤突出症發作的時候，髓核從椎間盤外圍的纖維組織受傷破裂處向外突出，壓迫到神經根，引起下背和腿部劇痛或痠麻，同時背部肌肉在自體保護反應下，立刻緊縮變僵，以遏止異位情況惡化，等於背部肌肉持續抽筋，痛苦不可名狀。

我遇見史提夫時，他受背疾之苦已十年有餘，「久病成良醫」，他很清楚該如何預防背疾發作：不可長跑，最好經常游泳、鍛鍊背部和腿部肌肉；一感覺下背突然刺痛，必須立刻緩和正在從事的活動，不可勉強。說歸說，江山易改，本性難移！每個人的個性都是一體兩面，我認識不少有背疾的人，全是「杞人」——操心寶寶！沒一個大而化之，也沒一個相信船到橋頭會自然直。史提夫注重細節，負面表現就是龜毛；他堅持不懈，負面表現就是固執；加上他好動又勤快。這些習性都跟他的背過不去，因此平均每年還得發作一、兩次。發作時他依舊勉強正常作息，頂多不勞動。

「剛開始我試過什麼事都不做，成天躺著休息，結果心情惡劣到極點，背還是照痛，沒有差別！」他說。「你總得繼續過日子

啊！」

　　他用"carry on"這個詞兒，讓我突然想起英國在二次世界大戰期間，面對被納粹占領的威脅，最有名的宣傳海報口號即是"stay calm and carry on"！「繼續下去！」似乎是英國人最愛講的口頭禪。

　　史提夫大概是搬家操勞過度，又尚未找到運動俱樂部，很久沒游泳，他在前一天晚上整理行李裝車時便感覺背不對勁。那晚我看他壓根沒睡，似乎一直在忍痛。早上他勉強下床後，上身是歪的，從後面可以清楚看見整條脊椎向右彎曲。他無法彎腰，必須讓我幫他穿襪子，但仍堅持歪著上身去上班。每次他背疾一犯，身體歪斜、行動僵硬、臉色發灰，看起來就像個科學怪人。

　　科學怪人那天下班回家後立刻躺回床上休息，但他不願取消旅館及營地訂位，說等早晨起來再視情況決定。

　　晚上科學怪人又在我身邊輾轉反側一整夜，早上下床後仍無法彎腰，卻堅稱疼痛已消減，我們應照計劃出發。

　　我把乘客椅背往後倒，讓科學怪人躺在車裡。即使如此，上路一個鐘頭後，我仍忍不住找個地方停車，正色地對臉部肌肉因疼痛而扭曲、額角不停沁汗的科學怪人說：

　　「我覺得我們應該調頭回家！」（科學怪人不說話。凸凸躺在他腳旁靜靜瞅我。）

　　「凱蒂到大彎之間距離 900 公里，要開 10 個鐘頭的車，你怎麼受得了？」我接著說。

　　「我會好起來的。我覺得我們應該繼續往前開（carry on）！」科學怪人開口了。

　　「進了公園你還得搭帳篷、拆帳篷、健行…，怎麼可能？就算

去，又有什麼樂趣可言？」

「我會好起來的！妳繼續開（carry on）！」科學怪人堅持。

我沒調頭回家，繼續沿 I-10 往西開。幸好午餐過後抵達德州第二大城聖安東尼奧市，住進該城著名河濱步道旁的拉金塔旅館。科學怪人躺下休息不到半個鐘頭，便起身說想出去走走。

我們牽著凸凸，沿著極商業化、遊客如織的人工河道慢慢走了一圈。科學怪人的情況果真有些起色，上身不這麼歪，快變回史提夫的模樣了。

休息一晚後，隔天再度出發。從聖安東尼奧開整整 6 個鐘頭，才抵達馬拉松鎮的蓋吉旅館。許多同事警告 I-10 這段路冗長沈悶，因為景色單調。倘若我住在沙漠裡，或許會同意，然而這是我破天荒頭一次從外部漸次深入極端乾燥氣候，儘管開車時間長，並不感覺乏味。

離開城市後，愈往西行，公路愈窄，車輛愈少。路兩旁植被從灌木林變成灌木叢，待接近吉娃娃沙漠邊緣，僅剩稀疏沙漠型植物，以各種仙人掌與絲蘭為主，城鎮裡還偏愛種植別名「世紀植物」的黃邊龍舌蘭。這三種優勢種都可以長得巨大高壯，極具雕塑效果。之前覺得休士頓城裡的天空特廣闊，此刻才見識到真正廣闊的天空，一望無垠，無遮無障；近處是惡土，遼遠為窮山，山盡是長久承受風化侵蝕作用、呈鐵鏽色的平頂山，只比同色系的荒原高出一點，層層不絕。

人煙聚集處間隔也愈來愈遠。每進入一個城鎮之前，公路旁總樹立一片方牌，最上面寫著城鎮名，中間記錄此城鎮人口總數，最下面照例加一句：「歡迎光臨」。人口僅兩、三位數者司空見慣，

還有幾處僅個位數！有些小鎮雖掛了名牌，卻只見一座孤寒加油小站，一棟破屋前擺一台老掉牙的加油器！見不到任何房舍，遑論市街。

我們在史塔克頓堡轉入南向州道，暫別 I-10。現今史塔克頓堡已成為郡政府所在地和美國西南部重要交通樞紐，人口卻不足8千人。此城的名勝是矗立在城中心、一座高 3.5 公尺的巨大走鵑（roadrunner）金屬雕像。我小時候也愛看「郊狼與走鵑」這一系列精典卡通片。走鵑因為跑得特快，最快速度每小時可達 32 公里！加上牠頭戴冠羽，有長喙長腿長趾長尾，不吭一聲都喜感十足。做為一個大城市的代表，那座大雕像更顯得滑稽突兀，美國鄉親歌頌通俗文化的那股勁兒，真讓我這個揹負沈重文化包袱的中國人嘆為觀止。

史塔克頓堡其實歷史悠久，自 19 世紀中葉即開始駐軍，因為科曼奇族重要的溪流發源活泉在此。白人出現以前，這口泉自古為印地安人出入吉娃娃沙漠的重要營地。白人來了以後，竭澤而漁地用這口活泉墾荒、殖民、建城，最後再蓋上公共游泳池。至於印地安人哪裡去了，我可以從小時候看過無數美國西部片中去想像。這口泉從美軍斥候懷丁上尉初次見到它「如海怪般從地底湧出，充滿魚鱉」，到 1961 年正式乾涸，生存在泉水裡的瀕危物種科曼奇泉長鱗也隨之消失。

從史塔克頓堡開車到馬拉松市的蓋吉旅館尚需一小時，中間沒有任何城鎮，全是私人牧場。僅雙線道的公路兩旁不見半個人影，也沒瞧見一頭牛，只見綿延不斷的鐵絲網，網內網外盡是植被稀少的荒漠。抵達蓋吉旅館，眼睛頓時一亮：旅館建築為西班牙在新世

界傳教區式建築風，正面為巨大厚實的泥磚牆，敷上杏色粉泥，拱門前飄揚一面巨大的紅藍白三色孤星旗，色彩對比強烈典雅。進門後才看得見封閉的中庭，與環繞中庭、在拱門與迴廊後的客房。中庭花園綠意盎然，種滿花卉，花盆只用原色陶或青瓷兩種，椅墊擺飾則強調松綠石藍。迴廊寬敞，舖大地磚，室內室外傢俱均以原木為主，門及裝飾品多用鑄鐵，客房內牆上掛著牛角和印地安人狩獵北美野牛的油畫，床上搭著用碎布拼圖手工縫製的棉被，木頭地板上舖著花紋別緻的整張牛皮，視覺和觸覺上都是享受。

史提夫的背仍然疼，我們沒去逛旅館後面占地 27 畝的原生景觀花園，只到旅館旁獨棟的「白水牛餐廳」晚餐。蓋吉旅館就這麼一家餐館，得過很多獎，必須訂位。擺設裝潢是精緻化的西部牛仔風格，菜單則主打牛排、海鮮和野味。我雖喜歡它的氛圍，免不了覺得像我這樣吃素的人來這種餐廳真是浪費。

晚餐後回房，我提議幫史提夫做大愛手，他勉為其難答應，但做不到 20 分鐘就說夠了，還是讓他睡覺吧。能量療法，信則靈，不信肯定不靈！遺憾的是，我最親近的丈夫顯然不信。

既然無事可做，我想解開心中兩個疑問。第一個容易解答：在這沙漠圍繞、人口僅 450 人的荒城裡，為什麼有像蓋吉這般精緻典雅的旅館？它的背景是什麼？

原來旅館創建人艾佛烈・蓋吉在他 18 歲那年（1878），口袋裡只揣了一小塊值 20 美金的金塊，隻身從東部的佛蒙特州來到德州這最後一片處女地，追逐經營巨型牧場的夢想。蓋吉旅館於 1927 年落成時，艾佛烈所擁有的牧場帝國，總面積已超過 50 萬英畝。馬拉松城在他抵達德州後才建城，從加爾維斯敦港市起頭的鐵路，途經

聖安東尼奧市，開到了此地。鐵路測量員謝普上校決定在此安家落戶，並申請在城裡開設郵局。謝普曾任海軍，航遊四海，他認為此處地貌神似希臘的馬拉松市，便以此命名新城。

可惜艾佛烈・蓋吉在旅館落成一年後就死了；打天下半世紀，享福的日子卻曇花一現。往後蓋吉旅館在邊區風光數十載，成為許多名流雅客的歇腳處。但馬拉松城實在太小，缺乏商機，客源不足，旅館終究沒落，變成一幢「大鬼屋」。1978 年，它被 JP 布萊恩買下。布萊恩是德州幾位建國元老之一奧斯汀（奧斯汀城即為紀念他而得名）的後代，他對大彎區的地理景觀和文化遺產情有獨鍾。在他慧眼獨具，斥資經營下，蓋吉旅館才有今日的相貌。

布萊恩處處突顯德州拓荒精神，又令我想起心中已詰問多時的第二個疑惑。從抵達休士頓的第一天起，我便注意到德州的州旗——整面旗被三道顏色均分，右邊橫亙紅白兩道，左邊縱列一道藍，藍裡正中嵌一顆白色孤星。這面旗無所不在，永遠和美國國旗並列，有時甚至獨立。譬如蓋吉旅館的大門口，又譬如離開聖安東尼奧市後這一路上的邊城，都只揚州旗，不見國旗，而且一面比一面大！這是我在別州沒見過的特殊景象，顯然孤星旗對德州人涵意深遠，不祗代表一面州旗而已。依我個人的審美觀，也覺得孤星旗比美國國旗好看、大氣，但我想德州人愛掛孤星旗，不只為了它好看吧？！

一查德州歷史，我才恍然大悟，原來德州在加入美國聯邦之前，曾經獨立了 9 年（1836 ～ 1845），稱為德克薩斯共和國，孤星旗即是共和國的最後一面國旗。西班牙探險家於 16 世紀初發現德州後，法國、西班牙先後企圖殖民，結果都很淒慘——窮山惡水，又

有可怕的印地安人！1821年墨西哥獨立戰爭結束，德州被納入甫自西班牙獨立出來的墨西哥領土，墨西哥為了牽制印地安人，開放讓歐洲人及美國人移民，並贈予土地。白人移民很快超出墨西哥裔5倍，態度強硬，公開挑釁墨西哥法律，雙方混戰多次，死傷無數。1836年德克薩斯共和國宣布獨立，但又打不過墨西哥，只好投靠美國聯邦，在1845年成為美國的一州。

德州人在主權認同上鬧個不休，主要是不願放棄在瘴癘地裡做牛做馬、種糖種棉花的黑奴。墨西哥和美國聯邦政府都禁奴，所以德州人要獨立，南北戰爭時自然又鬧了一次。撇開奴隸制度不談，德州人追求獨立自主、不願受管的基本態度始終如一。因為德州加入聯邦的背景特殊，許多法律或沿襲西班牙殖民法、或為特例，譬如全美其他臨海州州政府的主權皆延伸至海岸外3海哩，德州主權卻延伸9海哩；德州也是極少數地主擁有地下礦權的州。這類實質上、受到法律認可及保障的特殊性，進一步強化德州人自行其是、不受控制的傾向。

如今，在廣袤天地裡豪邁不羈的現代德州人，心中的嚮往與渴望，千言萬語，恐怕都寫在那一面孤星旗上吧！

隔天進入大彎國家公園，白天先至遊客中心參觀，下午驅車沿景觀公路繞主園區一圈，果真先後看見兩隻走鵑如腳踏風火輪的哪吒，風馳電掣穿越馬路，倏忽消失在岩礫與植被中。遊車河的最後一站是公園內最深、最雄偉的聖塔萊那峽谷，遠看彷彿一堵有道裂縫的巨牆，河水從裂縫中流出。下車沿步道可走進那道裂縫的深處，兩岸懸崖垂直拔起500公尺，儘管烈日當空，谷底卻幽深陰暗。

當晚我們在公園中央的奇索斯山腳下露營。奇索斯山頂是一整塊巨方石，在暮色與晨曦襯托下，彷彿一座巨堡，居高臨下，監視遊人。入夜後天空多雲，不見星星，除了我們自己的爐火和一盞小燈，沙漠裡一片漆黑，一點都不浪漫，反而有點可怕。

　　史提夫雖然背還痛，搭營拆營仍非常利索。次日早上我們選了一條短步道，走上山去看奇索斯盆地著名的「窗口」，從兩道岩壁間的縫隙後，鳥瞰懸崖下的一望無際的沙漠景觀。

　　下午開車到東邊格蘭河村營地。這個河邊營地腹地平廣，來過夜的多是美國常見的野營車，每輛大車都有屬於自己的電插座和水龍頭，並可倒污水。搭好帳篷後我們去河邊散步，泥灘上印滿各式各樣的動物腳印。眼前隔一道河水便是墨西哥，彼岸的布奇雅峽谷垂直隆起，峽谷後方緊連高出河面 2100 公尺的卡門山脈，全體在夕陽映照下一片艷紅，耀眼奪目。我想像 500 年前加州神鷲仍在美國西南部到處翱翔時，展開長 3 公尺長的黑翅，從這一堵巨大的火牆前面飛過，那景象該多麼激越人心啊！

　　我們只待兩天就出園了，主要因為公園嚴禁寵物自由行動，所有步道禁止帶寵物同行。進公園前我們進加油站將油箱加滿，站內職員看見我放凸凸下車尿尿，警告我說幾天前他才親眼看見一位女士放她的小貴賓狗下車跑跑，天上突然飛下來一隻老鷹，倏地攫起小狗，留她眼睜睜看著自己的小寶貝被鷹爪箝制著，消失於天際！白天沙漠裡氣溫驟升，就算不關緊車窗，我們耽心凸凸會受不了，不敢撇下她太久，加上史提夫的背疾，能結束假期回家，皆大歡喜。

　　回程取消了聖安東尼奧市的旅館訂房，我在一天內開完 900 公里，沒有問題！我開始適應德州生活了！

聖海倫火山

　　4月的復活節長週末，周師姐在奧斯汀與休士頓之間的布藍能市靜思退省中心舉辦三天兩夜的和氣大愛課程，請老師從洛杉磯飛來上課，我獨自開車去參班。將近 40 位同修，來自美國各州，齊聚一堂。我和袁師姐由德州北區傳人西莉雅師姐護持。

　　老師一開場先傳和氣，為難得見面的學生「更新」靈體。週五一場團煉下來，我發現美國同修煉和氣和台灣同修一樣精采，哭得哭、鬧得鬧，且不乏數袋高手；收功後大家又變回高級知識份子，溫文爾雅。

　　週六午餐後老師要我們小組分享，希望組員能成為共同體，幫助彼此解決問題。西莉雅說她跟老師卡情緒，希望這次參班能化解；但她沒說明為什麼卡。我非常驚訝，這樣的老師還不滿意？！袁師姐說她對什麼都好奇，想受傳大愛手。最後輪到我，我說我的問題是不孕，說完心裡很舒坦。我向來好強，不喜歡、也不習慣求助於人。在師姐們面前坦承自己有問題，是項突破。

　　晚餐後袁師姐立刻如願，老師傳大愛手。傳完後老師要每個小組選出一人，讓其他同修做團隊大愛手。師姐們居然異口同聲都要為我做大愛手，於是我從席地而坐，一直被做到四仰八叉躺下，最後幾雙炙熱滾燙的手全集中在我腹部及後腰揉搓，做到我睡著又醒來。結束回宿舍時已過 8 點，西莉雅師姐和我坐在客廳沙發上懇談，我雖早已感覺下腹嘰哩咕嚕在作怪，但話匣子一開，捨不得打

斷，就忍著。

西莉雅有四分之一的中國血統，快五十歲了，從老師教授先天氣功階段即開始跟隨他修煉。她說這些年來老師變得謙卑許多。以前他出外上課，後面得跟個「侍從」，專門幫他提包包和倒水盛飯，現在他諸事親躬；以前老師常「發功」幫助同修，引發許多震懾人的「現象」，現在他幾乎不干涉同修煉功，只順其自然。西莉雅認可這些改變，但感覺老師自從回台灣收學生，便漸行漸遠，彷彿她們這批「白寶寶」的需求已不再重要。許多美國學生認為煉和氣是強迫旋轉，難以接受。我很想繼續談下去，問西莉雅若果真離開和氣團體，是否已預想了未來的方向。無奈我腹痛如絞，再也坐不住，只好向師姐道歉，奔進廁所。

接觸和氣大愛後，除了剛開始練鞠躬右腳踝水腫和經常感動落淚，沒有其他的「排毒」反應。這一次猛暴腹瀉，總算讓我毫無疑問地親身經歷了。

一夜好眠。週日早晨團煉、上課、午餐、分享、做大愛手，都在喜悅的氣氛中進行。下午課程結束，同修們依依話別，各自奔向歸途。我覺得在這樣寧靜的環境裡和同修們一起度過假期，太棒了！心中期待從此可以經常擺脫塵勞、「避靜退省」。

回程更能全心全意欣賞 290 州道兩旁燎原般的野花。我早風聞德州丘陵地區的野花令人驚豔，親睹時仍不時倒抽涼氣，驚嘆不已。德州主要原生態為大草原，本有千千萬萬的北美野牛漫遊其間，大批食草性動物比割草機的效率更高，使得草原這個過渡性植被無法轉變成林地。如今滄海桑田，但德州的氣候及土壤仍適合野

花生長。290 公路綠化尤其徹底，切過山丘的路段兩邊樹林茂密，邊坡與中央分隔帶特別寬廣，春天一到，大片野花覆蓋，花頭擠得密密麻麻，錦簇如織，且全以天藍色為基調，因為優勢種肯定是德州州花，藍色的魯冰花「藍軟帽」（bluebonnet）；再夾雜亮橙的德州畫筆（Texas paintbrush）、淡淡粉紅的報春花（primrose）、深酒紅的酒杯花（winecup）、暗粉紅花瓣鑲黃邊的虎皮菊（Indian blanket）、與鵝黃的綠線菊（greenthread）。既美又壯觀，讓我頭一次深切體會徐志摩所謂「數大便是美」的真實性。兩年前我替麥田出版社翻譯『畢卡索傳』，慨嘆畢卡索真是藝術界的巨人，因他不但是天才，而且長壽，身體還壯得像頭牛，因此創造力在質與量雙方面皆無人能望其項背。如今目睹德州的野花，我才明白最偉大的藝術家，乃造物者；祂的創造力無與倫比、巨細靡遺。

北美野牛一度遭白人屠殺滅絕，原生大草原都闢成牧場和農場了，德州野花能恢復今日盛況，非純自然現象，得靠人力復育，其中以詹森總統夫人（別名「小瓢蟲」）居功厥偉。詹森夫人是位了不起的女性，極具政經頭腦，是她奠立了現代美國第一夫人獨立推行專案的典範。

詹森夫人生在德州東部，本想去阿拉巴馬州唸大學，但去奧斯汀大學會朋友時，一下飛機便被一片盛放的藍軟帽把心給偷走了。這位德州大學的校友，一生對奧斯汀城情有獨鍾。在任第一夫人期間，一手促成「美化公路法案」，在全美國公路兩旁限制樹立廣告，同時廣植樹木花草。她的口號是「只要有花盛開的地方，就有希望！」，詹森總統去世後，她致力美化奧斯汀城及周邊地區，並在城裡創設野花研究中心。為感念她，該機構更名為「小瓢蟲詹森夫人

野花中心」，成為德州大學的研究機構之一，宗旨為「永續利用並保護原生野花、植物及風景」。該中心與德州交通部合作，每年延遲公路兩旁割草時間，並用飛機[1]播撒野花種子。可見德州野花這無與倫比的藝術傑作，是造物者和一位有遠見、行動力、與深刻美學認知的女人所合作創造出來的。

　　參班返家，史提夫的爸媽已等在家中迎接我。兩老從倫敦飛來看我們的新家，休息了兩天，看起來氣色紅潤，精神挺好。史提夫泡好下午茶，大家坐下聊天。我問公婆對休士頓初步印象如何？婆婆說路寬地廣、建築新穎乾淨，她覺得很好！婆婆愛整潔，受不了倫敦老舊擁擠的一面，她的評語可能不全是客套。公公呢？公公猛搖頭：「太熱！太熱！」我問他是不是又長痱子了？他撈起寬鬆牛仔褲褲腳，給我看小腿脛上一大片紅點。

　　休士頓的春天，早晚涼快，僅攝氏 20 多度，但日照猛烈，白天氣溫常飆到 30 度以上，我覺得挺舒服，卻把英國老先生給熱壞了。

　　我喜歡我的公婆。他們是典型的中產階級，規矩小心、奉公守法。因為經歷過二次世界大戰，親嚐資源匱乏、顛沛流離之苦，非常節儉；我一直覺得上一代的歐洲人和中國人這一點很像。史提夫的媽媽在倫敦市中心外圍長大，德國猛烈轟炸倫敦那八、九個月裡，她整天躲在地道裡。史提夫的爸爸在 1944 年加入空軍，被送去美國奧克拉荷馬州空軍基地受訓 10 個月，幸運的是就在他結訓回

---

[1]　現在多改為無人駕駛飛機

國、準備出任務的前夕，德國宣布投降，戰爭結束。

史提夫第一次帶我回他爸媽家過聖誕節，我把所有的毛衣都穿在身上，還冷得脖子發僵，原來公公一向只把暖氣溫度設定在17°C！住在公婆家，家事婆婆一手包辦，我過意不去，要求至少讓我洗個碗吧！我還沒將盤碗裡的殘肴剩羹在龍頭下沖乾淨，在一旁觀察的公公搶過碗盤，趕我走了，說再讓我洗下去，他會心臟病發作！我只好一旁站。原來公婆洗碗，只放一槽熱水，滴些洗碗精攪出泡泡來，婆婆就開始洗，洗好搭在槽旁台上，公公站在她身邊，拿塊茶布把泡泡水擦乾，擺回櫃裡去──我看了也快心臟病發作，只是不敢講而已。

史提夫跟他的父母很親──是「相敬如賓」地親。觀察他們親子互動，我了解到英國人保守含蓄、恪遵個人空間的表現，是不分對象地點、不論關係親疏的。史提夫從19歲讀大學便離開家，之後又出國工作，但不論人在哪裡，每週一定打電話回家跟爸媽聊聊。公公退休前做了一輩子會計，史提夫很尊重父親的理財能力，凡關工作及個人財務，必與父親詳細討論。婆婆持家有方，條理分明，史提夫打光棍到40歲，生活起居上的小事不少仍仰賴媽媽。

結婚後公婆不遠千里來台北看我們，四人再同遊香港。公公婆婆自己經常旅遊，但除了去開羅探望史提夫一次，旅遊範圍侷限於英美本土及西歐。一遊香港是大部分英國人的心願，但看得出來兩老玩得很辛苦，尤其是71歲、不愛動的公公──香港太擠、步調太趕！台北太潮濕、太熱！東方食物不對胃口，吃了腸胃鬧革命！史提夫興緻勃勃介紹的名產小吃，只換得老先生眉頭緊蹙。最好笑的是去鼎泰豐，一籠籠蒸餃、小籠包陸續上桌，史提夫看爸爸不肯動

叉子，急問：「你不吃嗎？」公公氣結地說："It's all boiled!"。老一輩英國人喜歡吃烤的、炸的，要他吃一桌沒有顏色、狀似水煮的食物，如何下嚥？

公公婆婆來休士頓只待十天，兩個週末。兩老不想遠行，也不准史提夫請假。公公每天穿著短袖短褲和帶絆的皮涼鞋，手膀上、腿上和禿了的頭頂上塗滿一塊塊粉紅色的卡拉達爾止癢軟膏，和凸凸「老人與狗」坐在客廳裡吹冷氣。婆婆動不動就去後院露台上躺著，讓火辣辣的太陽把她烤得像隻煮熟的龍蝦。我帶兩老去城中心逛了一次，再去康納和員工餐廳和史提夫的同事們共餐，之後再想請他們出門，比登天還難。

「諾曼，你倒底想去哪裡？」我問公公。英國人對親戚長輩一律直呼其名，對婆婆我實在叫不出口，還是跟著史提夫叫媽，但對懶散幽默的公公覺得可以勉強隨俗。

「我哪裡都不想去。是琴想跑這麼遠來度假。」公公莫可奈何地交叉雙手，同時搔搔兩邊膀子；婆婆坐在一旁抿嘴笑。「我只想看看你們過得好不好。我不想太累。」

「那你告訴我，你覺得怎麼樣度假才不累？才是你理想的假期？」我是真的好奇。公公只有在家裡看起來才開心，一出門就抱怨太熱太累太擠，但仍經常聽說兩老又出遊了。

「我不想去離家太遠的地方⋯，讓我坐在小河邊，喝瓶冰鎮啤酒，就好⋯，我只想過低壓力的生活。」公公給我一個頑皮的微笑，用力搓幾下手。搓手是公公的招牌動作，每次他一開心，就會用力搓幾下手，通常都是在吃東西之前。「琴，我們來沖杯咖啡喝吧！吃餅餅！」（即原味消化餅干，英國人的標準茶點）。

公公婆婆結束「低壓力」探親假期，返回倫敦，我們的生活恢復正常，但非周末日增加了一項新活動——去休士頓表演中心當帶位員。我透過能量大道區的外派眷屬協會，跟劇場帶位志工團登記，晚上常拉著史提夫去城中心。帶位服務極輕鬆，只需穿著正式的白襯衫黑長褲，提前半個鐘頭到場聽簡報，接著帶來賓入座。表演廳內燈光一熄，我們的工作就結束了，可以挑個空位，坐下來欣賞表演。我選擇替歌劇院工作，有時也臨時替補，去看場芭蕾或舞台劇。

　　我欣喜地發現，原來休士頓並非文化沙漠，而是全美少數擁有四大表演藝術常駐團體及特屬表演廳的大城：休士頓大歌劇團、休士頓芭蕾舞團、休士頓交響樂團及巷弄劇團（Alley Theatre）；我想這是因為休士頓富有，不乏口袋深的贊助人。這些表演團體的水準雖比紐約差些，可人家都有，且演出頻繁，更何況我們不用花錢買票！史提夫對古典音樂興趣缺缺，卻陪我看了許多部歌劇，連華格納將近四小時的「特里斯坦和伊索爾德」，也居然從頭坐到尾，沒打瞌睡！

　　這樣的生活其實很愜意，然而我體內的生物時鐘在！！！震天價響！… 我就是感覺不夠、缺少很多！

　　五月悄悄過去。離開台灣曾中斷百日築基幾天，但我仍念念不忘老師當初開的保單：「7個月，和氣就能更新你們體內每一個細胞！」如今7個月已滿，怎麼還沒消息？

　　我的婦產科醫生莎拉推薦我們去見紀念城區一位做體外人工受精的專家，約好六月中去他寧靜寬敞的私人辦公室做20分鐘初步談

話，費用高昂，保險不給付。專家的態度和善專業，耐心解釋整個療程，基本步驟及過程和三軍總醫院的療程如出一轍，只不過聽他用英語描述就變得非常尖端科技、非常個人化服務似的。最後談到費用：7500 美金！專家建議我們回家好好想想再做決定。

　　七月初史提夫帶我去看他以前的同事，定居愛達荷州首府博伊夕城的葛雷和凱西・安東尼尼。

　　國內航班飛行的高度低，地面景物歷歷在目，只覺得怎麼也飛不出底下那片無邊無際的荒漠。原來博伊夕位在美國最大沙漠「大盆地沙漠」北部，被西邊的內華達山脈和東邊的落磯山脈夾在中間。待機長宣布即將降落時，突然看見沙漠中冒出一抹綠，顯得份外清蔥；那便是博伊夕城。

　　葛雷算是康納和美國總公司的元老之一，和史提夫同一時期駐開羅，凱西又和史提夫同年同月同日生；那時凱西還沒生小孩，週末一起玩、每年一起慶生，交情匪淺。1991 年康納和公司的專機在婆羅洲撞山，機上 12 名人員全部罹難，其中包括三位副總裁及兩位資深經理及配偶，葛雷跟那幾位公司主腦都熟，十分痛心，不久更感覺公司文化變了，而且凱西懷上第二胎，渴望安定。於是葛雷辭職，和凱西花一年時間，遊遍美國本土，最後選擇在博伊夕城安家落戶。葛雷和凱西分析得很清楚：博伊夕城是愛達荷州政經文化中心，不大、不小、不出名，是個大學城，有著名的博伊夕州立大學及其他幾所學院，文化活動頻繁、生活費和各項稅卻不高。博伊夕夾在兩大山脈中間，城裡有清澈的波伊夕河流過，又有職業棒球、足球、籃球和曲棍球場，運動風氣鼎盛、居民生活健康。最後，博

伊夕屬於半乾燥氣候，四季分明，適宜人居。

　　葛雷和凱西在博伊夕大學所在的東南區買了一棟舒適的大房子，小學、中學、大學全集中在步行範圍內。葛雷進中學當物理老師，凱西持家，兼任會計師。一轉眼，女兒 10 歲，小兒子 8 歲了。

　　拜訪安東尼尼一家，兩件事令我印象深刻。第一，顯然他們的兩個小孩都是「資優兒童」，我們沒見到女兒唐雅，因為才 10 歲的她去參加中學科學營了；兒子凱爾活潑開朗，跟我們出去健行，把歷任美國總統從頭到尾背一遍，而且聽他練鋼琴，彈德布西的「黑娃娃步態舞」彈得有模有樣。我身上正好帶著天才兒童鋼琴家黃海倫的「給孩子們」CD，我也喜歡那首曲子，便跟凱爾一起聽。另外，我們住客房，用兩個孩子合用的浴室，纖塵不染，凱西堅稱是兩個小孩自己負責打掃的。「是他們在用，為什麼要別人幫他們清洗呢？」凱西說。我心想：好吧！天下父母當如是！

　　那個月我的月經遲了，離開博伊夕時還沒來。坐上返回休士頓的飛機，機長宣布將先往西飛，再沿西海岸往南。黃海倫演奏的兒歌在耳邊叮咚演奏，直叫身體與靈魂皆已殘破的成年人泫然淚下。機長突然廣播要大家趕緊往窗外看，因為飛機正飛越華盛頓和奧勒崗州交界上的聖海倫火山。那天天氣特別清朗，能見度極佳，俯看聖海倫火山爆發後所形成的馬蹄形火山口，巨大且輪廓突顯，火山口內的穹丘鼓突如獸背，正冒著裊裊輕煙，火山口外的綠色山坡，呈輻射狀向外迤邐，優美平緩地伸入湛藍如瞳的神靈湖。晴川歷歷，芳草萋萋，一切清晰地似乎觸手可及。在淚眼朦朧中，我清楚地預感到：我懷孕了！會是個女兒！儘管我不太喜歡海倫這個會讓人聯想到紅顏禍水的名字，但我又怎能不給我女兒取這個名字呢？

藍色寶寶憂鬱鄉

　　我果真懷孕了！照超音波證實的確是女兒。8個月前和氣老師開的支票果然兌現！

　　史提夫當然高興，不必付7500美元！每次和親友聊起這個話題，總開玩笑說我懷孕是因為他去見體外受精專家，聽到價錢，荷包大受驚嚇、身體大受刺激的結果。我呢？春風得意、信心滿滿，認為只要繼續煉和氣，從此再沒有我無法克服的挑戰、無力應付的難關。

　　整個懷孕過程，身體狀態極佳。身為高齡產婦，被迫做羊膜穿刺，毫不擔心──我是和氣媽媽，女兒是和氣寶寶，怎麼會有問題呢？！我照常煉和氣，還轉得飛快。每天帶凸凸到家後面的帶狀綠地或附近公園快走30～60分鐘，定期自己去醫院追蹤檢查，又在妊娠晚期拉著史提夫參加醫院護士長主持的自然分娩課程，認真學習陣痛呼吸和用力法。公司頻頻派遣史提夫赴歐洲、中東、甚至亞洲出差看數據，留我獨自在家，我也能接受。

　　住糖城的黃師姐妹妹及妹婿來美度假，幾次約我們去她家團煉。這對夫妻同是和氣大愛台中區傳人，企圖教我們老師在台灣最新發展出來的「三星四相」團煉陣式。我們這幾隻三腳貓怎麼跟得上？結果完全煉不進去，只搞得大家垂頭喪氣又無厘頭。我開始體會時空的阻力畢竟難以超越，較能感受西莉雅的瓶頸心態。

　　我的預產期是4月2號。

3月28號夜裡，我在熟睡中突然張開眼睛，從床上跳起來奔進浴室，差一點沒接住從下體嘩嘩流出的血水。

　　羊水破了！真是跟我過不去！

　　我千拜託萬拜託，希望寶寶至少等到3月30號再出來，結果羊水還是提前破了！

　　無暇多想。我墊上衛生棉墊，看看鬧鐘——凌晨00:35。

　　我連睡衣都沒換，揹起早準備好的小包，帶凸凸下樓，放她去後院方便，再幫她換水和加狗食，然後寫張字條給史提夫，留在廚房中島上。凸凸向來對狗豆豆興趣缺缺，進門後對這意外的一餐全不感興趣，只目送我拿起車鑰匙、關燈、鎖門、離開，在我身後不停嚶嚶哭泣。

　　深夜裡空蕩蕩的馬路一片死寂，從家裡開車15分鐘便抵達醫院。我並不覺得痛，只感到血流不止，很不方便。進了醫院，護士立刻把我送進單人病房。知道我的丈夫隔天下午才回城，只幫我打上點滴，交待我盡量休息，便留我一人獨自面對漫漫長夜。

　　沒有明顯的陣痛。我只覺得渾身難受，毫無睡意。起初還企圖循自然分娩課程教導，下床推著點滴架走走，但很快感到精疲力竭，投降躺下。躺下也累，輾轉反側，沒一個姿勢舒服。在昏暗的燈光下，我拿出日記，面對純白的、新的一頁，卻不知如何下筆。

　　我翻到前面：

3月14日，週二

　　史提夫赴匈牙利布達佩斯出差，預定18號在倫敦多停留一天，參加弟弟基恩的40歲生日派對，19號返家。公司答應，接下來幾個月不再派他出國遠行。

3月19日，週日

　　在家獨守六天，思念丈夫。沒想到終於踏進家門的他形容枯槁、憔悴不堪。我驚問怎麼了，他才透露，17號一早正和婆婆在西班牙黃金海岸馬拉加度假的公公心臟病突發，被送進當地醫院加護病房。史提夫立刻改機票，提前飛抵倫敦。

　　史提夫和基恩、弟妹蘇西商量，決定瞞著我，怕影響我生產，同時不能讓婆婆隻身留在語言不通的異國應付變局。幸好英航服務周到，立即安排家屬免費飛航。三人同意當晚讓基恩隨史提夫至格域機場旅館過夜，隔天先飛馬拉加去陪媽媽，史提夫搭乘原班機返回休士頓，再視狀況。

　　基恩的生日派對早已訂位，邀請25位朋友，不能取消。婆婆在電話裡先祝小兒子生日快樂，接著說：「真抱歉，爸媽給你這樣一份生日禮物！」基恩的朋友鬧到半夜，兩兄弟凌晨三點才入住格域機場旅館，三小時後起床。史提夫先送基恩上飛機，自己再登機返回休士頓。

　　我聽完史提夫的敘述，大為震驚，一時語塞。史提夫說公公的狀況聽起來不算太差，基恩表示除非公公病情惡化，否則不會打電話來驚動我們。

　　就在此刻，電話鈴響；是基恩打來的。史提夫拿著話筒不斷搖

頭，像在呻吟地說：「哦，不！哦，不！…」接著語氣變軟，換成和婆婆通話，不斷柔聲安慰，請她不要自責。然後再換成跟基思通話，交待倘若明早確定大勢已去，一定要告訴公公，我倆不能見公公最後一面，將終生遺憾。

「你一定要告訴他，我很愛他！」史提夫說完便開始流淚，哽咽地不能言語。他掛了電話，抱著我痛哭。

基思說今天公公的狀況急轉直下，心律不整，心跳微弱。史提夫後悔沒直接從倫敦跟基思一塊兒飛去看爸爸，耽心基思處理緊急狀況不如他有經驗；我，他的老婆，又即將臨盆。他不知道下一步該怎麼走；在悲慟苦惱的情緒衝擊下，他不斷激動地嚎叫：「Help！Help！…」。

我看他這麼痛苦，只能一再勸他儘快飛去西班牙，並向他保證，美國的醫療服務絕不會讓我和寶寶出差錯。史提夫堅持不可留我一個人在家，希望即將來幫我做月子的媽媽和住紐約的好友小瑋能改機票，提前飛來。

我倆立刻分頭打電話。史提夫通知英航，得知下一班飛機明天下午四點起飛，後天傍晚抵達馬拉加。我和媽媽、小瑋多次通話，發現改機票麻煩又昂貴，作罷。後來想到史提夫有位本籍台灣的女同事住紀念城。她在電話裡一口答應，若發生緊急狀況，一定就近幫忙。

一陣忙亂後，已近九點，我倆又餓又累。我隨便下了些冷凍素水餃，打發了晚餐。飯前我已感覺沈甸甸的大肚子直往下墜，人很難受。飯後儘快收拾，上床休息。因為身體不適，意志力隨之崩潰。這時輪到我決堤大哭，恨不得陣痛立刻開始，趕快把寶寶生

下，再讓史提夫去辦他的事。

　　半夜子宮開始不斷收縮，胎兒動得厲害，背也疼；徹夜輾轉。

3月20日，週一

　　情況又生變。史提夫去公司後打電話回家，說基思來電，今天公公大有起色，下床坐在椅子上談笑風生，心跳也穩定了。週一醫護人員到齊，且有翻譯在場，狀況明朗許多。醫生說明將留公公在醫院觀察至少15天，至於情況將如何演變，難以預料。公公婆婆再次吩咐，不要史提夫飛過去。

3月21日，週二

　　史提夫只能靠電話與遠方的家人頻頻聯絡。家裡氣壓很低，我倆的心彷彿懸在一根細若游絲的線上，隨著公公時起時落的病情沈浮、飄宕⋯⋯。

3月22日。週三

　　熬了兩天之後，兄弟倆決定，史提夫還是應該飛過去。今天他再度登機。

　　離家之前，他把嬰兒床、換尿片台和為哺乳準備的搖椅全移進主臥室內，並且把兩間客房都整理好。

　　史提夫在倫敦轉機，英航特別延遲前往馬拉加的飛機起飛時間，由專人護送他快速轉機。登機前，護送專員面色凝重地對他說，英航接獲通知，公公已經過世。史提夫聽了哀痛至極，3小時的飛行時間，又在自責與懊悔的折磨中度過。

飛機落地，史提夫一見正在等候他的基思，悲從中來，流著淚說他很抱歉，來晚了。基思摸不著頭腦，問他為什麼這麼說。原來公公並沒有過世，情況也沒太大變化，英航不知從哪兒得來的錯誤消息。

　　史提夫趕上當天下午的探病時間。公公睜開眼睛看見大兒子，第一句話便問寶寶出生了沒有。婆婆見到他，也像吃了顆定心丸，比較願意多談。婆婆一直為內疚所苦，因為這次出國渡假是她的主意，公公不忍掃她的興，全為了陪她。她又說公公突然倒下，其實早有先兆。去年聖誕節我們沒回倫敦，公公反常地不想請任何人來家裡過節，也不願去基思家。婆婆只準備了兩人份的、公公最愛的烤鴨，結果公公整天不舒服，連床都沒下。在馬拉加病發前一天晚上，旅遊團帶他們去一家有舞池和現場樂隊演奏的情調餐廳晚餐，十多年沒跳舞的公公，居然站起來請婆婆跳了一支舞。

　　「他知道！」婆婆說。

　　史提夫站在病床旁，看著心率監測儀上那條示波線，跳得忽快忽慢、忽上忽下，有時索性呈一直線。公公四十出頭時，有一天下班從火車站走上坡路回家，突感雙腿劇痛，檢查後方知血管已經堵塞，從那時起便開始服用抗凝血劑和抗高血壓的藥。醫生說他吃了30年的藥，儘管向來無事，心臟已疲乏無力。頭一次心臟病發作，可能就是最後一次！住院後公公每況愈下，其實從未好轉過，這兩天更開始咳血。診斷可能因為血液從心臟漏進肺部。公公太虛弱，不能動手術。

3月25日，週六

　　史提夫每天固定在探病後打電話給我。他常描述馬拉加的天氣美極了，陽光和煦，海風徐徐。他們母子三人住在醫院附近保險公司給付的旅館裡，白天總是沿著濱海大道散步，消磨時間。婆婆走累了，就找家咖啡館坐下。公公的後事，不需任何人操心，他早已立好遺囑，把一切留給婆婆，也選好了墓地；沒什麼事非討論不可，也沒什麼遺言非交待不可。他們只盼望探病時間公公精神不錯，一家人可以坐在病床旁回憶從前一起做過的事、去過的地方、以及共度的快樂時光。

　　我一個人在休士頓，白天挺著大肚子正常作息，煉和氣，帶凸凸出去散長步；晚上一個人坐在客廳沙發上讀『西藏生死書』或練習替公公隔空做和氣照顧，穩定自己的情緒。我感覺著寶寶在腹中挪動，聆聽時間在寂靜中緩緩行進，想像弟妹蘇西在倫敦，白天沒人接送她搭火車去市中心上班，回家還得做飯，照顧7歲的姪子奧利佛；她一定也感覺時間漫長吧…。

3月28日，週二

　　公公於馬拉加時間凌晨04:30過世。

　　院方並未通知家屬。母子三人直到上午進病房探視時才看見病床已空。他們去停屍間瞻仰遺容，抽屜拉開後，婆婆只伸手撫摸公公的臉頰及額頭，便請工作人員關上抽屜離開。

　　拖到下午，才確定院方會把屍體空運回倫敦，但不可能讓婆婆坐同一架飛機，也無法確定日期。

　　史提夫跟英航聯絡，當天返回倫敦的班機已起飛，母子三人還

往機場旅館過夜。

史提夫告訴我他將在 29 號凌晨登機，預定休士頓時間同一天下午落地，飛行時間 16 小時。基思和婆婆隨後將登機返回倫敦。婆婆特別交待史提夫別再趕回倫敦參加葬禮，也不可為此罣礙。

好不容易熬到天濛濛亮，護士來檢查，說陣痛根本沒開始。怎麼辦？

再熬、再等！

幾個鐘頭過去，一位女醫生進來自我介紹，表示將由她來替我接生，我的醫生莎拉今天不在這間醫院職班。她接著解釋因為我的自體催產素分泌不夠，再等下去怕胎兒感染，她決定給我打人工催產素。我說丈夫應該下午兩三點落地，能等他來再打催產素嗎？女醫生面有難色，說為了保險起見，最好別等。說完一票人進來把我推進走廊另一頭的產房。我早已疲憊得不想開口，全身乏力，任她們擺佈。

一打催產素，陣痛立刻開始，而且是椎心刺骨地痛。上課和看書都強調，自然分娩最好，盡量別剖腹、也別打硬脊膜外麻醉針，因為生產過程對胎兒至關重要，應避免讓胎兒受到麻醉劑的影響。我早就填表申明我不想做硬脊膜外麻醉，護士幾次來問我是否改變想法，我仍堅持不要。

產後我才知道，順產的胎兒面朝下出生，硬腦袋殼兒壓著媽媽的軟肚子，不那麼痛。我的女兒想看這個世界，面朝上出來，腦殼一路壓著媽媽的脊椎，才讓我「椎心刺骨」。

等醫生叫我用力時，我已痛得神智不清。模糊看見強光下產房裡擠滿人，有男有女，穿著制服，如軍隊演習一般。那些人進進出出做什麼？我全不知道。我隨著護士的口令用力啊！用力！女醫生就站在產床後方，不斷鼓勵我，給我打氣，叫我用力！再用力！…好幾次我暈過去，護士扯我的手，把我扯醒，叫我繼續用力！一定要用力！不能停止用力！我看見女醫生轉頭去跟軍隊講話，見我醒了，又轉身繼續鼓勵我，說我真勇敢！表現真好！她已經看到嬰兒的頭了！用力！再用力！…。

事後女醫生告訴我，要不是莎拉特別註明我堅持自然分娩，她早就把我推進手術室剖腹了。最後她用真空吸引器把胎兒的頭吸出來。

海倫在下午 02:17 出生。她出生的剎那我知道，接著便暈厥過去。等我醒來，護士問我感覺如何？我發現自己講不出話來。她伸手過來扶我，問我想不想試著坐起來？我的頭才離開枕頭，又昏迷了。

第二次醒來，護士問我可不可以下床去上廁所。我坐是坐起來了，還沒下床，再次昏倒！

第三次醒來，發現史提夫坐在旁邊，握著我的手，眼睛紅紅的，滿臉鬍渣子。他說他看見寶寶了，寶寶健康又漂亮。他向我道歉，說他來晚了；說他到家之後，看家裡沒人，以為我開車出去買菜，本來打算去後院剪草，把割草機從車庫裡推出來，才看見我留的字條。我說我也想看看寶寶，護士這才抱女兒進來，同時告訴我，我失血過多，老是暈倒，她們幫我插了尿管，等我能自己下床上廁所，才能拿掉。

懷胎九個月，我經常想像，第一眼看見女兒時，心中將如何地充滿喜悅與愛意，然而當這一刻真正來臨，心中竟然沒有任何強烈感覺。寶寶長得非常好，閉著眼睛在我懷中靜靜沈睡，看見她，的確讓我精神一振，暫時忘卻疲勞。我感到驕傲、滿足，卻覺得懷中的小東西十分陌生。在一旁的史提夫情緒激動，又哭又笑，說他不知該感到悲傷、還是快樂。

通常產婦在產後只住院一個晚上，便可回家。我因為大量失血，傷口太大，住了三天。期間醫生本來建議輸血，我和史提夫都反對，才作罷。第二晚我被推進雙人病房裡，隔壁床的媽媽好年輕，她的媽媽跟我同年！年輕媽媽只住一晚就興高采烈地被接回家去，病房裡留下我一個人，院方沒再讓別人住進來，讓我安靜休養。

海倫第二天開始出現黃疸，護士總把她脫光了擺在燈下照。我明知這是新生嬰兒常見的狀況，仍憂心忡忡，心裡不能接受她不是百分之百地完美健康。更令我焦慮的是餵母奶；海倫沒有含不住奶頭的問題，但好像總吸不到奶，愈吸愈不安穩。第二天她餓壞了，睡不著，護士開始餵她嬰兒奶粉。書上講嬰兒一旦習慣用奶瓶喝嬰兒奶粉，便可能排斥吸母奶，因為吸母奶太辛苦；母親的身體得不到催乳刺激，便可能製造不出足量奶水。如此惡性循環，乳腺自然停止分泌。

想自然分娩是我的第一個堅持，第二個執著便是想餵母乳。自然分娩讓我元氣大傷，身體垮了，短時間無法復原，遑論製造奶水。我千萬個不願意讓寶寶喝嬰兒奶粉，更不願意她挨餓，於是情緒低落，認為自己太貧瘠，不足勝任當媽媽。

4月1日史提夫接我回家，媽媽已自溫哥華飛來，好友小瑋也從紐約帶來幾大包從她的中醫那兒批來的藥材，給我補身、發奶。我懷抱寶寶展示給親友看，情緒又從谷底升到高峰。媽媽和小瑋都嘖嘖誇讚寶寶長得漂亮，我把寶寶交給她們，抱起自我踏進家門後便歡喜地不停哭泣的凸凸，讓她也可以看看寶寶。凸凸對這才剛出現便立刻占據眾人注意力焦點、體積跟她差不多的小東西，慎戒大於好奇，試探性地想嗅嗅，媽媽趕緊抱著寶寶走開。此時小瑋已端了一碗黑呼呼的中藥湯過來，要我趁熱喝下。小瑋知道我想餵母乳心切，一下飛機便開始替我熬中藥。我趕快把凸凸放下，開始喝中藥。一碗苦藥湯還沒喝完，醫院派來的泌乳顧問上門了。我把寶寶抱過來，開始約談。

　　泌乳顧問先觀察我餵母乳，認為我可能有奶，但量顯然不足。建議我每天從補充四瓶嬰兒奶粉起步，同時給我一根大約只有5公分長的小注射器和一只更小的玻璃吸器，再建議我買一支單邊手動吸乳器。除餵奶外，每隔2～3小時再吸乳一次。她強調吸得愈勤，愈能刺激乳腺分泌，並重申初乳的重要性。

　　初乳是產後一到二週內分泌的乳汁，量少且稠，但醣與脂肪含量比後來分泌的熟乳低，適合初生兒的腸胃系統；更重要的是它含有大量來自母體的蛋白質和免疫抗體，比熟乳的含量高出20～40倍。初乳是吃母奶的嬰兒較少感染及生病的大功臣。那支神祕的小玻璃吸器就是讓我把初乳從吸乳器的瓶子裡吸出來，再擠給寶寶吃的工具。若是量多，可以擠到注射器裡，再用注射器餵食。泌乳專家不建議我一開始就買雙邊電動吸乳器，因為她聽了我的特殊情況及觀察寶寶吃奶後，認為最好先別花大錢投資。「我們試試看！妳盡

力就好，別給自己太大的壓力。想餵母乳心情要放鬆，否則奶汁肯定不夠。」

泌乳顧問起身告辭後，我抱著寶寶坐在客廳沙發上，腦子裡如萬馬奔騰，身體卻彷彿麻痺似地動彈不得。午后陽光從窗外流洩進來，照在我們母女身上，感覺真溫暖，我多麼希望那短暫的靜謐時光能夠永遠停駐。凸凸不知從哪個角落裡走出來，來到我腳前靜靜坐下，仰頭凝視我。那眼神充滿了幽怨與哀愁。我驚奇地發現她的相貌完全變了——凸凸變醜了、也變老了！我看見她臉上清楚寫著兩個字：「憂鬱」。

從那一天起，司馬家便開始過異常緊張忙碌的軍事化生活，四個大人分工合作、各司其職，只為一個目的：餵飽海倫！

廚藝高超的媽媽負責開伙，供應三餐。小瑋專司熬中藥、熱中藥、開車出門買菜。

史提夫除了負責所有內外家務，還加上一項最繁瑣的消毒清潔工作。產前我太過自信，根本沒調查和選購任何奶瓶及消毒器具，史提夫只懂得用最古老的滾開水來替我用過的玻璃吸器、注射器及吸乳器消毒。他白天做個不停，晚上我每隔幾個鐘頭起來餵奶，鬧得他也睡不安穩。本來他只打算請一週「產假」，見我根本沒上軌道，一週後回公司處理要事，續請四天假。沒想到屋漏偏逢連夜雨，在回家途中被個冒失鬼從後面撞上，不但脖子扭傷、背疾又犯，還得應付保險公司及跑修車廠，填表格、打電話…他從父親在西班牙病倒後，沒過一天好日子，令他身心俱疲、情緒坐雲霄飛車的事件接二連三。面對一屋子講外國話的女人，他沒個談話的對

象；就連我也少惹為妙，因為我的情緒比他更壞！

做月子期間有幫手，我這個做母親的只負責一件事：餵奶及每2～3小時吸乳；但光做這兩件事就讓我瀕臨崩潰，因為我根本沒奶！

海倫無論吃母奶或是奶瓶都很痛快，一吃完立刻鬆口，因此餵奶時間其實很短。餵母奶時我無限歡喜，充滿愛意，總希望她能再吸久些。用奶瓶餵嬰兒奶粉時各種負面情緒在體內翻攪，總盼望她少喝點、多剩些、能減一瓶最好。用吸乳器更是件苦差事：時間長、手痠、乳房痛。懷孕時充滿憧憬買下的那把搖椅，如今變成我的囚椅。我每天坐在囚椅裡吸乳，眼光停滯於窗外的藍天，可望而不可即。椅旁的桌上永遠堆滿各種和「奶」有關的道具，和一碗碗我該喝而未喝的湯或藥。我把自己當成一頭母牛，用我執念的魔力，毫不留情地對自己進行「強制餵食」。

因為用吸乳器，我可以清楚看見自己分泌母乳的成果：從剛開始只能吸出 1 ～ 2 毫升的黃稠初乳，到後來 1 ～ 2 盎司的稀白熟乳。能夠計量追蹤自己的產乳量，令我更緊抓著「完全餵母乳」的執念放不下；逐漸上升的計量如同緊箍咒，將我的心念愈箍愈緊。

我的情緒變得非常脆弱，從喜悅到絕望的擺幅巨大，正面和負面雜念不斷交錯，任何一個雜訊都可能演變成另一個執念，連續幾天箍住我不放。除了認為自己貧瘠、不能勝任當媽媽的「舊愛」執念，這時又多了兩個最主要的「新歡」執念：一：我怕海倫跟我一樣，剋父！二：我對好友小瑋嫉妒又羨慕。

父親在我 14 歲那年往生，海倫的爺爺在她出生前一天去世，她的誕生讓史提夫非常勞累，於是我有第一個恐懼。

小瑋是我高中的手帕交，後隨家人移民紐約皇后區。五年前她被全國廣播公司（NBC）裁員，不但不怨天尤人，反而樂得清閒，安於簡樸。她和丈夫潛修藏傳佛教，跟隨寧瑪派法王修行，也替索甲仁波切的 Rigpa 國際組織當志工。小瑋在婚前即表示不想生育，經過六年婚姻生活仍未動搖。此刻，她的自由和我的枷鎖，對比強烈赤裸，令我不敢逼視。

　　種種黑暗執念讓我經常以淚洗面，完全無法控制情緒，我很想向身邊三位至親傾吐，也試著表達。我看得出來他們很想安慰我，卻又覺得我不可理喻，拿我沒輒；我不怪他們，我也覺得自己荒謬無稽。然而那些念頭真的就像緊箍咒語，只要我一刻清醒，便在我的耳際、腦海、心田裡絮絮叨叨、翻來攪去，繼之而來的愧疚、自慚和自棄，如套住我心靈的箍，愈匝愈緊。幸好我還能每天鞠躬、煉和氣，讓冷眼旁觀的我和作繭自縛的我在寂靜中持續對話，偏差的思維才不致於走向極端。

　　月子結束，小瑋和媽媽任務完成，先後告別。史提夫回公司上班，甚至遠行出差。我必須獨自扛起持家與帶孩子的責任，不再有時間和精力繼續鑽牛角尖，才慢慢地從負面情緒的泥淖中掙脫出來。海倫在三個月後果真不再需要補充嬰兒奶粉了，我也放棄吸奶這件苦差事，不但沒投資買電動吸奶器，連手動吸奶器亦束之高閣，再也不想看見它。目標既已達成，沒理由再繼續負面下去。情緒逐漸穩定後，我回顧頭一兩個月初為人母的怪異表現，驀然醒悟；哦⋯，原來我是得了產後憂鬱症！（postnatal depression；又名 baby blue。）。

　　原來精神病患這麼可憐！

鵜鶘角

　　母性或許與生俱來，母愛卻需後天培養。扮演母親這個角色的新鮮感是心中燃燒的一團火，嬰兒快速成長、不斷演變的需求與反應，是源源不絕的純氧供應，令母愛的火焰愈燒愈旺，旋即熾烈如另一種執念。

　　雖然嬰兒一出生後就會哭，卻不掉淚，要等過一段時間淚腺發育完全後才會分泌淚水。打從一開始，海倫便讓我知道她是個愛憎分明、乾脆爽快的人，碰到不喜歡的事，譬如把屎把尿，立刻嚎啕大哭，且中氣十足，聲震屋瓦；但哭完就沒事兒，立刻進行下一個活動，探索嶄新世界。她很少哭鬧不休，但哭得次數絕對不少。不過直到她滿月的那一天，我才第一次看見她的眼淚。

　　做月子期間我們母女倆從未出遠門，滿月那天，向來講求效率的我計劃將在兩次餵奶之間，完成三項任務：赴中國城買菜、取糕點、再赴玉佛寺送糕點。我和史提夫沒意識到今非昔比，多了這麼一件貴重行李，輕裝疾行的日子已一去不返。等到終於可以回家了，綁在嬰兒安全座椅裡的海倫已被拎著在外奔波近三小時。我飽受時間壓迫，口乾舌燥、焦慮不安，她已在路上和超級市場裡睡了兩個香甜小覺，看見媽媽又想把她塞進車裡，十分不樂意，立刻開始掙扎抗議。車子開動不到五分鐘，她在後座的抗爭已演變成厲聲哭嚎。我回過頭去，猛不防看見她破天荒第一次流淚，而且淚如泉湧，粉紅色的小臉變得一塌糊塗，兩隻水汪汪的大眼睛控訴似地盯

著我，並對我撐出兩隻小肥手。我頓時心亂如麻，方寸大亂。

「爹地，停車！」我大叫。

「停車？做什麼？」史提夫吃驚地問我。

「我要去後座陪海倫，你看她要我抱她！她一定餓了，我可以坐在後面餵她吃奶。」

「妳不可以把她從嬰兒座椅裡抱出來，這是違法的！」

這時後面傳來的哭聲分貝拔高，如激光束在禁閉的車內橫衝直撞。

「違法？嬰兒哭、母親去抱？這叫違法？」

「我們現在高速公路上，這是為了安全。」

「安全？我們小時候不都這樣長大嗎？媽媽抱在懷裡？全家擠在一起？有誰扣安全帶呢？」

史提夫驚愕地看我，停頓幾秒鐘後，莫可奈何地說：「再開20分鐘就到家了。讓她哭哭不會有事的，可以訓練肺活量！」

海倫在後座音量不減，我愈想愈氣、愈說愈激動，同時奶漲得透出胸罩，上衣濕了一大片，心想好可惜啊！儘管我清楚意識到自己聽起來像個不可理喻的村婦，還是忍不住振振有詞地罵一句：

「這是我聽過最荒謬的法律！」

媽媽有求不應，海倫一路嚎回家，整整20分鐘，音量不減，嗓子也不啞。我被迫聽了20分鐘，如受酷刑，不僅心疼，頭更撕裂般地痛！暗下決心，隔天自己開車去商場買幾件方便母親餵奶的上衣和胸罩棉墊，以後就算出門在外也可隨時餵奶，母女倆都不必再受這種煎熬。

海倫的整個嬰幼兒時期，諸如此類的臨時狀況層出不窮，總

給我當頭棒喝，讓我意識到自己身為人母所知有限、做事沒條理、計劃欠周詳。我急切地想學習，盡我所能提供女兒最好的生長學習環境。我變得只對父母經和寶寶經這兩個話題有興趣，對別的寶寶的反應和別的母親如何處理各種狀況極好奇，也熱切地想分享自己的經驗。史提夫很快招架不住，我常發現一天忙完，兩人終於可以上床躺下，我逮住機會，談興正高、喋喋不休之際，枕旁的他卻已淡出，進入睡鄉了。偶爾和他的同事或我的同修見面，我必須刻意提醒自己不可只談媽媽經，卻仍發現自己不由自主又兜回這個別人並不真的感興趣的話題。遷居美國一年多，我蟄居在家譯書和煉和氣，從不覺得閉門造車的生活有何不妥，如今卻強烈感覺生活裡僅有史提夫和凸凸是不夠的，我和海倫需要更多！我需要和別的母親在一起聊個痛快，海倫更需要跟同年齡的小朋友一起玩耍。我們母女倆需要找到同類族群，一起分享、學習、成長。

史提夫介紹他同事的太太克蕾兒給我。克蕾兒也初為人母，女兒凱蒂比海倫大 6 個月。克蕾兒住紀念城，她再引見附近兩對年輕母女：卡洛琳和她比海倫小一個月的寶寶貝瑟妮，碧亞翠絲和她領養的中國女娃兒莉絲。我們四個媽媽組成一個「幼兒遊戲群」，每週二共度早晨，輪流到不同家裡，讓小朋友去玩不同的玩具、吃不同的點心。

我還熱衷參加各種親子活動，週三，社區圖書館幼兒唱遊聽故事；週四，醫院媽媽分享時間…。我恨不得每天都安排上節目，照著育兒指南書，盡量提供海倫各種刺激因，促進她大腦裡的語言區、一般動作技能區、及精密動作技能區的腦神經細胞，高速衍生複製、接著篩選刪除、最後精準銜接…。

幾個月下來，我玩得挺開心，卻注意到海倫露出疲態。一歲以下的嬰兒社交互動方式仍處於「旁觀期」——只觀察、無啥反應。但看在我這個媽的眼裡，和大部分表情「空白」的嬰兒比起來，海倫黑白分明的雙瞳裡經常多寫了兩個字：厭煩！我覺得這些「寓教於樂」的活動有意思，海倫卻只對一件事感興趣：點心時間！頭兩個月我無時無刻不擔心餓著了海倫，怕她營養不良；等到餵奶一事解決，我又開始為她如狼似虎的胃口擔憂，怕她肥胖；從小養出太多胖細胞，長大後變成一個整天為體重煩惱、連喝水都會長肉的女生。

另外還有一件事令我頭大：每天南征北討，讓海倫養成一上車就打盹的習慣。等到親子活動結束，終於回到家中，我累了，她卻充電完畢，又是一條龍，需要我關注。我因此常為翻譯工作趕不上進度而焦慮，或純粹為了渴望安靜獨處卻求之不得而心火直冒。

經過幾個月的摸索，我發現了「音樂花園」，從此成為休士頓地區主持人蕾蘭妮女士的忠實擁護者。「音樂花園」是一套由德國傳來的幼兒早期音樂教育課程。蕾蘭妮女士投身其中二十餘年，對於推廣回歸自然，反對填鴨教育，反對兒童耽溺電視電腦電玩的理念，懷抱強烈的使命感。

「音樂花園」的音樂課看起來非常簡單，孩子依年齡分班，海倫從嬰兒班開始，每週只上一節 30 分鐘的課。嬰兒從頭到尾被媽媽抱在懷裡，幾位媽媽在空房間裡圍成一圈，由蕾蘭妮女士帶領「唱歌遊戲」，時而盤腿坐下，時而站起來跑跑跳跳。所唱的全是簡短的童謠，而且幾乎全用清唱，極少放錄音帶。上課用的樂器也簡單，皆由自然材質製成：如短木棒、甩鈴、紗巾、花布袋等等，再加上幾張用粉蠟筆或水彩畫的小動物及昆蟲圖片。上課時大人不可勉強

或禁止嬰兒做任何事，這些「樂器」和圖片拿出來擺在他們面前，想不想去碰、去玩、去看，由他們決定。若有「學員」哭鬧，媽媽不必難為情，抱著「搗蛋鬼」奪門而出，且由蕾蘭妮女士負責吸引或分散其注意力，否則全班一起忍受，磨練「不理不睬」的能耐。

蕾蘭妮女士並邀請所有家長參加她所組織的讀書會，每年推薦兩三本兒童心理教育重要著作，每半年選一個晚上在她家聚餐討論現代父母關切的話題及面對的挑戰。這是個屬於大人的聚會，兒童不在邀請之列。第一年，我們讀了發明「莫札特效應」這個理念的法國托馬提斯博士（Alfred A. Tomatis）和他所研發的聽力訓練療法內容；以及帶動「莫札特效應」在美國形成熱潮、由唐・坎貝爾（Don Campbell）所寫的同名暢銷書。懷孕時我去醫院參加自然分娩課程，醫院送給每位準媽媽一張古典音樂光碟，即是由美國政府補助製作的「小小愛因斯坦」系列產品。之前我雖不明究理，卻覺得那張碟所選的曲子支支好聽，從懷孕期到產後，通常在餵奶時，每天早晨至少放一遍，母女倆一起靜靜享受「高振盪頻率」音樂。

我逐漸了解「音樂花園」看似簡單的課程背後潛藏的理論。嬰兒課程的主要目的，除了讓寶寶和媽媽共度快樂時光，穩固強化母子親情，主旨是透過母親的聲音，訓練嬰兒的耳朵。一個小孩是否從小就能夠專心「聽」、分辨及感受周遭的聲音，將決定他往後一輩子的學習能力。

我在「音樂花園」裡找到我們母女倆所需要的幼兒早期教育，從此不再拖著海倫整天亂跑。週二遊戲群聚會仍很重要，並逐漸擴大成為我與海倫主要的社交圈。

或許因為四個媽媽有許多共通點，才能建立較深入的友誼。克

蕾兒和卡洛琳都是英格蘭人，她倆的丈夫也在石油界工作。我們三人都是外派人員眷屬，客居異鄉。碧亞翠絲雖是美國人，但她父親自石油界退休，也曾外派過。碧亞翠絲小時候住過亞洲，對東方留有深刻印象，而且她領養了一個中國女孩。

四個女娃兒年齡相彷，發育階段重疊。來自中國的莉絲雖比其他三個寶寶至少大一歲，個子卻最瘦小，而且語言及粗細動作技能等各方面的發育最慢。

碧亞翠絲敘述她和丈夫麥可去中國領養莉絲的經過：他們也和許多想領養小孩的美國父母一樣，從申請到獲准，熬過漫長等待。重要的日子終於來臨，來自美國各州五十對夫妻，浩浩蕩蕩搭乘同班機飛往廣州市，全部下榻珠江河畔的白天鵝賓館，開會聽簡報。兩天後分批由專人陪同，深入中國內陸各地。莉絲生於湖南鄉下，共三對美國夫婦舟車勞頓抵達。孤兒院面積窄小、衛生條件令人扼腕，因為工作人手不足，嬰兒整天躺在小床裡，從沒被抱出來玩或運動過。院方並不確知莉絲的出生日期，只記錄了她入院已超過一年，但她仍無法自己坐起來。

碧亞翠絲、麥可和另外兩對夫婦，領取了從此屬於自己的心肝寶貝，返抵廣州市。整個領養父母團在大陸又多待了幾天，各自參加旅行團去不同的觀光景點旅遊，對中國的經濟繁榮做出貢獻，再飛回美國。

回休士頓後碧亞翠絲除了帶莉絲去看醫生之外，數月足不出戶，全心全意餵養和「清理」莉絲的皮膚癬和蛔蟲。我們看見莉絲時，她已能坐直，但仍只會用奶瓶喝嬰兒奶粉及吃流質食物，也不會講話。

目睹碧亞翠絲對莉絲無微不至、充滿愛心、耐心與信心的照養，我非常感動。相較之下，我看見自己的私心，昭彰灼灼。

寶寶們逐漸長大，我跟克蕾兒及卡洛琳除了週二聚會，也常約著一塊兒出遊，在商場的童裝區和餵乳室裡打轉（她倆也餵母乳），再去充斥大小填充動物玩具、聲光效果令人耳聾目盲的餐廳吃飯，或是約碧亞翠絲去公園裡的兒童遊戲場。寶寶們一到遊戲場就眉開眼笑，興奮到極點。媽媽們希望孩子們開心，但必須做苦工；得在德州的烈陽下罰站、推鞦韆！機械化的動作，持續做個不停。不然得在尺寸只適合幼童身材的迷宮甬道與滑梯裡鑽進鑽出、爬上爬下，保護小朋友，免得他們被卡住或摔跤，到時候殺豬似地哭鬧不休，更麻煩。

有朋友作伴，能夠趁機用成人語言聊些成人話題，不僅時間好打發，更是家庭主婦難得的享受。

自嘲成為我們熟諳的溝通方式。選擇在家帶小孩，我們心甘情願，但並不意謂著我們將為燒飯洗衣換尿片大跳秧歌舞，頌讚塵勞。初為人母，想扮演好不能再以自我為中心的新角色，需要努力適應、忍耐，過程有時一點也不美好。孩子就像一張通行證，讓我們穿越種族文化和地理背景差異的層層關卡，進入同族類共同關心的核心地帶，彼此了解、支援。

年底收到房東通知：一年約滿便將收回房子，不再續約。

考慮數月，史提夫決定讓公司替我們全家申請綠卡，安定一陣子，不必受制於工作許可簽證的期限。他的另一個考量因素是凸凸；

英國法律要求，所有入境的狗一律必須經過 6 個月檢疫期，住在機場附近合格的狗舍裡。狗主人不論住多遠，若想見自己的狗，得像探監似的去「探視」。史提夫覺得凸凸已經 8 歲了，萬一她受不了，生離豈不將變成死別？！

既然拿綠卡，租房不如買房。和倫敦相比，休士頓房價便宜得不像話。有能源業支撐，能量大道周邊房價從未跌過，買房無啥風險；至於地點，必須靠近公司。休士頓車輛太多，尖峰時間重要幹道全塞得像大停車場。想避免塞車，必須避開尖峰時段，城裡大小公司多採行彈性工時，每天清晨四點剛過便發動引擎摸黑上路的鄰居大有人在，令我們覺得荒誕。追鶉鶉街離公司不到 15 分鐘車程，史提夫上下班卻常塞在路上三、四十分鐘，得冒燒壞壓縮器的險。住凱蒂不到一年，史提夫已畏尖峰時段的 I-10 如蛇鼠。

有幾位同事住公司北方的新社區「艾德里奇眾湖」，異口同聲都說那兒環境好，建議我們去看看。這個社區位於艾德里奇北路，和公司之間隔著面積 2.6 萬多英畝的阿迪克斯蓄水保留地。三、四十年代休士頓城中心因水牛溪氾濫，鬧過幾次大水災，1948 年聯邦政府派遣陸軍兵工隊來到當時仍是一片蠻荒的西北地區，將水牛溪幾條主要支流流域用堤壩路圍起來，康納和總公司整個北界，即背靠這片蓄水地高三十多米的堤壩路。如今蓄水保留地周邊皆已開發，西北部因比南邊 I-10 腹地開發得晚，現下變化速度反而更猛爆，「艾德里奇眾湖」便是簇生幾個新穎門控社區其中一個。新社區的共通處是挖鑿許多人工湖，變化及美化景觀、升級住屋。

房屋仲介蔡女士立刻找到一棟她認為合適的房子，先帶我去看。

從凱蒂出發後，蔡女士刻意避開 I-10，走蓄水地內的小路，穿越熊溪拓荒者公園，驅車林間。搬來休士頓之後，史提夫和我已來過這個公園幾次，但只在鳥園及動物園這一小區逗留。我老早認為公園裡居然有這樣的設施，讓人民可以免費享用，實在難得：鳥園裡養了十幾隻受過傷、不能野放的猛禽，還有一大群孔雀和好幾籠不同種的鸚鵡；鳥園旁的動物園其實只是四大塊圍場，養了一頭雄壯的北美野牛、一頭德州長角牛、一隻孤單的非洲鴕鳥、三隻鳴聲像在打鼓的澳洲鴯鶓、和一大群原生白尾鹿。我並不知道偌大的公園裡尚散布許多遊戲場、野餐烤肉區、各種球場、林間步道和騎馬道。

　　出了公園，再過一條小馬路，便到「艾德里奇眾湖」。首先映入眼簾的是個巨大的人工湖，湖中心有座巨大噴水池，噴水池後隱約可見社區活動中心的紅瓦平房及游泳池。蔡女士向左轉，告訴我要看的房子就在進大門左手邊的小區內，但她先繞大湖一圈，讓我瀏覽整個大環境。原來「艾德里奇眾湖」社區內劃分成 14 個小區，圍繞四大「湖群」，湖再延伸出不同的水域環境，如溪流、濕地等等。構想很好，但和大部分新開發社區一樣，顯得非常人工化。

　　我們繞大湖一周，再度經過大門後，看見左邊第一個路口的圍牆上寫著「鵜鶘角」。轉進去眼前赫然又出現另一個小湖，一對長頸彎彎、巨大雪白的疣鼻天鵝徜徉湖面，正優雅地划過湖心。我突然感覺外面的溫度陡降了 10 度，周遭人工化的造園工程也平添幾分自然的田園情調。

　　小湖前的那條路叫做「湖的地方」，我們要看的那棟房子就在路底圓環前；比追鶴鶉街的那棟房子稍大一點，也是四房三廳，但建

材高級、做工精緻。我喜歡洗衣間裡的深水槽和內建燙衣板，顯然經過一位家庭主婦設計。院子裡沒蓋游泳池，正合我意。花床都很窄，沒種什麼植物，庭院的焦點是擺在草坪中間一套木製兒童遊樂設備；猴子雙槓頂上吊了兩個鞦韆、幾條攀爬樁通往居高臨下的小木屋、銜接一道滑梯滑向草地，小木屋下方有個狀若綠烏龜的圓型沙盆，龜背即是盆蓋。

我沒再看別的房子。陪史提夫回去仔細檢查房屋主要結構後便成交買下，並在 12 月中搬進去。滿 9 個月的海倫，在艾爾德里奇眾湖內的鵜鶘角、湖的地方，度過她第一個聖誕節和新年。

四角落

　　家其實是史提夫一個人搬的。他先送我和海倫飛去溫哥華和家人團聚，自己留在休士頓上班、把家搬好，再來溫哥華和大家聚幾天，然後把我們母女接回新家。不出所料，搬完家他背疾又犯——是累壞的！史提夫因為工作經常調動，早已成為搬家老手，但他說這次最累，從來沒這麼累過！以前都是越洋搬家，即使只從英格蘭搬去蘇格蘭，在整理舊家和新家之間，仍可休息一段時間，去住旅館。但這一次只隔15英里，好不容易裝箱完畢，隔天立刻開始拆箱。我提醒他還有一點不同：以前他是單身漢，現在有小孩；小孩會改變一切！小孩的東西最多！

　　2001年春天，海倫滿一歲，從一個營養過剩的巨嬰，長成一個精力旺盛、蹣跚學步的健壯娃兒。她可愛是可愛，許多表現卻讓從未帶過小孩的我十分頭痛，感覺每天都在面對挑戰。譬如她愛吮指如命：戴手套？總有辦法脫掉！給奶嘴含？吐掉！訓誡？不聽！塗萬金油？照吃不誤！還能進一步塗辣椒油嗎？做媽的我不忍心！媽媽的媽媽說那就要打！打了孩子才知道犯錯了、才會聽話！但我不想打小孩。育兒的理論千萬條，百家爭鳴，該聽誰的？

　　我意識到其實許多父母撫養小孩的方式，不過是對自己成長背景的「反動」。我唸小學五年級的時候，考試分數達不到老師的期望，她拿起紅簽字筆就在我眼睛周圍畫個圈，站在黑板前讓全班看

笑話。那個時代，誰不在家挨父母打，在校被老師打？！大家認為理所當然，我卻深痛惡絕。

史提夫小時候，體罰在英國也很普遍。他不記得公公婆婆在家裡是否打過他，但在學校被男老師用皮帶抽過。不過他對體罰一事並無強烈感受或任何堅持，他生性溫和，管訓孩子機會少，我看他連抬手的衝動都沒經驗過。倒是我，個性陽剛，習慣直來直往，頗有暴力傾向，需不時自我約束，心裡經常天人交戰。我把和氣老師對打小孩的詮釋當作自我警惕的座右銘：「如果你打小孩，你的最後底線就是相信暴力，你的內心就是常萌殺念。」

不打，管教小孩就得採取迂迴戰術，費時費心。我觀察周遭的年輕媽媽，無論英國媽媽、美國媽媽、丹麥媽媽…，孩子不聽話，總是耐心無限、輕聲細語地耳提面命，進行祕密協商，音量都不見提高，遑論出手打人。敬佩之餘，我深深同意管教小孩原來是一門技藝，需要學習和練習；我對這門技藝，一竅不通！

四月，奧斯汀的周師姐再度安排和氣大愛開班，請老師飛來主持。史提夫特別請一天假，帶著凸凸與海倫，陪我去參班。我因「攜眷」，沒和同修一起住宿舍。

我兩年沒參班，除了想在老師同修面前獻寶，給大家看我們家的和氣寶寶；另外，終於如願生育後，卻飽受挫折，內心反而卡了許多新情結，更渴望徹底淨化一番。可惜我很快發現，雖然上課感應仍強烈，感動仍深刻，自己卻無法深入或守住狀態，容易分心，總掛念家人與狗。尤其是傍晚史提夫帶海倫來課堂和大家一起進餐，海倫滿場亂跑、逢桌椅便爬、見東西便抓，更叫我神不守舍、

心不在焉，於是晚間團煉和分享我全放棄，早早回拉金塔旅館，讓大家都安心。

那次難得的參班機會，萬千等待它來臨，就這麼胡亂潦草地從展開雙手追逐女兒的指縫間溜走了。

旅行，能讓嬰幼兒心智體能的發育「突飛猛進」；或許因為時空變換，大量接觸陌生的人事物，也可能因為和父母親不分晝夜地互動。總之，每次旅行返家，海倫的成長都令我驚訝。

身為司馬家的新成員，海倫從小就必須經常旅行。

9 個月大去溫哥華，並非她第一次坐飛機；她才滿 6 個月，我們便帶她回倫敦去見史提夫的家人。從此她每年都得飛越大西洋一次。

第一次帶嬰兒長途飛行，我對自己的「角色對換」極不習慣。過去我是公共場所家庭「鬧」劇的旁觀者，可以選擇漠視迴避、或投以異樣眼光；如今我成了聚光燈下的主角，各種刻意迴避或異樣眼光的接受者。

飛機起降時海倫因壓差而大哭大叫，怎麼哄也不閉嘴，自然不在話下，但至少她還願意躺在航空公司提供的搖籃裡睡幾個鐘頭，讓爸媽喘口氣。然而從亞熱帶的休士頓突然空降到深秋的倫敦，缺乏適當冬衣及睡具，小小的她立刻感冒、咳嗽、流鼻涕、加上輕微腹瀉！幸好弟妹蘇西還留了幾件海倫唯一的堂兄奧利佛嬰兒時期的小冬衣和小棉被，湊合著用。我原想回婆家去獻個漂亮小寶貝，結果每天拖個臉蛋稀里糊塗、需要不時擦鼻涕、換尿片、看不出是男還是女的丐幫小子。

感冒歸感冒，海倫的活動力絲毫不受影響。每天有新人可看、新鮮食物可吃，生活作息大亂，正投其所好，她的情緒特佳，總是笑臉迎人。

回倫敦另一個目的，是去看公公的墓地。婆婆原本只想灑骨灰，連墓碑都不要，但因史提夫沒回國參加葬禮，才決定種一棵樹玫瑰和立一片名牌，讓我們至少有個地標可尋。在那斜風細雨的下午，史提夫抱著海倫站在新栽的、瘦伶伶的樹玫瑰前，告訴父親他將生命的傳承帶來見面了。

海倫一歲半，我們又帶她飛回倫敦。這次她長大了，意見多、力氣大、聲音更大！

幼兒在一兩歲這個階段，剛學會走路，還走不穩；剛開始講話，但沒人聽得懂；腦袋瓜裡邏輯推理尚未萌芽，完全無法理喻。英文稱之為「兩歲惡魔期」（the terrible twos），非常貼切。值此年齡的小朋友，想自由行動的意願高張，但控制自我肢體的能力極差，隨時可能摔跤嗑碰；既想掙脫父母，又非依賴父母不可，雪上加霜的是與外界溝通不良，生活因此充滿挫折感，變得極端情緒化，動輒發飆哭鬧，非常難纏。若將之長時間侷限於室內，尤其是公共場所，他們就會變成標準的「移動中的危險障礙物」、小恐怖份子。

很不幸，那次長途飛行，海倫正值「兩歲惡魔期」。

去程已夠折騰，雖然訂了嬰兒搖籃座位，她卻堅持不睡搖籃，全程要爸媽抱在懷中。

回程更可怕！

因為史提夫經常出差，我們意外被升級到商務艙。本來很開

心，打算好好享受一下，孰不知接下來 10 小時飛行，海倫不但片刻不肯闔眼，甚至片刻不肯坐定！如此寬敞豪華的機艙！坐滿了穿著體面的爸爸們，全是她的囊中物、甕中鱉，怎不令她興奮鼓舞呢？！她搖搖擺擺、不斷在走道間逡巡，不時停下來鎖定對象，開始擠眉弄眼，想吸引對方注意，博取反應，最好能開始跟她玩。她的眼睛正好與座椅扶手齊平，兩隻小肥手抓住扶手，踮起腳尖，便可探頭去檢視那許多全然陌生的隱私地帶，可有啥新奇好玩的東西她搆得著、抓得到嘛？

可惜飛機乘客對兒童的容忍度通常和他們付的票價成反比。海倫雖擅於眉目傳情，在機場候機室可以大受歡迎，在經濟艙裡也能找到幾位粉絲捧場，但到了商務艙就施展不開，反而處處碰壁。我看那些紳士們個個表情冷峻，目不斜視，顯然不願受打擾。商務艙這麼小，裡面只坐了二十幾位乘客，我不能假裝孩子不是我的、或放任她去造反，只好彎腰跟在後面，一邊陪笑道歉，一邊軟硬兼施地想把她帶回座位。就算她肯跟我回座位，也不肯安靜坐我腿上，老像隻泥鰍似地往外掙。我乾脆站起來，讓她坐我的位子。她樂得東拉西扯，把每樣機關都試一下，劈裡啪啦不到三分鐘，身體一直，兩根膀子往上一撐，呼溜一聲就從安全帶裡滑出去，滑到椅子下面，一骨碌翻身站起來，再去溜躂。

史提夫有本事在飛機上睡覺，眼罩戴上、耳塞塞住，結結實實告辭四、五個小時，留我孤軍奮戰，度秒如年。

帶嬰幼兒坐飛機次次皆是不堪回首的經驗，但旅行能幫助小朋友成長，讓他們快樂。史提夫和我都認為小孩應該多待在戶外活

動，寧願累，即使不坐飛機遠行，也盡量安排長週末駕車出遊。

海倫出生不久，我們便買了一頂三人帳篷，將史提夫的二人帳篷妥善收藏。只買三人帳篷，也是一份重要聲明；我和史提夫經過海倫的嬰兒期，雙雙感覺糙老許多，再也經不起同樣的折騰。何況我只想生育、當媽媽，並不想生多，如今心願已了，又開始小心避孕，同時把大部分嬰兒用品都送人了。除了帳篷升級之外，野外全是碎石路，傘狀折疊式嬰兒車推不動，我們又買了一台三個大輪的「慢跑用」嬰兒推車——我從不慢跑，但覺得三輪推車形象酷！

德州總共有 98 個州公園，絕大多數設施完善，從可以接水電、倒污水的大型野營車營地，到各種不同的庇護建築，還有深山野嶺裡最原始的背包族帳篷營地，選項五花八門、應有盡有。依豪華檔次來分，司馬家露營的舒適度應算中級，可以直接駕車至營地。每個營地都有自來水龍頭，離衛浴間不遠，走幾步路就到。衛浴間皆寬敞明亮，熱水充足、水壓大。

我們喜歡去奧斯汀城周遭、丘陵區內的州公園，尤其是位於河邊、湖畔、或瀑布旁的州公園，如瓜達魯培河州公園（Guadalupe River State Park）、裴德納利斯瀑布州公園（Pedernales Falls State Park）、遺失的楓樹州公園（Lost Maples State Park）等等。景色清幽的州公園，營地數量必定有限，預訂候補名單長，必須提早預訂營地。譬如遺失的楓樹州公園，有時一年後的營位（如秋天楓紅季節）都訂不到，每個週末都客滿。

另一個我和史提夫愛去的地方是著魔岩（Enchanted Rock State Park），雖然它不在水邊，只有來無影、去無蹤的春分池，營地卻也十分搶手。幾次去那兒露營，都不得不選在淡季的冬天。

著魔岩是一座光禿禿、巨大的粉紅色圓頂花崗岩，也是全美第二大花崗石殘餘山丘，在緩緩起伏的丘陵區內孑然聳立。史提夫愛它龜裂的岩表，我愛它的荒涼。人類留在那兒的痕跡，可追溯至一萬年前。阿帕奇和科曼奇族的印地安人都深信此石山具神祕力量，又稱之為「嚎哭石」——因為入夜後不但可見鬼火在山石上飛舞、又聞神祕的開裂巨響與雷鳴般的呻吟。現代科學家對任何神祕現象都能提出解釋，地質學家說那些呻吟與開裂聲，其實是岩石表面經白天高溫曝曬，夜裡熱脹冷縮發出來的。印地安族人後來遭美軍圍剿，常躲到山岩頂，石山上雖無植被，山腳下的人卻看不見岩頂上的人。

著魔岩沒有光污染，冬天入夜後氣溫常驟降至零度以下，空氣冷冽明澈，能見度極佳。仰望穹旻，萬點星子如拋灑在黑絲絨上數不清的大小碎鑽，風行間不斷顫抖閃爍。時而瞥見流星遽殞，偶爾還能辨識出人造衛星：一樣地發光，卻不閃爍，兀自汲汲營營、勤求不止地穩定前行、繞大圈圈。

長周末去州公園，長假期我們去更遠的國家公園。

2001 年夏，我們將後車箱塞滿，出發行遊三週。美國西南部廣袤無垠的荒漠，充斥奇異的地理景觀，身為地質學家的爹地劃出旅行路線，讓蹣跚學步的小女孩牽著短腿老狗去見識大自然的鴻篇巨帙。先經過亞利桑納州的巴林杰殞石坑（Meteorite Crater）和化石森林國家公園（Petrified Forest National Park）。爬上殞石坑周邊隆起 45 公尺高的輪緣步道，極目望去，只見一個直徑 1.2 公里、深 170 公尺的大洞！驅車穿越化石森林，我看不見石化木，只懷疑那連綿不

絕、極度乾燥的錐形禿山橫披色帶的真實性；一抹抹鐵鏽紅、銅綠、硫黃、淡紫、靛藍…。該相信自己的眼睛嗎？還是惡地因自我的荒蕪飢渴到了極致而生出幻覺，反映出的盡是超現實的景象？

　　超現實的化石森林位於 20 億年前因地殼運動而抬升的科羅拉多高原邊緣，是我們此行主要目的地的前導。科羅拉多高原地處美國西南部新墨西哥州、亞利桑那州、猶他州及科羅拉多四州交界，人稱「四角落」；美國再沒有其他像這樣四個州呈直角相交的地方，而且此區擁有全美密度最高的國家公園，以及面積達 7 萬餘平方公里的納瓦霍族印地安人保留地。穿越印地安人保留地並非賞心悅目的經驗，窮山惡水裡的社區住房多半殘破敝陋，偶爾瞥見大型摩登建築，必是賭場。這個現象在加拿大也常見，因為印地安人擁有自治權，政府管不了，於是超大型的豪華賭場點綴在貧窮破爛的印地安人保留區內，成為北美洲一個大家避而不談的社會現象。

　　長驅直入，去看科羅拉多河及其支流經數百萬年切割沖蝕這塊高原沙漠後的三件巨作：大峽谷（Grand Canyon National Park）、錫安（Zion National Park）與布萊斯峽谷（Bryce Canyon National Park）。觀氣魄，大峽谷浩瀚，不可計量，錫安居中，布萊斯可謂「秀氣」；察自然與時間的斧鑿痕跡，大峽谷粗獷，錫安厚重方正，布萊斯堪稱細膩。峽谷呈現出時間的走廊，史提夫看到的是裸露的地質年代層階和各種岩石的形成原因，我卻看到了人類認知周遭世界的心路歷程：大峽谷是純粹的大自然體現，唯有形、色與光，和一個「大」字；到了錫安，上帝出現！「錫安」這個地名在聖經裡出現超過 150 次，其地位等同希臘神話裡的奧林匹斯山和中國道教裡玉皇大帝住的天庭。猶他州的錫安峽谷是摩門教徒在 1858 年發現

的，至今仍是摩門教徒（尤其是行一夫多妻的團體）的大本營。峽谷裡的重要景點若非聖父佇立、即天使降臨，再加上聖殿寶座林立，令人油然生出敬畏之心。最後來到布萊斯，卻是個天然石塑的人與鬼的劇場——布萊斯其實並非峽谷，而是高原裡沈積岩河谷被風、水與冰侵蝕而成的一座巨大的圓形凹陷劇場，劇場裡站滿了像巫又像覡的石柱，在陽光照射下赤紅一片、血染一般。無論是巫是覡，皆具人形。芸芸眾生，在看什麼好戲呢？

依照爹地的計劃，我們每到一個國家公園都至少露營一天，可以夜宿野外，瞧見著名景點在黎明曙光或晚霞夕照中的模樣；多停留的日子則入住小屋，沐浴喘息。白天就推著海倫的三輪慢跑推車在公園裡健行、看風景。在大峽谷裡步行最累、走最遠，因為它最大，加上天氣燠熱！南緣、北緣看過之後，我們選一天徒步繞行西緣。荒僻的步道上好幾處連三個大輪的慢跑嬰兒車也推不動，我和爹地只好一前一後抬著海倫走。走完西緣步道，爹地只穿梯瓦涼鞋的腳底都裂了。

離開布萊斯峽谷，下一站是較不出名的拱門國家公園（Arches National Park）。我們只預定露營一晚，隔天離開，誰知到了立刻後悔，恨不能在公園裡多待些時間。拱門國家公園以超過 2000 座因風化而形成的紅色砂岩天然拱門而聞名，除了拱門，309 平方公里大的園區裡還有其他各種形狀姿態的巨石，或獨立、或群聚，可遠觀、亦可褻玩；遊人可以在大石頭下面走、在上面爬、甚至從中間穿越。和前面幾站比起來，拱門國家公園的壯觀、奇特和美妙程度分毫不減，然而因它的開發程度最低、對遊人的限制約束最少，無疑最具野趣及親和力。營地在「魔鬼的花園」圓垛垛的巨石牆內，只有 50

個名額，設施簡陋，但天天客滿！營區不給號碼，先到先得，那天我們到得晚，爹地繞了兩圈，只看見一個最小的、擠在坡地角落的營地。別無選擇，只好用把小手鏟挖土、去石、平整土地。賣力工作一小時，才把營地準備好，再開始紮營。等待中，我早已把晚餐煮好，牽著海倫和凸凸去看暮色中巨石堆出的童話城堡。

隔天我們駕車遊園，碰到停車場有空位便下車步行，進入紅岩沙漠，閒步穿梭於一座比一座更奇、更險、更巨大的石拱門、石窗、石鰭、石柱與平衡石之間，感覺像是拿到特別許可證，進入盤古開天創造萬物後留下的展示廳，創造者的雕像和被創造物之原型，全保存在裡面，如今不帶一絲傲慢、批判或譴責，任由如草芥蜉蝣的後生徜徉其間，玩味創造靈感的橫溢妙趣及無邊力量。

離開猶他州，進入科羅拉多州，先去看綠色台地國家公園（Mesa Verde National Park）內古印地安人的生活遺跡，重頭戲是 12 世紀建造的「懸崖宮殿」，一個全用沙岩、灰泥與木樑櫛比蓋在峭壁大岩洞內的擁擠社區，內含 23 個行宗教儀式的「基瓦」地下室，以及 150 個堆疊四層樓的房間。這座懸崖宮殿號稱北美洲最大的古印地安人土磚社區、全世界最珍貴的考古學寶藏之一。由於這裡的基瓦地下室數量高於同時期遺跡的比例，考古學家相信這個社區是當時分布於綠色台地各印地安族的政體中心。12 世紀，在中國是南宋時代，政經文化中心為杭州：絲綢、造紙、印刷、陶瓷及造船業方興未艾，朱熹在大搞新儒學，辛棄疾和李清照在填詞，江南的建築追求精緻靈秀，小橋流水、雕樑畫棟⋯。我站在崖洞邊緣瞪著眼前那一堆土洞土屋，無論如何也不能苟同它們是「宮殿」！

假期的最後一個節目，是去科羅拉多州乘坐從杜蘭戈到錫弗頓

的窄軌蒸汽火車（Durango and Silverton Narrow Gauge Railroad）。

　　史提夫有一群髮小，如今都已坐四望五，分布各行各業、學歷經歷閱歷各各迥異，但仍經常聚會，因為他們有個共同的嗜好及興趣——重型摩托車！玩摩托車必須熟諳引擎，於是這群男士也迷任何由引擎帶動的機器，其中包括蒸汽火車頭！只要碰上將舊鐵路開發成觀光鐵路景點，仍用蒸汽鍋爐牽引，史提夫一定去坐。

　　比起四角落其他三州，科羅拉多州顯得特別蓊鬱，一看便知雨量和地下水源充沛，加上高原氣候涼爽宜人，這樣的好地方自然看不見印地安人保護區。杜蘭戈窄軌火車站博物館和餐廳古趣盎然，彷彿走進美國西部電影，長 72 公里的鐵路從這裡出發，一路傍清澈湍急的阿尼馬斯河，在短短距離內爬升近千尺。首先穿越針葉林與綠草原互相烘托的河谷，老火車行進的節奏規律而慵懶——「恰卡恰卡、恰卡恰卡…」，田園情調十足。鐵路在此段跨河 5 次，「哐！哐！哐！哐！」，壓過 5 座極上鏡頭、但彷彿隨時將被沖垮或坍塌的老爺鐵橋。待盤山而上，鐵軌鑿岩切石，險彎不斷，河仍在左右，卻已在百尺以下的峽谷深處！蒸汽火車操作難度大，尤其怕剎不住重達十幾噸的火車頭，出站進站時速僅 8 公里，路上還得停車加水，在平地上行進已經慢吞吞，走在九彎十八拐、寬不盈尺的峭壁邊緣，更是吭吭唧唧、步步為營、險狀環生。

　　花一整天時間，坐窄軌火車緩緩穿梭在高山上峻麗潔淨的森林峽谷間，為這次閱歷無數奇景的假期，畫上了完美的句點。

湖的地方

　　搬家後史提夫做了兩個決定，大大改變我們的家居生活。

　　首先，他決定把他的古董摩托車從倫敦海運過來，順便訂購一架重達 300 公斤、像具超大千斤頂的鮮紅色鋼製工作枱，可以把摩托車架高來修，看得比較清楚，對他可憐的背也仁慈些。

　　史提夫的這台鈴木 GT750L 型摩托車是他的寶貝。18 歲高中畢業，他和英國許多計劃繼續升大學的年輕人一樣，停學一年去「體驗人生」。他找到一份既可出國旅行、又能支領微薄薪水的理想差事：在當時英國著名的「巡航學校」烏干達號輪船上當助教，照顧出國旅行學習的中學生團隊。不在海上航行，他就在家附近的工地打工：搬磚頭、扛水泥、蓋房子…，努力攢錢一年後，終於有能力圓一個夢：擁有一輛重型摩托車。1975 年年底，他用 610 英磅，買下這台 74 年出廠、一直被主人放在戶外、車身有點鏽、但引擎狀況良好的二手摩托車。

　　史提夫的爺爺以經營腳踏車店為生，從小就教會他修理和拆裝單車。16 歲，他買下第一台 50cc 的速克達，騎了一年，轉手賣掉。接著郵購回家一大盒零件，自己組裝出一輛 250cc 的英國老牌子「無敵」（Matchless）摩托車。「無敵」的接班人是「凱旋 350」（Triumph）；「凱旋」的繼任者是「本田 450」。等到 19 歲拿自己賺的血汗錢去買這台鈴木時，想必不是一時衝動，而是精挑細選後的「抉擇」。史提夫騎著它去雷丁大學拿到學士學位，又騎著它去杜倫

大學唸完研究所，再騎著它開始在康納和英國分公司倫敦牛津街上的辦公室工作。等他從埃及調回英國，康納和在 1993 年將所有技術部門全遷往蘇格蘭亞伯丁，公司雖配給他一輛車，值春夏兩季天氣和煦時，他寧願騎這輛老摩托車往返於亞伯丁與倫敦之間。十多年過去，史提夫同時還玩過好幾台超過 1000cc 的新摩托車：英國的凱旋、義大利的杜卡迪、和三輛不同機型的鈴木，但都是一兩年就脫手，只有這輛老鐵馬一直跟著他，一直受到妥善照顧，從未遭到遺棄。

老摩托車被卡車司機從板條箱中卸下、推進休士頓湖的地方的新家車道，史提夫的反應好比與情人久別重逢，臉上掛著既滿足得意、又忐忑不安的凍結微笑，不斷圍繞車身，一會兒蹲下、一會兒俯身，細細撫摩、檢查。老摩托車有銀色的車身、亮藍色的油箱及側板、黑色的一體式座椅；全身塗了防鏽油，髒兮兮、規規矩矩、老驥伏櫪似地站在德州烈陽下。在我這外行人眼裡，除了車身長一點、油箱大一點，它和記憶裡乾叔那台本田 125 沒什麼差別，就是一輛老街車嘛！愛玩重型摩托車的人不都愛拉風、愛飆車嗎？我還沒見過比眼前這一輛更不拉風、更不飆悍的重型摩托車！

「當初你為什麼選這個牌子、這一型的摩托車？它的優點是什麼？」我抱著 11 個月大、還不會走路、大眼圓睜的海倫問爹地。

史提夫一副遭遇無知提問的氣結表情，高聲答道：「因為它又大、又閃閃發光、馬力又足啊！」

「為什麼它馬力特別足？比你別的大摩托車馬力更足嗎？」我再問。至於這台老車是否真的「又大、又閃閃發光」？？？情人眼裡出西施，不必問了。

「因為它的引擎是三缸、二衝程，而且用液冷。七十年代很少摩托車引擎散熱用液冷，都是用氣冷，所以英國人才給它取個小名，叫『開水壺』，美國人稱它『水牛』！液冷引擎必須加裝很多配件，構造複雜許多。妳來看！」

　　顯然這個提問較有水準，史提夫開始比手劃腳，企圖對我解釋我完全不懂、也完全不感興趣的引擎構造。

　　「1971 年鈴木開始生產 GT750，是全世界第一批大量生產的液冷摩托車。結果 77 年就被迫停產，因為美國通過新的排放廢氣法規。二衝程加速度大，但汽油燃燒不完全，這也是它叫『開水壺』的另一個原因，會猛冒白煙！」史提夫對我咧嘴笑，顯然為了他的摩托車會猛冒白煙而非常得意。「我後來買的摩托車都是四衝程。妳知道二衝程跟四衝程的分別吧？」

　　我不知道！也不想知道！我連衝程是什麼都不知道！海倫在我懷裡扭來扭去，正好給我個藉口。

　　「我看她肚子餓了，下次再告訴我。」說罷我便讓他去重新整理車庫，替寶貝「開水壺」安頓新居，方便未來經常獨處。

　　「開水壺」跟隨史提夫 25 載，早年東征西討，負過傷、掛過彩：在馬恩島遊客錦標大賽（Isle of Man TT）的「瘋狂週日」（Mad Sunday）裡撞上柵欄；去荷蘭看世界摩托車錦標大賽時整個儀表板被偷走、連點火開關的電線都全被剪斷；主人外派埃及三年，不懂得汽油留在油箱裡會變質，油箱底慘遭腐蝕穿洞…。加上歷經 25 個漫長濕冷的英國冬季，「開水壺」若還想歷久彌新，閃閃發亮，需要經常整型及美容；零件功能及外觀一旦水準下滑，必須汰舊換新。史提夫多方打聽，查出英國境內所有仍存有鈴木 GT750 原廠零件的

批發商、廢車場和私人賣家，這些年來蒐集不少Ｌ型的零件，沒用上的全分門別類仔細包紮，藏在他倫敦公寓裡。決定將「開水壺」運來美國後，每次出差或回國探親，便設法帶幾包回家，小件用衣服裹好塞進皮箱，大件手提。不等「開水壺」歸營，屬於它的零件早已進駐書房，抽屜裡、書架上、桌面、牆角，到處可見。史提夫沒事就鑽進書房去「盤點」，在那兒重複計劃和演練一件接一件的修復工作。

我原以為讓史提夫和「開水壺」團圓，可以讓他在洗碗、換尿片、剪草這類無聊家務之外，真正放鬆、享受一下。但我立刻發現，似乎適得其反。

每次史提夫一開工，實際完工時間，必定是預估時間的數倍、甚至無數倍。如果他想換根鏽掉的螺絲釘，估計需時半個鐘頭，那他一定會消失在車庫裡至少半天；如果他預告可能必須用一整個下午換掉撞凹了的排氣管，那肯定一個周末、甚至兩個周末都得報銷。

只要他開心，多花點時間值得。問題是修車似乎總令他跌入負面情緒的陷阱，不是變得氣急敗壞、就是垂頭喪氣。實在是因為「開水壺」年紀大了，隨便動個小手術都可能引發意外併發症，而且往往一發不可收拾。想把鏽了的螺絲釘拔出來？半截就給你斷在孔裡面！小心翼翼把斷掉的半截抇出來吧？卻赫然發現原來整個插入孔的內螺紋都鏽爛了！說是要換排氣管，不一會兒卻聽見史提夫在車庫裡慘叫我的名字，衝出去才看見「開水壺」已從工作枱上倒下，歪歪躺在地上，史提夫正使盡吃奶的力氣，想把它扶正。等我倆七手八腳奮力把「開水壺」推回工作台上，史提夫卻萬分懊惱地發

現左邊的手把、手把套和變速桿，全壓變形了！排氣管有得換，這些零件哪裡找？

史提夫有一本寶典——1974 年出版、紙張已泛黃變軟、封面補過無數次的『鈴木 GT750 零件圖解目錄』，沒事他就會拿出來聚精會神地研究。甫入 21 世紀，資訊科技日新月異，勢不可擋，史提夫發現了易貝（eBay），可將英美兩岸的古董摩托車零件交易，全納入股掌之間；只要你肯花時間坐在電腦前搜索、監看，和學會劫標！他的寶典變得更加重要，因為圖解目錄裡的零件編號即是易貝網路交易場裡買賣雙方藏鏡人的溝通語言。

上網交易變成玩摩托車延伸出來的另一項嗜好兼娛樂：同樣刺激、同樣占時間。如何才能少花點錢、買到比「開水壺」身上狀況更佳、甚或全新的原廠零件呢？即使得標買到，零件寄來不見得滿意；若不滿意得重新包裝，再寄回給賣方；若滿意，便可進行更換，這時才真正牽涉到「開水壺」。換下來的舊零件再回易貝拍賣，那得先美容一番，再照相，寫廣告詞，接著進行監看…。除此之外，交易完成寫回饋和看評鑑也需要時間。誠信的賣方得褒，狡滑的得貶；別人給自己的評鑑忍不住要追蹤，沒得到最高評價會影響情緒，怕壞了他在易貝上的口碑！同樣的程序，周而復始，便是史提夫在家裡的休閒活動。

無論是在車庫裡修摩托車，或是在網上買賣摩托車零件，在我看來，對他的身心健康都弊多於利，因為這些活動不但不能讓他放鬆，反而把他搞得更緊張兮兮、煩惱焦慮。但我不能嘮叨抱怨，因為他在家的時間實在不多，忙完煩瑣家務後，剩餘空閒少之又少。這是他愛做的事，我能怎樣？

史提夫在家的時間突然減少，是因為他（其實是公司）做的另一個決定。搬家後不久，史提夫便開始輪流在休士頓及沙烏地阿拉伯石油公司（Aramco）位於達蘭（Dhahran）的總部兩地上班。肇因是康納和想和沙油合作，躋身開發沙國「謝巴」（Shaybah）油田的國際聯營企業團。

謝巴油田位於全世界最大的不間斷沙漠「魯卜哈利」（Rub'al Khali）北緣。魯卜哈利沙漠又名「空無的四分之一」（Empty Quarter），因為它占據整個阿拉伯半島的四分之一，且氣候極端、環境惡劣。想在那個沙漠裡探勘、開發，難度上只有去熱帶雨林或喜馬拉雅山能抗衡。1990年代，沙油在謝巴發現油源，便以達蘭為起點，蓋了一條長達800公里的路，橫越沙漠，直通謝巴，所有建材及資源都靠這條公路運輸南下，建立起謝巴油田。

沙油的石油儲量及產量全球第一，沒有任何一家石油公司能望其項背；而謝巴油田又被石油界譽為沙油資產中「皇冠上的寶石」。因為謝巴生產的是高質量的特輕質原油，含硫量特低，且油藏超級巨大，估計有140億桶原油，外加710立方「公里」的天然氣。以北海最大的油田「艾可菲斯克」（Ekofisk）來做個比較吧，後者油藏估計為34億桶，天然氣則為158立方公里！即使號稱北海第一大油田，油藏也不及謝巴的三分之一。

然而謝巴自1998年正式產油後，便遭遇一個大難關，技術上一直無法突破，縱有巨量油藏，產量卻無法提升：原來那兒天然氣太多，壓力太大，泵油的時候氣往外漏，燒不完，太危險！2000年，沙油邀請全球各大石油公司提案，打算開放聯營開發包括謝巴油田的魯卜哈利沙漠。這麼大的一塊餅，全球哪一個石油公司不垂涎

三尺、爭先恐後，就算擠破頭也想來分一杯羹？康納和當然也不例外。尤其令康納和興奮的是身為中型石油公司，他們上游鑽探的資金並不雄厚，比不上如艾克森美孚或荷蘭皇家殼牌那樣的大玩家，但是天然氣集氣和處理卻是康納和素來的強項，他們所建造和經營的煉油廠排名全球第四位！康納和一接到沙油的提案邀請，立刻意識到這是千載難逢的好機會，若能在謝巴造集氣管網及建處理廠，說好聽是「雙贏」，實際上就是康納和中了頭彩，撈到個百年事業！問題是沙油要求的是「開發」提案，不是去他們已開發的油田集氣和處理天然氣。康納和於是召集專案小組，決定探勘還是得進行，但目標將以最少的資金、鑽最低數量的探勘井，令沙油滿意了，才能進一步說服沙油，進駐謝巴。

史提夫便是被召集的勘探小組成員之一。經過數月數據解讀及內部討論，公司決定從六月起派遣組員輪流在休士頓及達蘭兩地上班，三週一輪。結果史提夫第一次去達蘭就延期，待了 28 天。回美國三週（去四角落度假），再赴達蘭工作三週，不幸 911 事件發生，不僅羈留沙國的美國職員惴惴不安，整個美國都人心惶惶！向來以安全紀錄優良而自豪的康納和立刻決定撤離專案小組，回國作業。

同一時期，沙油的聯營計劃生變。一開始沙油將提案公司分成三組，每一組分配到一大片區域，每區以一個已發現的重要油田或氣田為核心。康納和被編到包含謝巴油田的「核心企業 2」，聯營夥伴為法國的道爾達（Total）及美國的西方石油（Occidental）。「核心企業 1」負責北區。「核心企業 3」則負責中部，聯營夥伴為三大強荷蘭皇家殼牌，美國艾克森美孚及雪佛龍（Chevron）。沙油審核所有提案後，進入第二階段，即委任操作公司；也就是每一區指派

一家公司帶頭，將包攬實際工程。沙油把第 3 區的操作權給了艾克森美孚，令當時在沙烏地阿拉伯境內坐第一把交椅的外國石油公司——殼牌非常不爽，殼牌向沙油嚴重抗議，堅持要當第 3 區的操作者。沙油拗不過，最後想出個權宜之計，把第 2 區的操作權給了殼牌。沙油圖個耳根清淨，殼牌也掙回面子，卻苦了第二區原來三家公司，一時之間，陣腳大亂。

殼牌空降「核心企業 2」後，只花兩週時間看數據，便徹底推翻康納和及道爾達耗時一年多共同研製的提案，強制將開發重點由「處理」天然氣改為「探勘」天然氣；擺出財大氣粗，不在乎砸錢的姿態。西方石油看情勢不妙，知難而退，留下康納和、道爾達與殼牌周旋。儘管康納和認為殼牌決策大不當，仍期望在實際合作期間誘之以利、曉之以理，勸殼牌回頭。於是史提夫及其他專案組員開始頻頻赴荷蘭海牙（殼牌總部所在地）出差。

這樣兩地跑，直到 2002 年底，不知是殼牌的專案小組礙於情面、不便認錯，還是他們真的自以為是，總之殼牌仍執意探勘。眼看即將簽約，各公司馬上得分份出資，康納和這才承認失敗，黯然退出沙油聯營案。[1]

---

[1]　殼牌於 2003 ～ 4 年深入魯卜哈利沙漠，在世界最高的沙丘之間進行震波勘測。至 2010 年，殼牌在沙漠裡修路近 600 公里，共鑽 5 口勘探井，未發現任何天然氣或油藏。殼牌及道爾達在損失數十億美元之後，宣布退出聯營企業。沙油獨資在謝巴建造天然氣集氣網及處理廠，成效卓著。謝巴的石油產量直線上升，天然氣及其副產品產量亦突飛猛進，成功開發了金窟。至於殼牌的專案小組，在公司退出沙油案之後，其主事者因「表現優異」而升任公司副總裁，官運亨通，日進斗金，直到退休。

參與沙油聯營案給予史提夫極大的工作壓力。剛開始他挺興奮，因為在台灣待三年，到頭來兩手空空離開，令人鬱卒。調回總公司加入「工蜂」群，跟他差不多資深的地球物理專家成打計算，又碰上另一循環的石油業不景氣——我記得非常清楚，剛搬到休士頓，最便宜的無鉛汽油 1 加侖才 97 分美元！史提夫意識到自己已進入事業高原，向來非常投入工作的他突感興味索然。沙油案的展望恢宏，不只他興奮，整個專案小組都士氣昂揚。但很快地史提夫便露出疲態：去達蘭，工作壓力大，而且整個環境不友善。史提夫不是個愛抱怨的人，但每次回家還是忍不住發牢騷，說在那兒除了工作，沒有任何生活品質可言。沙國境內全面禁酒，也沒有其他的消遣活動，可是人們一過跨海大橋到巴林（Bahrain），又紙醉金迷、醜態百出。目睹種種極端的社會怪現象不說，讓他最難受的是當地人對白種人的敵意：「大家心知肚明，他們就是討厭我們！我在那兒工作這麼久，從來沒有一位本地職員邀請我們去家裡坐坐、吃頓飯，下班後當地人也從來不跟我們社交互動。」

　　等改成去海牙出差，工作壓力沒了，卻換成無止境的挫折感。談判對手不可理喻、蠻橫跋扈，也是一種令人難以忍受的精神壓力。

　　幸好，沙油專案遭殼牌攔截後，史提夫出差去海牙的次數和時間次第減少。專案尚未結束，史提夫便申調去亞洲部門——亞洲的油藏雖少，但人民友善，食物可口！

　　丈夫老不在家，日子如何填滿？
　　凸凸年紀大了，不介意成天待在冷氣房裡打盹，但不能儘做著

翻譯，海倫一個人坐在書房角落裡玩玩具，很快就會厭倦。海倫從不喜歡玩娃娃，把新娃娃身上衣服剝光，就丟在一邊蒐集灰塵，再不理睬；海倫也不喜歡扮家家酒、或堆積木。老實說，任何靜態遊戲，兩歲前的海倫都不感興趣。海倫喜歡唱歌、跳舞、扮蝙蝠、跑來跑去！海倫喜歡被拋往空中，喜歡爸媽抓著她兩根膀子做飛機、轉圈圈，拋得愈高、轉得愈快、她笑得愈開心──可能是在子宮裡隨媽媽煉和氣 9 個月的結果！萬聖節來臨，海倫不想扮公主，海倫想當巫婆、蜘蛛女、金鋼戰士…。

我開始推著海倫、牽著凸凸，在「艾德里奇眾湖」社區內散長步，把每一片湖、每一處兒童遊戲場都摸得一清二楚。「鵜鶘角」小區內的小湖北邊種了一大片嫩黃鳶尾，黃昏時分常有螢火蟲出沒；鳶尾田和小湖之間的過渡鵝卵石床，水淺、石頭不滑，穿上雨鞋可以涉水，看螺與水生昆蟲。住在小湖裡的那對白天鵝名叫羅密歐與茱麗葉；小湖旁那棟平房的屋主，又瘦又高的美國老先生姓李，72 歲，常把他 100 歲的母親從養老院裡接回家「放風」。擁有健康長壽基因的李先生，自願擔起照顧羅密歐與茱麗葉及清理小湖的責任，他常穿著連身防水衣在湖裡走來走去撿垃圾，跟我們閒扯淡。

周末總有一個晚上，朋友或鄰居會可憐我和海倫，請吃頓飯。克蕾兒和卡洛琳請我們去家裡，鄰居麥克與南西上館子的時候順便帶我們。

和世上所有事一樣，成為外派人員的眷屬利弊參半。優點是可以住國外、經常旅行；缺點是遠離家人，缺乏支援。每位外派眷屬都得學習面對孤立的生存狀態，排遣寂寞。

獨守海倫的日子常令我的情緒時在雲端、時墜深淵；歡樂聽話

的海倫是我最大的驕傲與喜悅，專斷獨行的海倫又讓我鬱悶氣結。海倫18個月便能把ABCD字母歌從頭唱到尾，聲音穿透力強、咬字清晰。會走會跑後，海倫愛隨音樂起舞，不帶一絲矯柔，沒有任何顧忌，只有童稚的奔放與喜悅！但海倫不愛在人前表演，唯獨在家裡、只有媽咪和凸凸在身旁，海倫才會開懷歌唱、盡情舞蹈。

帶海倫去「音樂花園」，她經常不願開口或移動，只躺在媽咪懷裡吮手指，冷眼旁觀。帶她去社區游泳池玩水，泡兩三個鐘頭還不肯回家，可是健身中心的「媽媽與寶寶游泳課」，卻不願意去，去了也不聽話。參加「遊戲小組」，都是熟人，她感到自在，現出原形，對遊戲的興趣遠不如對零食來得大。每個小朋友發個碗，讓她們自己拿，她的總堆得比山高，然後獨自抱著碗專心吃，吃完再去拿。跟其他小朋友互動，得順她的意；有一次不知和貝瑟妮發生什麼衝突，海倫竟當著我和卡洛琳的面，抓起貝瑟妮又白又嫩的小手膀猛咬一口，留下兩排牙印！兩個媽媽大驚失色、無言以對，我只想鑽個地洞躲起來，「教子無方」啊！幸好「咬人」事件僅此一次。

凝視她，我常自問：熟睡中的她，分明是個小天使，為什麼醒來就變成小魔鬼，桀驁執拗，令我發怒？是我的管教方式不對？那我該怎麼做？從小到大，我從未這般自我質疑，這般強烈感覺到能力不足。為人母，逼得我低聲下氣，謙卑學習。

2001年秋，基思和蘇西攜奧利佛來休士頓度假，我帶海倫駕七人座冒險家去接機。回程路上，還不太會講話的海倫盯著堂哥看，咯咯笑不停。奧利佛是個可人兒，一路逗她玩；海倫便一路笑回家，不打瞌睡也不鬧。就在那一天，我也做了一個將改變我們家居生活

的重要決定：我要嘗試再生一個！

　　遊戲小組的媽媽們都勸我：給兒女最好的禮物，便是給他們手足；給他們終身不變的援手與同伴。克蕾兒已懷第二胎，是個男孩；卡洛琳也在準備懷孕，碧亞翠絲已申請領養第二個。雷蘭妮女士推薦的兒童教育心理學讀物一致強調有兄弟姊妹對小孩心理發育的重要性。以前我聽歸聽、看歸看，不為所動；我不覺得自己那麼愛小孩，還願意受更多的苦、做更大的犧牲；史提夫累怕了，十分贊同。

　　但史提夫頻頻出差、我們母女倆長期獨處，我感覺海倫的強勢性格愈發明顯。目睹海倫一見奧利佛就笑，欣然願意分享一切，我意識到海倫的個性我制不住，再讓她當獨生女，會變本加厲，只能從小「強迫」她習慣「分享」。我下定決心，非努力不可。

　　我把這個想法告訴史提夫，問他意下如何？想再生育，需要他幫忙！史提夫同意試試看，但笑容有點勉強。

　　從此，我總是在煉功與靜思時，正式向冥冥之中那個和我特別有緣的靈魂提出邀約，請它來當我此生的第二個小孩。

　　2002 年 5 月，我證實自己又懷孕了。克蕾兒臨盆在即，卡洛琳也已進入孕中期，但我先告知丈夫。史提夫聽後表情有點驚恐，沈默半响，才恢復鎮靜，說他還以為自己剛剛心臟病發作！

新英格蘭

　　二度懷孕，一切順利，只不過身體老了，到處鬆垮下垂，唯獨雙腿靜脈曲張緊繃。做羊膜穿刺感到疼痛疲憊，但在超音波螢幕上清楚可見胎兒是男孩，而且他居然伸出小手，想去抓戳進去的長針，有趣又嚇人。和海倫比，弟弟不愛動，尤其到懷孕晚期，似乎總以同樣的姿勢，成天躺在肚子裡同一個角落裡睡覺。

　　孕中期，肚子已大到坐在電腦前超過一個鐘頭便感覺不適。終於將『演化：一個觀念的勝利』這本書譯完，決定不再譯書。現階段，是兩個孩子需要我全力照顧，還是繼續兼差工作、保住「自由譯者」的頭銜重要？答案顯而易見，但我仍考慮再三，決定後又免不了惆悵。

　　2002年秋，懷弟弟即將邁入孕晚期，史提夫先讓我赴紐約曼哈頓中國城參班，接著全家遊訪新英格蘭。

　　參班期間，大腹便便的我受同修們多方照拂，傳人師姐跟我團煉和氣，師娘替我做大愛手。後來傳人師姐老實說，她並非想跟我煉，而是想跟我肚子裡的那個生命一起煉——我才明白原來是沾了兒子的光！

　　參班圓滿結束。司馬家開著出租車上路，由紐約市出發，先到康乃狄克州的瑪莎葡萄園小島上住幾天，接著遊鱈魚角，在波士頓停留，再穿越新罕普夏州，至緬因州的阿凱迪亞國家公園。回程經佛蒙特及紐約州，最後駛回紐約市，登機返家。

新英格蘭，美國的東北角，和客居的德州，美國西南部，彷彿兩個極端。新英格蘭小巧秀麗、濕潤蔥蘢，公路狹窄蜿蜒，地理景觀多變，城市建築風格典雅，居民溫文有禮、穿著簡單但追求質感。簡而言之，新英格蘭好似歐洲的翻版。史提夫一路行來，不斷搖頭嘆息：「當年真不該讓他們獨立！」

瑪莎葡萄園沈浸在一種優雅懶散的氛圍中。岩石暴露、琥珀斑斕的海岸與沙灘，像一位不修邊幅的美麗少婦；雪白的燈塔是她凝脂般的肌膚，蓬亂濃密的海岸植被是她如雲的秀髮，整齊草坪和繽紛花圃簇擁的公園露天音樂台是她經過仔細修剪、塗上亮麗蔻丹的纖纖玉手玉足，讓人可以輕易想像當她盛裝打扮後的雍容華貴；靜靜停泊、徐徐擺盪在碼頭、船塢及海灣內的各式小船遊艇，是她亂中有序的傢俱擺飾，「橡樹林斷崖」城（Oak Bluffs）內粉妝的薑餅小屋，是她閒來無事的塗鴉⋯。漫不經心的玩笑人生啊，是極少數人的奢華享受。

波士頓是美國最具歷史價值的城市，老城區多處令人感覺恍如回到英國。然而徒步遊波士頓城的經驗畢生難忘，並非老港城的文化內涵耐人尋味，而是遭遇不尋常的機緣，詭譎離奇。

那天一出旅館，先注意到天氣奇差，烏雲遮日，刮著勁風。我們讓海倫坐進她那輛隨時像要垮掉的老舊傘狀折疊式嬰兒車，沿朗法羅大橋穿越遼闊的查爾斯河口。上橋後風勢更大，一時間飛砂走石，劈頭劈臉，打得我們睜不開眼睛，全身肉疼。搞不清楚狀況的海倫放聲大哭，一張口就吃了一嘴砂，哭鬧得更凶，十分委屈。挺著大肚子的我，彎下腰想替她把砂石拍掉，勸她閉上嘴和用手保護自己的眼臉，還來不及開口，掛在衣領上心愛的太陽眼鏡「叭！」一

聲摔在地上，鏡片朝下！同時頭髮衣服被吹得一團亂，看不見、也站不穩。

本來計劃在橋上遠眺港口風光和城市夐影，結果一家三口半閉眼睛、頂著狂風沙，踉蹌過了橋。

下橋抬頭一看，目瞪口呆，眼前活生生是科幻片善惡大對決後的場景：一整隊變形金剛被霸天虎打扁，支離破碎頹倒在人類城市廢墟和更多已被殲滅的霸天虎和挖地虎屍堆上！

原來這便是旅館職員一致以嘲諷語氣和無奈表情再三警告的「大開挖」（Big Dig）──波士頓於 1991 年開工、將穿越城中心的中央幹道改成 6.5 公里長地下隧道的巨型工程！開工前預告將於 98 年完工，結果十年過去，醜聞不斷，紕漏百出，把城中心搞得千瘡百孔，交通大亂，完工日卻仍遙遙無期。[1] 難怪城裡烏煙瘴氣、沙塵蔽空！接下來，我們一家三口必須設法繞過那座黑呼呼、由破爛鋼筋水泥和土礫堆成、無數工人、工程車輛機械具如螞蟻般穿梭其中的大山！

終於繞過垃圾山，穿越老城區，抵達波士頓公園及公眾花園，已過午餐時間。我們找到一間咖啡廳，不為閒情逸致，只為迫切需要一杯熱飲暖身和一點熱食裹腹。在風中奮力行走兩三個小時，眼看天色漸暗，氣壓變低，一副暴雨欲來的態勢，予人極大的壓迫感。周遭街道與建築古色古香，反倒襯托出一個個行色匆匆的路人，像在兵荒馬亂中逃難。我也覺得自己像個難民，剛躲進庇護

---

[1] 「大開挖」延宕至 2006 年完工，總共花費 146 億美元，超出預算 190%。

所，望著窗外，心有餘悸。在不祥的氛圍中，窗外公園一角彷彿墓園，而那座開國元老的雕像也變得面目猙獰、表情殘酷，好似來自冥界的判官。

剎那間，天色忽地從灰暗轉變成介於晝與夜之間的泛黃微明，同時刮來一陣怪風，猛烈搖撼所有植物，地上落葉全被高高捲起，在空中狂亂打轉。怪風未止，大雨已傾盆而下，雨水形成一根根箭矢，毫無章法地朝四面八方掃射，行人紛紛拔腳抱頭鼠竄，找地方躲雨。此刻只有「鬼哭神嚎」四字能描述窗外突然大亂的昏黃世界。分明有一股強大的、充滿憤怒與仇恨的超自然能量淒厲現前，令人迷惑不安。

一個念頭閃過，我轉頭問史提夫：「今天幾月幾號？」

他看我一眼，答道：「9 月 11 日！」

原來那天是 911 的一週年紀念日。看來去年從波士頓城登機、一別竟成永訣的冤魂，此刻全回來了。[2]

「阿凱迪亞」（Acadia）這個名字，原為十七、八世紀法國在北美洲東北角所建立殖民地的名稱，意謂「田園詩般的地方」。園內最高的「凱迪拉克山」也是一座粉紅花崗岩禿山，但因地處濕潤大陸型氣候，景觀和德州「著魔岩」便大不相同，矮短植被，特別是地衣苔蘚，十分茂盛。氣候一旦濕潤，同樣的花崗岩山便不再荒寂，反而顯得「晶瑩剔透」。從凱迪拉克山頂鳥瞰「法國人海灣」，湛藍的狹長

2　911事件遭恐怖份子挾持的四架客運機當中，撞進曼哈頓世貿雙塔的那兩架，皆從波士頓洛根國際機場起飛。

海灣由兩岸綠色林地包夾，灣內的「豪豬群島」（Porcupine Islands）不似豪豬，倒像一群鯨，只露出渾圓的拱背，列隊游過。

遊園期間，我們住的「沙洲港」（Bar Harbor）在 1950 年以前，原是美國超級富豪的避暑地，現在成了度假中心，沿續瑪莎葡萄園悠閒懶散的情調，且富文化氣息。白天我們在海灘上晃蕩，近黃昏揀一家生意興隆的濱海餐廳坐下，慢吃閒看。

離開紐約市後，一路行來，愈接近緬因州，愈常在餐廳裡旁觀隔桌饕客大啖龍蝦，我清楚意識到自己吃素的防線正在逐漸潰散。懷海倫九個月，遭食肉慾念襲擊不過兩三次，且一閃即逝；懷弟弟卻大不同，可能是胎兒需要。緬因州的龍蝦世界馳名，沙洲港又是緬因龍蝦盛產地，抵達第二天我便向慾念投降，徹底破功，吃起龍蝦來了，還吃得津津有味，滿桌蝦屍狼藉。我一再迴避內心另一個我的譴責目光。她在諄諄提醒：「每隻龍蝦都活了 5 ～ 7 年才長這麼大哦！」

即使因為懷弟弟而破功，開始吃肉；即使因為懷他而肚皮鬆弛、雙腿靜脈曲張，也值得。打從懷孕開始，弟弟一直是個超級好寶寶！

弟弟的預產期在聖誕與新年之間。婦產科醫生莎拉通知我她將於聖誕夜開始休假，過年後才恢復上班，建議我申請一次「社會公益引產」：早早約好時間，到時注射人工催產素，依照時刻表自然生產；既方便醫生，又方便父母，更方便整個醫院作業程序，而且生產後，可讓每個人回家享受平安聖誕、過個好年。

12 月 23 日，媽媽和姊姊前一晚已抵達湖的地方家中住定，我和史提夫一早趁著海倫仍在熟睡，彷彿赴一個商務約會，好整以暇，

梳妝出門。入院登記後，進產房更衣躺下，八點正護士進來給我注射人工催產素，接著陣痛開始，痛的頻率、強度變化及時間，全部照書進行。不到四個小時，弟弟順利出生，只大哭一聲，便雙手合抱、作低眉沈思狀，一副老氣橫秋的模樣。我神智清醒地剪斷他密佈血管如青筋暴露的粗壯臍帶，稍後又仔細觀察鮮血淋漓的肥大胞衣。當護士把清洗乾淨的弟弟抱過來，興奮地恭喜我們，寶寶的愛普格新生兒評分測驗得了滿分 10 分，我一點都不驚訝。

　　產前我開始讀吉娜・福特（Gina Ford）所寫的育嬰暢銷指南『滿足寶寶手冊』（*The Contented Little Baby Book*）。海倫的睡眠時間不規律，夜裡常醒，醒後堅持要我陪，直到她再度入睡。我不喜歡跟孩子睡，因此夜裡經常在海倫房裡的搖椅上「罰坐」。睏時不能眠，令我心火直冒，我愈不想陪海倫，她愈需要我陪。我們之間的拉鋸戰演變成一種權力鬥爭遊戲，令我身心俱疲，覺得自己徹底失敗。讀了這本書之後，我下定決心將改變帶孩子的方式，拿回主控權。史提夫有『鈴木 GT750 零件圖解目錄』，我也找到一本寶典。

　　這本 1999 年出版的書，主要在鼓吹早已在西方社會成型的育嬰常規，訓練嬰兒一出生便依照時間表作息，重點是必須從晚上七點睡到隔天早上七點。作者吉娜福特是英國經驗豐富的產科護士，親手帶過 300 多個小嬰兒。她堅信嬰兒若能睡得飽、睡得安穩，作息規律，身體必定健康，而且性情穩定，能夠快快樂樂、平平順順地長大。

　　想培養這個習慣，整個家庭生活必須全面配合。首先得給嬰兒準備一個最適宜安眠的環境，通常意謂一個可以隔絕所有光線，而

且只屬於嬰兒一個人的安靜房間。除此之外，每天吃奶和白天睡小覺的時間，全須依照時間表。這表示父母不能整天帶著寶寶在外面跑，餵食需固定，睡眠時間未到，就必須回到寶寶熟悉的地點，例行公事，培養睡眠情緒。相反地，若是寶寶提前愛睏，又得做些活動防止他睡著。

大力支持這本書的人很多，但反對聲浪也很大，因為嬰兒一開始一定會抗拒，而這本書強調父母必須讓嬰兒哭，不能心軟，一哭就哄。就算嬰兒久哭不止，父母進房安慰時最好也別抱，必須用堅定的語氣，讓嬰兒明白哭也沒用，得自己想辦法入睡。很多人就是反對這種「哭泣控制法」，覺得太不人道。我周圍只有推薦這本書的教師媽媽採用這個方法，音樂花園的丹麥媽媽更力行「放任自然法」。這一派相信嬰兒想吃就該哺乳、想和爸媽一起睡就應該讓他一直睡到要求擁有自己的房間為止。

其實像史提夫那一代的歐洲人，多半都是遵循 7 點到 7 點這個規矩長大的：上中學以前，晚上七點前必須進自己房間，隔天早上七點以後才准出房間。那個年代的家庭主婦沒有任何家電代勞，家事做不停，嬰兒該睡覺的時候不肯睡，只好綁在嬰兒推車裡擱門外任他哭叫，既能呼吸新鮮空氣，又不會吵到家人。等哭累睡著了，再抱回嬰兒房小床上。至於我們上一代的中國父母，一樣勞累辛苦，一樣需要晚間的成人時間，只不過中國人不認為兒童晚上需要睡 12 個小時，於是「放羊吃草」，讓小孩跟隨大人作息，直到累倒。

無論中外，那個年代沒人研究幼童心理，自然也沒人批判任小孩哭叫人不人道。無論用哭泣控制，或放任自然，每個母親、每個家庭，都得慢慢摸索，找到一個能夠促進家庭生活和諧、而非造成

家庭衝突的育嬰方法。

　　這一次，我很幸運。弟弟脾氣溫和、身體健康，加上史提夫全力支持，不到3個月，7點到7點的常規雛形已建立起來。剛開始弟弟也用大哭來抗議，結果總是史提夫聽不下去，不忍心，進嬰兒房去安慰他，甚至把他抱起來哄一哄。新生嬰兒無論形體和聲音，都顯得份外脆弱、惹人憐愛，聽自己的小寶寶哭個不停，對父母是一種酷刑。幸好我不必忍受這種酷刑太久。

　　常規一旦建立，帶孩子就變得非常容易。早上七點我叫弟弟起床，他因為睡飽了，精神和情緒都好，的確每天都顯得快樂又滿足。我們送海倫去上托兒所，他絕不會在車上睡著；回家後他需要睡個早覺，下午還得睡兩個鐘頭的午覺；醒的時候自己玩玩具，安靜獨立。哺乳餵食也全無問題；頭一個月尚需補充嬰兒奶粉，但我不再感到愧疚、也不緊張，心情輕鬆，結果弟弟很快拒絕奶瓶，完全吃母乳。論及「學前兒童教育」，弟弟只能當姊姊的跟屁蟲，媽媽沒為他開發任何新活動。弟弟成為音樂花園的模範生，因為他從還是顆受精卵的時候，便開始每週上雷蘭妮女士的音樂課。週二遊戲小組擴大，多了幾位小男生，但主導遊戲活動的全是當姊姊的小女生。弱勢的男嬰在「媽媽姊姊真偉大」的環境中，各個靜靜觀察、表現溫良。

　　弟弟不滿一歲，便自然減去早覺。十八個月左右，突然有一天拒絕午睡，從此白天再沒小憩過，總是精力充沛，動靜皆宜。但是他一直保持著晚上七點到早上七點睡足12個鐘頭的好習慣。唯一的缺點，是他即使非常疲倦，也難在車上或飛機上入睡，與海倫一上車就睡、白天打能量盹、晚上愛熬夜的表現，恰恰相反。

訓練海倫自己上廁所，我一直舉棋不定、想把屎把尿，早早讓她不穿尿片，又無法貫徹執行。她一尿褲子，我就起情緒化反應，對她施壓，結果她滿4歲了還常發生意外。輪到弟弟，我想開了，從不勉強，順其自然，結果他二歲生日剛過，便自動要求別再穿尿片。其實兩個孩子在脫離尿片後都免不了偶發意外，也都得再等幾年才絕不會尿床。對父母而言，一樣得清洗糞尿，一樣是骯髒煩瑣的塵勞，然而弟弟在穿尿片階段，不必承受任何壓力或負面感受，告別尿片由他決定，上超市買小內褲由他挑選，難怪他穿上後洋洋得意，逢人便秀。整個過程對他和我都非常正面，充滿喜悅與驕傲地通過這個重要的里程碑。

　　有了弟弟，我才終於從充滿失敗、挫折感和自我懷疑中解放出來。海倫讓我看清自己的極限，把我從天堂重重摔回地上；弟弟幫助我體認錯不全在我，不必太過自責。因為弟弟，我才重新爬起來，拾回自信。

電報灣

一轉眼，弟弟會坐會爬了。2003 年夏末，我們先赴溫哥華市探親，接著去溫哥華島度假，把在島上停留一週的時間，平均分配給三個小城：托菲諾（Tofino）、坎貝爾河（Campbell River）及電報灣（Telegraph Cove）。

溫哥華島很大，是整個北美西岸最大的島嶼，形狀挺像台灣，細細長長，腰寬、頭尾窄；只不過溫哥華島往右歪（因為大陸在右）、台灣往左歪（大陸在左）。它的面積也和台灣差不多，只稍微小一點，也有貫穿全島的縱行山脈，但沒中央山脈這麼高，頂多一、兩千公尺，全在林線以下。然而溫哥華島人口稀少，僅 76 萬多（台灣有 2350 萬！），加上位於濕潤的溫帶地區，島上幾乎全被森林覆蓋，優勢林種為高大的針葉林。世界紀錄中許多最高、樹幹最粗的花旗松（Douglas fir）和杉樹都是在溫哥華島上發現的。

溫哥華島還有另一點彷如台灣的鏡像：它的縱貫山脈在西邊入海，因此西北部地形崎嶇，人口少，海岸線迂迴陡峻，峽灣、海灣及小島密佈；東南部則地形平緩，城市多。島上僅有的 76 萬人口，近半數集中在東南角的英屬哥倫比亞省省府維多利亞。

我們假期的第一站「托菲諾」，是典型的西岸原住民部落，位於伸入海灣一個迷你半島的頂端，森林、海洋與大小島嶼環繞。在地居民不滿二千人，但夏天會湧進一批批遊客，或做水上運動，如衝浪、海釣、划舟、賞鯨；或做陸上運動，如露營、健行、賞鳥、

看熊…。無論海上陸上，都是各玩各的，乏人聚眾。城裡街道橫三條、縱四條，商家酒館屈指可數，民宿及旅館各自躲在樹林內，看不見左鄰右舍。入夜後方圓數里燈光寥寥、人聲寂寂，彷彿人人都是「滿足寶寶手冊」的擁護者，皆遵循弟弟的作息表。

我們租了一間有閣樓的小木屋，地勢高，海景極美，可遠眺島嶼星佈的海灣，以及聳立其中、米爾斯島（Meares Island）上壯大的錐形山。米爾斯島在 1984 年突然出了名，因為島上原住民聯合環保團體強烈抗爭由政府授權的伐木公司登島砍伐處女林，雙方互相控告，纏訟多年，國際矚目。最後法庭判決原住民勝訴，擁有保留地的主權。這場官司成為加拿大英屬哥倫比亞省有史以來第一宗省政府敗訴的案例。該島並於 2000 年劃入 UNESCO 生物圈保留地。[1]

托菲諾以南，即加拿大太平洋沿岸國家公園保留地；東倚縱貫山脈，西浸太平洋，此區特色是多雨，以及因為多雨而形成的溫帶海岸雨林。

隔天，我們從托菲諾驅車沿海岸南行 20 公里，去「長灘」消磨大半天。長灘是保留地內最長的沙灘，總長 16 公里。史提夫和我帶著三歲的海倫和塞在嬰兒背袋裡、像隻小無尾熊的弟弟，不可能走遠，只在解說中心附近溜彎兒。夏天，島上溫度卻很低，海邊一片

1　勝訴後，原住民將整個島設定為原住民公園，並改名為「獨錐島」（Lone Cone Island），在島上搭建一條長 3 公里的環形棧道，涵蓋一片千年巨杉密度最高的處女林，成功地邁入生態旅遊業。更有意思的是，當年敵對的同一族原住民和同一家伐木公司後來前嫌盡棄，攜手成立伐木公司，一起「經營利用」保留地內的森林，正應了一句老話：「商場政界沒有永遠的敵人！」

氤氳，顯得淒清。空氣裡浮動的、隨一陣陣海風吹來的，全是不知是雲是雨還是霧的水氣。極目望去，一邊是迷濛的天空、海洋與沙灘，無邊無際一片灰；另一邊像一堵巨牆，那是伸入雲霧的綠色森林。兩邊的交接線參差不齊，彷彿掛滿稀稀落落的線頭，近看才知道是一堆堆浮木，散佈沙灘上。許多浮木十分巨大，曾經是整棵大樹，如今連根帶枝，彷彿大體解剖室裡泡過福爾馬林的全屍，通體灰白，表皮極平滑，隱約透出複雜肌理。每根浮木的根、樹幹及枝枒，形狀線條獨特，木紋細密，好比大自然最優美的雕塑作品，帶給細細品味的人深刻的感觸及淡淡的悲哀。

告別托菲諾，我們橫越溫哥華島的腰際，抵達東岸大城坎貝爾河。該城人口多、交通繁忙（就加拿大的標準而言），城裡的經濟動脈為船運、鮭魚養殖、伐木、礦業，還有一家衍生自伐木業、巨大煙囪會不時吐出令全城都籠罩在惡臭空氣中的紙漿廠。[2] 邊地工業城的氣氛濃厚，居民一個個也像開疆拓土的大老粗。坎貝爾河濱海，面對北美重要繁忙的海運航路「內水道」（Inside Passage），北通阿拉斯加、南銜美國華盛頓州。我們之所以選擇在此落腳，一方面它位在前往最後一站的必經途中，另一個理由是婆婆正好和一位女友結伴從倫敦飛來，將搭乘自溫哥華出發，經內航道北至阿拉斯加，再返回溫哥華的遊輪。史提夫算準了載著婆婆的遊輪將通過喬治亞海峽的日子，特別租了一間有寬闊露台、可眺望海峽的民宿，和婆

---

2   BC 省的舊紙漿廠在進入 21 世紀後陸續關閉，坎貝爾河的紙漿廠
     也於 2010 年結束營業。

婆約好，要她在遊輪通過坎貝爾河的時候，站在甲板上，跟我們揮手打招呼呢！

可惜遊輪經過的時間在夜裡！即使是白天，來往大船不計其數，我們也不可能鎖定目標。內水道窄，我們面對的這一段不到 2 公里寬，透過望遠鏡，對面大陸晴川歷歷，感覺倒像住在一條藍色大河邊。我們哪兒都沒去，白天待在露台上喝茶、吃點心、看風景，讓弟弟像奧莉維跟卜派生出來的小卜派一樣，在木板地上爬來爬去，輪流向爸媽和姊姊乞食，日子過得輕鬆愜意。

由坎貝爾河往北開 200 多公里，下 19 號高速公路之後，還得小心翼翼、慢如蝸行地開一段長 5.6 公里、路面佈滿大小坑洞的碎石路，才抵達此行最後一站，也是我最想去的地方：「電報灣」（Telegraph Cove）。電報灣孤立海濱，真正的居民只有 20 位，一直湊不足款舖路。這段石子路出了名地難走，下雨時泥濘不堪，天晴時塵土飛揚。我們的運氣不錯，只受到塵土飛揚的待遇。

深入荒野的碎石路只是序曲，踏進電報灣，才正式進入另一個時空。1912 年，電報公司將坎貝爾河電報線路拉到這個小小的海灣內，並蓋了一間只有一個房間的電報站，電報灣因此得名。20 年代，拓荒者在這兒蓋了一間鮭魚醃製廠和一間鋸木廠，小海灣的腹地逐漸發展成一個漁村，並專門生產造船用的木材。這兩個工業在 40 年前皆遭淘汰，但拓荒時期的建築留存至今，經過整修，形成電報灣度假村。

度假村的木造房子踩著木樁高蹺，併排站在海裡，再由一條黃杉木板舖成的棧道串連起來。這條棧道便是村裡唯一的大街，5 分鐘

可以從頭走到尾。我們分配到的小木屋在第一排房子後的坡地上，爬幾階木梯就到。木屋門一打開，玄關裡赫然站著一台跟我一般高的巨大老式鑄鐵燒柴爐。入住後史提夫的第一件工作，便是點爐燒柴，經過半個鐘頭又吹又搧，爐是點燃了，四壁蕭條的室內還是冷颼颼。

蜀道難！領人回到拓荒時代的電報灣遊客有限，大家都衝著同一個目的而來：來看逆戟鯨，海洋食物鏈中睥睨群雄的頂層掠食者！

逆戟鯨俗名殺人鯨，又名虎鯨。牠不是鯨，而是海豚科中體積最大的成員，全球海洋都有牠的踪跡。在逆戟鯨研究之父，加拿大海洋生物學者麥可·畢格（Michael Bigg）於 1970 年代開始以每頭鯨獨特的背鰭及背鰭基部灰色鞍形斑塊照相存檔、進而辨識個體以前，逆戟鯨令科學家十分困惑，摸不著頭腦。牠神出鬼沒，無處不在，顯然智能極高，適應力極強，但行為表現卻毫無章法，獵捕方式和對象完全隨機。

經過 30 年系統化研究，畢格及他帶領的研究團隊發現原來逆戟鯨因不同的社會結構及食性，可分成三大類，各不相交；即定居型、過境型和外海型。定居型逆戟鯨只吃鮭魚，活動區域北至阿拉斯加東南角，南至美國奧勒岡州沿岸，母系家族龐大穩定，永遠同進退。過境型逆戟鯨專獵各種海洋哺乳動物，如鯨、海豹、海獅、海豚，偶爾還吃海鳥。可能因為獵捕時必須具備高度機動性，其族群結構並不緊密，通常只有 2 到 6 隻一起行動，出沒於整個北美洲太平洋沿岸。過境型和定居型的領域重疊，但彼此迴避，沒有互動。至於外海型，科學家至今對牠們了解不多，只知道牠們經常大群出動，數量從 20 頭到 200 頭不等，可能專吃鯊魚及其他成群遷徙的大

型魚類。[3]

　　由於畢格的推動，海洋生物學界對定居在溫哥華島北岸至華盛頓州聖胡安群島之間的這群逆戟鯨，了解最為透徹，每頭都給取了名字、拍照及採集 DNA 存檔。牠們又被分為南北兩族。常在華盛頓州沿岸活動的南族只由一個氏族組成，成員共 88 頭鯨；待在溫哥華島北邊的北族又分成三個氏族，總數量近 250 頭。南北兩族十分有默契，從未在同一塊海域出現過。

　　海倫還在襁褓中，我們曾赴聖胡安群島小住，就在星期五港口旁看過逆戟鯨成群遊過島嶼間的狹窄海峽。聖胡安是渡假勝地，極熱鬧，凡是可以想像到的海上活動，都可以在海峽內進行，海上交通用「車水馬龍」形容不為過。遠遠看見一排黑白相間的背鰭從船隻及泳客間切過，令我覺得不可思議，印象深刻。

　　由於聖胡安群島嚴重的噪音及環境污染（噪音會擾亂逆戟鯨的聲納系統；污染後鮭魚不來，食源就沒了！），定居的南族數量持續下降，瀕臨滅絕。定居在溫哥華島北岸的北族所受的干擾雖少，數量較多，卻也因為同樣的因素而瀕危。

　　電報灣緊扼溫哥華島東北部與加拿大本土之間強森海峽的咽喉，東北方廣大的海域即是英屬哥倫比亞省的海洋公園，東南方毗鄰羅布森淺灣（Robson Bight）。每年夏天太平洋裡的鮭魚洄游，必須通過強森海峽這個瓶頸；海洋公園明令保護所有海洋生物，有大量海獅、海豹、海豚、魚類及海鳥棲息；羅布森淺灣內的卵石灘是

3　近年科界家證實這三種逆戟鯨為不同的亞種，並且又發現了另外四個亞種，遍佈南北極及其他海洋。

世界聞名的「逆戟鯨搓身灘」，只允許科學研究者進入。電報灣占地利之便，一開始便參與逆戟鯨研究，成為重要的出船點。我小時候最愛看的海洋生態紀錄片主持人，法國的海洋探險先驅及潛水水肺發明人雅克・庫斯托就曾經讚美電報灣，是「在殺人鯨的自然棲地觀賞殺人鯨的最佳地點之一。」

隔天登船出海前，我把帶來的衣服全穿上，毛線帽戴上，再把弟弟塞進嬰兒背袋裡，最後穿上厚外套，將拉鏈拉到他領下，讓他緊貼我胸前，只露出一個小臉蛋。但只要一走出船艙，站在甲板上，仍感到寒意襲人。

那天又是個陰天，雲靄翳空，海面上飄浮薄薄一層羽毛狀的白煙。一上船，隨船生物學者兼嚮導便興奮地報告，昨天出的船正好碰上一小群過境逆戟鯨攻擊一頭小鬚鯨致死，全部過程近 3 小時，驚心動魄，賞鯨船因此延遲返港。其實這椿大新聞昨晚已傳遍度假村，晚上還有一大群定居逆戟鯨貼近港口，讓坐在棧道盡頭「殺人鯨餐廳」裡的客人「校閱」。可惜，司馬家都錯過了。

嚮導接著拿出三只裝滿逆戟鯨鯨脂的高玻璃瓶，鯨脂下半部被染紅，上層為原來的白色，三瓶紅白比例不同：第一瓶紅色占60%；第二瓶占 80%；第三瓶占 98%，白脂只剩下薄薄一層。嚮導告訴我們，紅色代表逆戟鯨體內的多氯聯苯，即戴奧辛污染！海洋是地球的污水槽，人類製造多氯聯苯，因為這個化學品非常穩定，不溶於水，又耐高溫，太好用了！但多氯聯苯溶於油脂，有劇毒，沖進海裡，直接被微生物吸收。逆戟鯨位於食物鏈頂端，受污染最嚴重，毒全儲存在鯨脂內。雄鯨的污染又比雌鯨嚴重，因為雌鯨每次懷孕和餵哺幼鯨，都可以將毒大量卸載給幼鯨。

嚮導要我們猜哪一瓶是定居的，哪一瓶是過境的、或外海的？

　　我們都猜對了。離人類遠遠的、在外海討生活的，中毒最輕，60%。只吃鮭魚的、定居在北美沿岸的，中毒程度居中，80%。專吃其他鯨及海洋哺乳動物的，中毒最深，98%！

　　飽受驚嚇之後，我們聽見船長報告將有一群定居逆戟鯨經過，大家立刻忘了殘酷的現實，興奮衝出船艙，沿甲板站立。

　　此時海上霧更濃，空中的與海面的黏結成一體，如一疋濕透了的白布，沈重地自灰暗的天際垂下，罩住悄然的世界。船彷彿駛進一座巨大無邊的三溫暖池，只不過白色水氣貼在臉上，不燙，反而冰涼。遠遠有一群露出水面的三角形背鰭自 11 點鐘方向出現，自左往右平緩移動。船長將船速放慢，引擎聲立刻變小，彷彿水裡傳來低低的鼓聲，和小浪舔舐船底的吸吮聲此起彼和——「噗！噗！噗！噗！」…。

　　船逐漸接近那群移動到正前方的背鰭，即使用肉眼，也可清楚看見它們的大小及形狀迥異、錯落交疊，擠成一團，數不清到底有幾頭，總在 20 頭上下吧。多數背鰭接近正三角形，但頂端圓圓軟軟地往後垂，那些應該是雌鯨。領頭的也是這個形狀，她該是女家長！少數背鰭既高又挺、頂端尖銳，他們是成熟的雄鯨，卻一輩子跟著媽媽或祖母。背鰭特別高大的雄鯨都游在鯨群外圍，其中有兩片出奇高壯，近距離觀察才意識到僅是那樣一片逆戟鯨的背鰭，就比一個普通男人更高大、更重！背鰭黑色橡膠似的平滑皮膚，因包裹巨大強韌的肌肉而緊繃，在幽明的水面上閃閃發光。

　　鯨群成員陸續通過正前方，大大小小圓拱的背和頭、鯨鰭下方的灰色鞍形斑、及白色眼後斑皆清晰可見。每一頭鯨都這麼靜靜地

往前游，沒有躍身擊浪或浮窺等戲劇化動作，也沒有哪一頭翻滾側身、用胸鰭或尾鰭拍打水面。嚮導低聲告訴我們，牠們正在午睡！逆戟鯨經常小憩，時間1至6小時不等，鯨群會一起進入睡眠狀態，放慢游速，同步呼吸。這時船長緩緩將船頭調個方向，尾隨鯨群。透過望遠鏡，我看見墊後的一對母子，小鯨緊貼著雌鯨，小鯨的眼後斑純白得發亮，看不清牠的眼睛是睜是閉。一大一小緊緊依偎的背影，久不久同時從頭頂氣孔裡噴出兩團蓬鬆鬆的水氣，也是一大一小。牠倆就這麼安安穩穩地，尾隨著家人，漸行漸遠。

看到這裡，我的心也突然感到安穩，平靜了下來。這樣就夠了！此行值得了！

傍晚時分，我們在棧道另一頭的泊船小碼頭旁巧遇隨船嚮導，她提到碼頭另一端那幾棟和棧道老村極不搭調的組裝屋，是即將分期推出的私人住宅區建築用地。預期著勢不可擋的開發變化，她的語氣夾雜興奮、憂感與無奈。我只覺得不可思議，這麼小的海灣腹地，這麼小的碼頭，怎麼可能開發出一個大社區呢？[4]

4　通往電報灣的碎石路終於在2006年舖好。目前渡假村已加蓋大型野營車營區、擴大泊船碼頭。私人住宅區第一期房屋已交屋，正在推出第二、三期。航空照片顯示電報灣周遭的林地已所剩不多。儘管美國在三十多年前已禁用多氯聯苯，然而逆戟鯨受其污染繁殖及免疫系統功能受害的問題愈形嚴重，最新一期（2018年九月）科學雜誌發表研究預測，全球50%的逆戟鯨族群將在未來50～100年內崩潰。

佛羅里達

　　我懷著得意的心情帶弟弟去加拿大探親，結果媽媽、姊姊、嫂子都異口同聲、不只一次提醒我，說弟弟看起來臉色蒼白，毫無血色，問我餵他吃得夠不夠。弟弟向來乖，從不抱怨，又睡得安穩，旅遊期間精神也很好。8個月大的他副食吃得多，不再忌口。中國菜味道重，大嫂的拿手絕活如餃子、蔥油餅，我加點湯，打成稀泥，弟弟吃得津津有味、兩眼發光。於是我總回答他是混血兒嘛，皮膚當然白囉，從沒把她們的關切放在心上。

　　在溫哥華島上，天氣涼，又常在海邊或海上活動，連我也注意到他的確臉色卡白，小嘴發紫，看起來總是一副可憐兮兮的模樣，心裡才開始犯嘀咕。一返回休士頓，便提前帶他去做9個月例行檢查和打疫苗針。沒想到小兒科醫生一看見弟弟，不等我把話說完，就下了診斷：她認為弟弟的確貧血，交待不必等驗血報告，當天回家就開始早晚各給弟弟補充一瓶嬰兒奶粉。

　　我既震驚又慚愧，心中對兒子充滿愧疚。「第一個孩子照書養，第二個孩子照豬養！」，就因為他乖，從來不鬧，我這個當媽的把他餓成貧血了！醫生見我神色有異，趕忙安慰我，說這個年齡的嬰兒貧血很普遍，因為副食可以撐飽小肚子，養份卻不夠。

　　這是我第一次受這種教訓：做父母的不可自鳴得意，以為孩子照顧管理得好，一切都在掌控中；一有這種心態，馬上叫你樂極生悲！

弟弟各方面表現都可圈可點，讓爸媽省心省力，但他並不完美，也有令爸媽頭大的地方！不講話以前，他十分安靜；一旦開始學講話，從此講個不停，而且同樣的話不斷重複，一遍又一遍。我給他取個外號，叫他「留聲機」。平常我在家裡忙，他在旁邊學走路、玩玩具，總是嘰哩呱啦講不停，每講一句就盯著我看；我若沒反應，他必定不斷重複，絕不善罷干休。可愛是可愛，久了也是一種疲勞轟炸。

　　弟弟還愛吐。吃母奶和後來補充流質副食的階段，沒有問題。等到開始吃固體食物，就經常嘔吐。每次吐，沒啥先兆，食物送進嘴裡，嚥下去了，只見他眼神不對，表情僵住，有時反胃作嘔一次，有時連作嘔的動作都沒有，說時遲、那時快，小嘴一張，所有剛吃下去的食物，一股腦兒全噴射出來，濺得一桌一地，甚至吐到旁邊人身上。瞬間製造大規模髒亂的他，這時總是一臉訝異又無辜的表情，瞪著眼前他吐出來湯湯水水、五顏六色、大大小小顆粒狀、塊狀和條狀的食物。這時我和爹地必須將手邊正在進行的工作全擱下，把弟弟從高椅子裡提溜出來，一個人給弟弟換圍兜、衣服，另一個人去擦桌子、擦地板。如果弟弟嘔吐的時候只有媽咪或爹地一個人在場，那就更慘了，那個人得做所有的清洗工作，中斷餵食的時間會拖得更長。

　　剛開始我們還耽心，怕他有毛病，或怕他吐了難受，影響食慾。後來發生次數太頻繁，大家見怪不怪。等煩人的清洗工作做完之後，我們再把他塞回高椅子裡，多半他會繼續進食，彷彿沒事兒似的；偶爾他會拒絕再吃，我和史提夫也不勉強，沒力氣管了。

　　就這樣，弟弟得到他的第二個外號：「嘔吐大王」！當他身體

不舒服，嘔吐機率更高；即使沒生病，他隨時也可能嘔吐，看吐多吐少而已。就這樣，司馬家的留聲機持續嘔吐，從他一個人坐，吐得整張高腳椅一蹋糊塗，到後來他跟全家一起坐，吐一大灘在餐桌上。我和史提夫的反應從耽心、到氣結、最後變成逆來順受，就連海倫也習慣了。不知多少次，我們一家四口一起吃晚餐，就在大家有說有笑的當兒，弟弟突然安靜下來，兩眼發直，開始作嘔，接著張大嘴、又吐得滿桌都是！噴射完畢，全家靜默數秒鐘，沒人出聲，也沒人動，一起瞪著那一大灘半咀嚼半消化後的嘔吐物。過了那幾秒鐘之後，媽咪爹地才嘆口氣，放下碗筷，站起來，開始清潔工作。海倫和弟弟則靜靜等候，等爸媽清洗完畢，大家再繼續進餐。

我和史提夫一直不懂弟弟為什麼這麼容易嘔吐，直到多年以後，等弟弟可以明確地分辨、分析及描述自己口腔內的觸覺之後，才替我們解開這樁疑案。原來當他吃到任何觸感和質地像肥肉的食物，就會作嘔。小時候不懂得克制自己，一反胃就讓它吐出來，長大以後才慢慢學會把想吐的衝動按捺下去。

弟弟遺傳爹地的敏感體質，除了吃到像肥肉的食物立刻作嘔，小時候還對很多東西過敏。最普通的抗生素「阿莫西林」會讓他全身起紫色突起的斑塊，看起來像隻大蜥蜴。生在德州，他很不幸地卻對火蟻的蟻酸嚴重過敏，只要被火蟻一叮，立刻腫起大水泡，一兩個星期才消。海倫有一段時間騎馬，我們又發現弟弟只要一去馬場，必定全身起紅疹；弟弟很快就記取痛苦的教訓，即使奇癢無比，也得忍耐著不能揉眼睛、不能抓癢！幸好他對狗不過敏，還可以抱抱凸凸！

弟弟還遺傳了爹地的花粉熱，尤其怕苜蓿花。暑假回英國我們常租運河船遊運河，有一次經過一片苜蓿田，美得像一張又綠又軟、香味襲人的巨床，姊弟倆好開心，奔過去躺在田裡做雪天使。等我在船上把晚餐做好，喚他們回船吃飯，弟弟進船艙的那一刹那，我真認不出來是他，因為他整個頭、整張臉都腫了，兩隻眼睛被擠成兩條縫。我心想：哪裡跑來一個蒙古小強盜？

老天給弟弟一個過敏體質，帶給他各種磨難，但他似乎天生是個樂天知命的人，依舊開心活著。鼻塞？那就用嘴呼吸！過敏起疹起斑、奇癢無比？上床睡覺，閉緊眼睛，明早醒來就好了！又吐了一桌一地？爸媽會清理，說聲「對不起」便可！

弟弟從小就懂得「請」、「謝謝」和「對不起」的魔力，尤其擅長說「對不起」！

弟弟出生後，每年三月，當倫敦仍籠罩在料峭春寒裡，婆婆會先飛來休士頓，一家五口再相偕去她最愛的熱帶海濱度個小假。

2003 年，我們開車去距離德州最近的佛羅里達州「鍋柄」狹地（panhandle），位於「翡翠海岸」心臟的德斯汀（Destin）。

美國 50 個州裡共有 10 州擁有所謂的「鍋柄」狹地。從地理的角度來看，「鍋柄」是從主要州領土延伸出去較窄的突出地帶；從意識形態來看，「鍋柄」區總帶著濃厚的邊地心態。德州也有「鍋柄」，在北邊、呈南北走向。德州的「鍋柄」面積是台灣的兩倍，但每平方公里的平均人口不到 3 人。我們曾經幾次驅車穿越德州「鍋柄」，一路上見到的「點頭驢」抽油泵比人多！

佛羅里達州的「鍋柄」可大不相同，它是觀光勝地，號稱「墨西

哥灣的遊樂場」，每年為佛州吸引數百萬觀光客來此消費，在全美十大鍋柄中坐第二把交椅，僅次於阿拉斯加東南角的「鍋柄」。阿拉斯加狹地有冰河森林峽灣、熊鯨狼猞猁；佛州狹地只靠陽光、熱帶氣候及「翡翠海岸」招徠遊客。

第一次踏上「翡翠海岸」德斯汀的海灘，感覺不太真實，因為顏色太美，彷彿走進一張旅行社海報：澄清的海水如土耳其玉一般藍中帶綠，沙灘上純白的沙來自阿帕拉契山脈被磨碎的石英，細如白糖，在陽光下閃爍發光。美是美，但不管在海裡、或在沙灘上，一片空曠，全無遮蔭。烈日當頭，海水與白沙再反射強光，別說我這個怕曬的東方女人被烤得心裡發毛，就連拜日族的婆婆也很快投降。最意想不到的是平常膽子大又特愛玩水的海倫，看見大海居然十分恐懼，無論爹地如何誘導，抵死不肯踩進浪裡。

我們在距離海邊十幾公里外的巨大高爾夫球場社區內租了一棟度假屋，白天一家老小躲在冷氣房裡休息，早晚去附近不同的游泳池及兒童遊戲場讓海倫和弟弟發洩精力。大型社區內有數千個單位的旅館、公寓、聯排和獨棟別墅，十幾處社區游泳池和兒童遊戲場，每一處都人滿為患，看來有小小孩的家庭，度假方式跟司馬家差不多，「翡翠海岸」只適合養眼。

2004 年，考慮預算（合理的價格便可租到夠大的度假屋）和天候（三月份就保證熱到攝氏 30 度以上，而且極少陰天），我們仍選擇去佛州度春假，但記取前一年的教訓，避開熱門的海濱度假勝地，沿墨西哥灣繼續南下佛州半島，停留坦帕市北邊、幾乎和奧蘭多平行的赫德森（Hudson）。

佛州與德州的開發史有許多平行之處，最重要的共同點，是1950年代冷氣機普遍化，對於這兩州城市及經濟發展所扮演的決定性角色。赫德森便是在五十年代由一群房地產經紀人合資找美國陸軍工兵部隊像開馬路似地開挖了40公里的運河，製造出數百平方公里的「濱水」黃金地段而發跡。赫德森雖然濱海，也有差強人意的海灘，更有多不勝數的大小遊艇，但感覺上不像度假勝地，十足是個退休城：城裡滿街都是銀髮族和藥店。

　　我們租的度假屋距離海灘尚有一段距離，也在一個巨大的高爾夫球場社區內。其實美國住宅區無論在哪裡都大同小異，無甚差別；佛州住宅唯一的特色，是每家院子裡的游泳池都很大，而且都罩在一個由鐵管支撐的巨大紗罩裡；大紗罩有門通往屋內，也有門通往庭院，只要把兩道門關緊，便可將小朋友安全圍起來，方便大人照管。媽媽們常講一句話：「小孩＋水＝快樂」，佛州的這個設計又讓我見證了「美國是兒童的天堂」！

　　和隔壁老夫婦聊過之後，才知道佛州海岸常遭颶風襲擊，加蓋大紗罩多一層保護；而且，老先生像是開玩笑地說，蚊蟲無妨，大紗罩是用來防堵鱷魚的！佛州有上百萬頭鱷魚，到處橫行，這可能並非玩笑。

　　海倫與弟弟整天穿著游泳衣和游泳尿片，游泳池裡玩膩了，就到院子草地上揀果子。偶爾我們開車去海灘野餐，已經參加艾德里奇眾湖社區游泳隊的海倫，和一年前不可同日而語，愛站在淺海裡跳浪。我和史提夫輪流抱弟弟陪她，讓弟弟也體驗被浪打濕的感覺。兩個小朋友咯咯傻笑不停，穿著紅色大花泳衣的婆婆坐在附近及膝海水裡瞇著眼睛曬太陽。小朋友不玩水，就玩沙；我們帶了小

塑膠桶和小鏟，姊弟倆聚精會神地蓋他們面目模糊、完全違反邏輯的沙堡，再忙不迭地來回奔走裝海水，好將沙堡徹底沖毀。

選擇赫德森的另一個原因，是因為該城以北綿延數十公里的海岸，幾乎全劃為野生動物保護區。那裡有一種我們想看的動物。

我們選了一天，大清早開車出發，一路上只見稀稀疏疏的海岸灌叢，其貌不揚。這一片海岸保護區擋住了城市、住宅區、渡假區及大型遊樂場的開發腳步，暫且留給佛州的原生動物。

40 分鐘後，抵達后牟薩薩溫泉（Homossasa Springs）州公園，園區含括由地下溫泉形成的后牟薩薩河及其流域，早在 20 世紀初已是著名觀光景點。因靠近出海口，鐵路乘客在溫泉邊下車休息，等待各種鹹水淡水魚產裝載上車，順便觀光消費。直到 1989 年佛州政府終於有預算買下這片地產以前，后牟薩薩溫泉一直由私人經營，靠終年維持在攝氏 22 度以上的恆溫河水，飼養來自國外的珍禽異獸，以及一批拍攝電視電影的「動物名星」，招徠顧客。隨時代演變，大眾對於「野生動物庇護所」的觀念改變，佛州政府接管後，陸續將具有異國情調的動物遷走，改養如短吻鱷、美洲鱷、山貓、黑熊、白尾鹿、水獺等佛州原生動物，其中最出名的成員就是海牛。

現今尚未滅絕的海牛有三種：西非海牛、亞馬遜海牛及西印度海牛；在佛州海域出沒的是西印度海牛。海牛的新陳代謝效率低，水溫若低於攝氏 20 度就會生病，甚至死亡，因此每年 11 月到隔年 3 月便有大群海牛聚集到后牟薩薩河及附近的水晶河（Crystal River）裡避冬。后牟薩薩溫泉州公園專門收養海牛孤兒及傷患，讓牠們常年住在園內。

一進州公園大門，沿河修築的棧道先領我們來到主溫泉池，也

是海牛餵食處。棧道伸展為一片上有鐵皮浪板、周遭圍有欄杆的金屬看臺，溫泉源頭便在看臺正前方，一方土耳其玉色、深不見底卻異常清澈的池水。看臺中央有樓梯向下通往著名的「魚缸」，一座168噸重的浮動水底觀景窗。

一上看臺，我們便看見河裡有三個巨大的灰色圓柱體在溫泉池附近緩緩移動。再仔細看，可分辨出每個圓柱體的前方突出四方形的嘴，後方則伸出一片笨重的槳狀尾巴。第一次近距離目睹這疑是傳說中令古代水手著迷發狂的美人魚，我不但驚訝，還覺得滑稽。一來牠們比我想像得巨大許多，每一隻都有兩三個人這麼長、這麼粗；二來牠們的皮出奇地厚，顯得十分臃腫呆鈍，怎麼會有人把牠們跟美人魚聯想在一起呢？

我跟著興奮的海倫下了樓梯，貼著玻璃窗往水裡看，不一會兒便發現海牛在水裡自有其優雅之處。牠們在各形各色輕盈穿梭的魚群間，慢擺著鰭狀的雙手，載沈載浮，偶爾升到水面吸口氣，再順其自然往下沈，總是那麼氣定神閑，老神在在。剛才覺得牠們臃腫，現在反而覺得人家挺「富態」的呢！

這時突然有幾顆彩色炸彈從空中掉進水裡，嚇我們一跳。不但眼前三頭海牛同時出了定，情緒略顯騷動，另外又有三頭不知打哪兒出現，大夥兒彷彿突然記起活著還有個目標，紛紛緩慢地朝炸彈接近。

新的彩色炸彈不斷落下，有圓的、有長的、還有開花的。海倫又竄上樓，原來海牛的餵食時間到了。工作人員把幾大箱的生菜、花椰菜、胡蘿蔔、大芹菜拋進水裡，6頭海牛擠在漂浮的蔬菜堆中，池面真像遭到轟炸一般。

工作人員開始講解，告訴我們眼前這 6 頭海牛都受過重創，不能再返回野外生存。這時我才注意到每一頭的背上都有多處巨大的白色傷疤，有一頭槳狀尾缺了口、還有一頭鰭狀手被截肢。因為海牛行動遲緩、但好奇心重，佛州海牛遭到最大的威脅，便是被人類船隻的螺旋槳擊傷，或被撞死。

　　成年海牛每天必須攝取相當於自己體重 10% 的紅樹葉及海草，也就是說眼前這幾頭每天得吃下四、五十公斤的生菜沙拉。然而牠們仍舊慢吞吞的，只在生菜堆裡拱來拱去，似乎完全不急於進食。

　　這時一位穿制服、慈眉善目的老先生，將個錫水桶高高提在頭上，從河岸緩緩踱進水中。海牛不約而同全朝他游過去，繞著他身體轉，還不停用鼻子拱他。老先生走到水深齊胸的溫泉池邊站定，笑容可掬地從錫桶裡拿出切成一塊塊的地瓜，低頭一邊餵食、一邊跟圍著他的海牛講話。幾頭海牛顯然樂上了雲霄，紛紛轉身面朝上，把鰭狀手和鼻吻部露出水面乞食，我這才看清楚原來海牛的鼻子可以伸縮，挺長的，跟海獅鼻子很像，上唇裂成兩瓣，鼻吻周圍長滿粗硬的鬍鬚，鬚根球大而突出，又是動物界醜拙到極點，反而顯得極可愛的好例子。

　　海倫和弟弟彷彿被催眠似地，一動也不動，直到老先生把桶裡最後一塊地瓜餵完，才回過神來，拉著我再下樓梯進「魚缸」。點心吃完，幾頭海牛才開始認真吃正餐。牠們像陸牛一般嘴裡不停咀嚼，同時一邊游動，一邊用分成三瓣的厚嘴去咬生菜，偶爾用鰭狀手把菜撥進嘴裡。也有海牛沈到水底，用鰭狀手杵進沙中，低頭去揀胡蘿蔔，蠕動鼻吻部，將根菜一節節慢慢塞進嘴裡。這時有一頭海牛在覓食間，不知是故意或無意，竟以超慢速度筆直朝人類觀

眾游過來，眼看即將撞上玻璃窗，觀眾們一陣驚呼，都替牠捏把冷汗。海牛顯然剎車不及，真的撞上了，柔軟的鼻子與厚嘴唇陸續被壓扁，貼上玻璃。一個三度空間的海牛頭，在我們眼前慢慢被擠成一張二度空間的海牛臉，貼在窗上，扁鼻子上方清楚可見兩粒鈕釦般的小黑眼睛，仍不露一絲驚惶神色。果然，反彈力即時起了作用，在小鈕釦眼睛撞進玻璃之前，將海牛以超慢速度往後彈。等倒退終於停止，牠才悠悠轉個身，繼續去找吃的。這段卡通表演讓魚缸裡所有的小朋友樂不可支，一個個笑得東倒西歪。

海牛每天花一半的時間在淺水處的水底睡覺，顯然我們觀察到的，是牠們最活躍的時段。我們在溫泉池旁待了很久，然後沿棧道走了一小段路，看看別的動物，再在河邊找一張有樹蔭的公園椅坐下，吃帶來的午餐。可能是受到素食主義的海牛愛好和平、與世無爭性情的感染，全家老小一致同意這趟出遊十分愜意、心情舒暢！

猶_加敦半島上的馬雅里維埃拉

　　2004 年兩位小朋友對海洋的接受及喜愛程度大幅提高，2005 年春天我們決定繼續向熱帶海洋挺進。

　　史提夫在墨西哥猶加敦（Yucatan）半島上的阿庫毛（Akumal）城內租了一棟度假屋，婆婆飛來休士頓先休息幾天，全家再一起坐 2 小時飛機，飛越墨西哥灣，在半島東北角的坎昆（Cancun）落地。坎昆隔加勒比海與古巴相望，是旅遊熱點，許多休士頓本地人，尤其是小孩在青少年齡層的家庭，每年都去坎昆浮潛或潛水。飛機降落前先沿半島尖端長長一段圓弧形海岸線低飛，碧藍海水、純白沙灘的後方，巨型旅館一座連一座。飛機接著掠過人口超過 50 萬的水泥叢林市區，低得彷彿將掀掉密密麻麻的屋頂似的。就連在空中，我都能感受到那城市沸沸湯湯的脈動。

　　猶加敦半島，我慕名已久。只要論及 6 千 6 百萬年前因巨大隕石（估計其直徑有 14 公里！）撞擊地球而引起恐龍大滅絕的理論，肯定會提起這個半島。撞擊後形成直徑達 180 公里的隕石坑，即以現今猶加敦半島上的契克蘇勒伯城（Chicxulub）為中心，涵蓋半島西北角及北方海域。隕石坑雖已完全埋入地下及海底，仍可從衛星照片上清楚分辨。撞擊後令石灰岩層變薄弱而形成的「溶井圈」（Ring of cenotes），與馬雅古文明息息相關，吸引大批來自各國的科學家前來進行自然、考古、人類學等各項研究，也成為現今墨西哥吸引觀光客的重點。

下機後，史提夫租了車，沿號稱「馬雅的里維埃拉」（Maya Riviera）海岸南行 90 公里才抵達目的地阿庫毛。法義兩國的里維埃拉海岸山巒直接入海，公路多蓋在山上，大海與濱海城市可盡收眼底。猶加敦的里維埃拉海岸地勢平坦，海洋只能偶爾遠，映入眼簾的全是一座座蓋得富麗堂皇、稀奇古怪的旅館大門，以及每一家強調特色主題的造園工程和圍牆。[1]

我們租的度假社區連大門都沒有，躲在雜樹叢和曲折小路盡頭。進社區後也看不見海，只見鱗次櫛比的連排別墅。等拿了鑰匙開門後，進入屬於自己的小單位，眼前才豁然開朗：樓中樓、全舖上淺色木頭地板、挑高的天花板，寬敞的落地窗，樓下為開放式空間，廚房餐廳起居間連成一片，明亮清爽，屋內擺設簡單（這一點非常重要，我不必耽心小朋友砸壞東西，一進門就得忙著收藏！）。原來剛才進來的是後門，前門外有寬大露台，掛了一張布織吊床和一具鳥巢形的藤編吊椅，露台外是圓形社區共有的下沈花園，大片草地中央有個小巧的游泳池。

我對史提夫的選擇非常滿意，想像未來一週終於可以享受悠閒的度假情調。5 歲的海倫愛玩水、水性佳，2 歲多的弟弟雖然還不會浮，但他對姊姊崇拜得五體投地，只要雙臂各戴一只充氣臂圈，無論姊姊去哪裡、想在水裡待多久，他永遠甘為跟屁蟲；我和婆婆只需坐在露台上監看便可！太完美了！

小朋友們迫不及待剝掉身上的衣服，換上泳裝，爹地和我忙不

---

[1]　近年墨西哥治安極亂，幾已成為外國旅客禁地，但這塊海岸為吸引外資的主要景區，沿路有持槍警衛把守。

迭把他倆揪住擦防曬油，再幫弟弟把臂圈吹飽氣戴上。看他倆跳進池裡，我才轉身進屋拆行李，讓爹地也換上泳褲，下池去陪孩子！陪孩子游泳可不是件好差事，得讓兩個小孩在你身上不停爬上爬下，還得當拋擲小孩的機器，輪流把姊弟倆舉高、丟進水裡！我不羨慕爹地，寧願工作。

等我終於收拾完畢，婆婆已泡好茶，我把小朋友的餅干找出來，喚大家回屋吃點心。等爹地和海倫都上來了，我端著茶杯，正想坐進鳥巢吊椅裡休息一下，忽見弟弟獨自低頭蹲在砌石小徑旁的草地上。我好奇地走下小徑，想看看到底是什麼東西吸引了他的注意力，讓他居然對點心時間無動於衷？走到他身旁，一眼就瞥見石頭周邊草地上散佈著我再熟悉不過的紅色沙粒和迷你沙丘，一個恐怖的念頭掠過心頭：「完了！這裡有火蟻！大家都光腳！」

我趕緊在弟弟身邊蹲下，他正一聲不吭、猛拍自己的右腳。我看見了最害怕見到的景象：一隻火蟻正拑在他小嫩腳上！草地上還有一小撮火蟻在鑽動！我手忙腳亂把茶杯丟下，將他右腳上的那隻捏死、拍掉，再一把拎起弟弟，奔上露台！這時史提夫已衝過來幫我檢查弟弟全身上下，幸好只在他的左腳底發現兩隻。那天下午，就在我的注視下，弟弟的兩隻小腳腫脹充水，變成了兩顆水粽子，右腳背上的水泡稍小，蓋住四根趾頭基部，左腳底的非常大，隔天包住整個小腳板。令我訝異的是，弟弟從頭到尾沒哭！他從嬰兒期就常被火蟻咬，咬後必定起大水泡，小兒科醫生建議我別把水泡戳破，怕傷口擴大後感染。於是每次起水泡，都得忍耐一兩週，才會慢慢消腫、結痂、脫皮。弟弟練就忍功，是逆來順受的高手。

隔天早上我們帶孩子去社區辦公室買浮潛器具，順便抱怨火蟻

事件。管理員立刻拿出餌劑，在史提夫的監督下施灑，忙活了一上午。這當兒，弟弟穿著游泳尿片、戴好臂圈、水粽般的腳上多穿了一雙海綿底涼鞋，得意非常地把他全新的幼童浮潛面罩歪歪斜斜掛在臉上，依舊跟在姊姊和別的小朋友後面，在池畔爬上爬下、跑來跑去、玩得渾然忘我。

接下來幾天，節目安排緊湊，每天都在外面跑。先去阿庫毛村裡逛，請本地墨西哥小姑娘幫海倫紮一頭小辮子，每根都串上彩色塑膠珠。小姑娘從泥牆木門內搬出一張板凳，放在村裡窄泥巴路中間，海倫就乖乖坐上板凳，一坐兩小時。大人把村裡小得可憐的觀光市場逛完，她的辮子還沒紮好。我從來沒見過海倫如此安靜、有耐性。我請小姑娘替弟弟也紮幾根留念，才紮好兩根，弟弟已如坐針氈，跳下板凳，一溜煙逃走了。年紀這麼小，男女差別已如此明顯。

我們分別遊訪兩處著名的古馬雅文明遺址：圖盧姆（Tulum）及奇琴伊察（Chichen Itza）。奇琴伊察為世界新七大奇蹟之一，占地極廣，多組宏偉的石頭建築遺跡分佈於 8 平方公里的範圍內。司馬家只在北邊的主祭典廣場逗留，沒走去老區，也沒去看獻祭之井。烈日當頭、氣候炎熱，僅在廣場內繞行便夠嗆。

猶加敦半島因其石灰岩地質，雨水全流注地下，地表乾燥。奇琴伊察坐擁三口終年水量充足的溶井，成為古馬雅文明的政經中心，全盛期自西元 7 至 13 世紀。城內三口溶井至今留存兩口，其中獻祭之井是雨神的祭台，考古學家從井裡撈出大批金飾、玉器、陶器，以及骸骨上留存獻祭傷痕的活人祭品遺體。近年國家地理雜誌贊助的探險隊尚在別處溶井內發現百人塚，疑似社區公墓。總之，

溶井乃古馬雅民族之聖地，被視為通往神靈世界的通道。

　　一進廣場，氣勢雄偉的巨型建築環伺，第一印象極具震撼效果。婆婆一面低喊：「Aw-shucks!... Shucks!...」，一面隨我們走到武士金字塔外的千柱大廳，卻在碎石堆垛、坑窪不平的台階前止步，示意要我們自去遊覽，她在外圍等著。

　　千柱大廳其實是武士金字塔西南兩面牆外分成三大區塊的裸露廊柱，樹立在不同高度的石階和石臺上，原本支承屋頂，形成一座超級室內大廳，可能用作市場或集會廳。每根石柱至少兩、三公尺高，重達數噸，形狀有方有圓，方形的四面刻滿像人又像獸的浮雕，圓形的則由鑲細鵝卵石的環形紋裝飾，皆厚重古雅。我讓踩著軟海綿涼鞋的弟弟自己走，跟在他後面，看他牽住姊姊的手，兩個小人兒踽踽穿梭於巨大石柱間，遭遇碎落石塊與大石階，還得手腳並用攀爬。

　　奇琴伊察鼎盛時，東方大唐首都西安，堪稱當時全世界最大都市；我認為美洲古印地安人在奇琴伊察留下的文明遺跡，足堪抗衡。何謂文明？文明之濫觴不就是人對於「大我」（天體、大自然）與「小我」（個人軀體內的七情六慾）之間關係的省思及探索嗎？因為嚮往大我，人類追求平衡規律、柔美與力量、宏觀與細節的再現。這些特質，我都能立即且全面性地在奇琴伊察強烈感受到。

　　我和史提夫隨小孩在千柱大廳裡磨蹭許久，見孩子們想沿著武士金字塔的巨石階梯往上爬，才趕緊牽他們離開。左顧右盼，發現婆婆早已走回靠近入口的一排樹蔭下站定等著。會合之後，婆婆提議由她看孩子，史提夫和我去爬一座金字塔。我們決定登上最雄偉的羽蛇神（Kukulkán）金字塔，並指給兩個孩子看。廣場內禁止小

販入內，無法買零食當賄賂品，廣場內也沒有讓遊客坐下休息的設施，兩個小孩居然沒吵著要跟，心甘情願隨奶奶站在樹下等。想必在幼童眼裡，遠遠那座山一般高、荒涼赤裸的灰黯石塔，有點嚇人吧。我把背包裡剩下一包早餐穀類神奇圈圈掏出來，海倫立刻眉開眼笑接過去，開始你一顆我一顆跟弟弟分著吃。

馬雅金字塔雖然也分成四面，但外觀稜角多，層層堆疊。羽蛇神金字塔經過修復，塔高 30 公尺，由 9 層平臺堆砌，每層高約 2.5 公尺。最頂層的神廟為一四方型封閉式建築，高 6 公尺，巍峨雄峙於天際。塔的每一面中央都有一道浮出的階梯，拾級而上，便可抵達頂端的神廟。石階底延伸出的兩座巨大石雕蛇首，看起來不太像蛇，倒和東方的龍有異曲同工之妙。每年春秋分，晝夜等長時，當太陽逐漸西下，隨太陽移動，在約 45 分鐘時間內，建築本身會在北面台階投下蛇狀陰影，蜿蜒下滑，最後銜接地面的蛇首，畫龍點睛，令整條巨蛇神形俱全，降臨人間。這是個令人屏息的時刻與場景，古今皆然。羽蛇神是古馬雅人的肥沃之神，能賜予農作豐收與人畜生育力。如今每逢春秋分，觀景人潮仍擠滿廣場、萬頭鑽動，那是來自全世界的觀光客了。

我和史提夫走了一大段路才穿越廣場，來到塔底。往上看，石階級級分明、還算平整，開始爬之後，才發現登塔並不容易，出乎意料。等終於爬到頂，我不但氣喘吁吁，且手腳發軟，心裡發毛。一來石階陡，斜度呈 45°，爬起來吃力；二來台階寬，兩邊既無圍牆，也無欄干，走在中間感覺空晃晃、彷彿人懸在半空中，若靠邊走更可怕，台階下斧劈刀削似的斷壁和萬丈深淵般的地面一覽無遺，只要一個步伐踩不穩，身體稍微晃動一下，立刻頭發暈、心亂

跳。我想這可能就是懼高症的感覺吧！

塔頂神廟邊門窄小，廟內乍看一片漆黑，室如懸磬，除了靠牆蹲一座暗紅色的美洲虎寶座，和一座「恰克莫雕像」[2]，沒有其他擺飾，石壁上也無浮雕或壁畫，氣氛陰森。我踱出正門，廟外亦空空如也，然而居高臨下的視野非比尋常，地面人群如螻蟻，全在你腳下。

凝視危傾直下的石階，我想像千年前活人祭的場面：黑祭司的一群助手，和雨神同名的「恰克」，押著全身被塗成藍色的活人祭品走上金字塔頂端（好慘啊！死之將至，還得爬這段艱苦的台階！）。到了塔頂，幾位恰克將祭品按在祭石上，壓住他的手腳。黑祭司走近，高舉黑曜石刀，用力一擊！再切開祭品的胸膛，扯出心臟，交給大祭司，恰克們立刻將死者推下塔去！想到這裡，懼高症暈眩感再度襲來。

比起創造另一個古印地安文明的阿芝特克人，馬雅人性情較溫和，並不特別殘酷好戰，或嗜殺活人祭祀。這也是為什麼經過西班牙帝國的占領，阿芝特克人滅絕了，馬雅人卻生存下來，融入現代社會。古馬雅人醉心的是天文和星象，因此馬雅文化的最高成就在於曆法及數學。然而，具備嚴謹科學精神的馬雅人依然嗜血，相信流血及犧牲生命才能取悅神靈。他們獻祭大量動物，包括鱷魚、鬣蜥、狗、山豬、火雞、甚至美洲虎！活人，更是至高無上的犧牲品！

終於手腳發軟地爬下金字塔，走回樹蔭底，廣場上穿梭的觀光

2　象徵犧牲的武士，整個中部美洲古文明神廟內經常可見，總在腹部懷抱一個祭盤或祭碗，可能用來盛裝祭品的心臟。

客人潮已愈來愈擁擠。婆婆顯然已經站累了，兩位小朋友也等不及想回度假屋的小游泳池玩耍，一包神奇圈圈的力量畢竟有限。蜻蜓點水後，司馬家告別了奇琴伊察。[3]

　　赴奇琴伊察之前，我們先去了圖盧姆，因它就在阿庫毛 25 公里以南的海岸上。

　　圖盧姆是古馬雅文明末期建造的城市，昌盛於 12 到 15 世紀。16 世紀初，西班牙人登陸，橫掃墨西哥，征服者從舊大陸帶來的疾病，意外成為消滅新大陸印地安人最有效的武器，就連普通小感冒都能致死。圖盧姆居民人口驟減，很快整個城市遭棄置、荒蕪。這個文明遺址很特別，是個濱海港城，從事海上貿易，因此防禦設施至關重要。圖盧姆人沒營造特別宏偉的神廟和金字塔，卻不餘遺力地築起一座獨一無二、巨大厚實的護城牆（厚 7 公尺，高 3～5 公尺！），將城市不臨海的三面全圍起來；對現代觀光客而言，圖盧姆是唯一一座以海為背景的廢墟（而且是加勒比海！）。一座蒼老的廢墟，荒涼俯看生機勃勃的碧綠海洋與銀白沙灘──死亡與生命、古老與年輕、冷寂與熱情…，極端的對比並置，引人遐思！

　　下車後我對古城的第一印象是炎熱、風沙、擁擠與嘈雜。城牆

3　奇琴伊察遊客眾多，幾乎每位遊客都想攀登金字塔，廢址的石階、石牆飽受遊客踐踏與塗鴉磨損蹂躪，以及汗漬的侵蝕，管理當局老早埋怨維護不易。2006 年 1 月 5 日，在我們登塔 9 個月之後，一位 80 歲的美國老太太在下塔一半時滑一跤，從 18 公尺高的台階落地死亡。這次意外無疑是最後一擊，管理當局立即將羽蛇神廟及其他金字塔全部牽繩圍住，禁止遊客再入內攀爬。

外擠滿小攤販，數不清的灰黑色大鬣蜥就在攤販的木桌和篷布上爬跳，小販與鬣蜥無視彼此，和平相處。入口外正在進行一項「民俗表演」，只見草地上矗立一根插入雲端的粗木樁，四位穿著鮮豔紅白制服的男人，腳被繩縛住，從樁頂倒掛下來，面朝外，兩臂伸展，在空中繞木樁旋轉！木樁頂還站了另一位穿同樣制服的男士，正興高采烈地表演一人樂團，一邊吹笛子、一邊敲打擊樂器，不時還在寬不盈尺的樁頂上蹦兩下、轉半圈。習慣看中國特技表演的我，不為其難度咋舌，而是訝異於這場具相當危險性的表演如此不拘小節、氣氛隨便。草地上不設安全網，粗木樁前擺了幾把木頭長凳，觀眾沒坐滿，倒有大批遊客站在遠處觀看。幾位穿便服的當地人一邊高聲談笑、一邊漫不經心地招攬新來遊客入座。史提夫有懼高症，看了難受，逕自去買門票，催一家人進古城，我因此沒看見那 4 位頭下腳上的男士和兀自憑風站在 30 公尺高樁頂的樂師最後如何下地。[4]

進了城牆，又見數不清的灰黑大鬣蜥在頹垣破壁間爬跳，你若駐足觀察牠們，牠們就回瞪你。有幾座建築遺跡保存較完整，稱不上壯觀，但造形典雅。最大的「城堡金字塔」與小型「風神廟」雙雙蓋在 12 公尺高的海崖上，視覺效果強烈，令人難忘。

我們站在斷崖上，看見不少人在崖底的白沙灘上戲水。我們沒帶泳衣，並不感到遺憾，因為太陽實在太毒辣！最吸引我目光的，

4　「飛行者之舞」（Danza de los Voladores）是印地安人向鳥神祈雨的儀式，在中部美洲流傳數百多年，已被 UNESCO 列為非物質文化遺產。

是海灘一角堆積如山的巨蚌殼，顯然這段海灘還是饕客們大啖海鮮、飲酒作樂的地方。

圖盧姆原名「黎明之城」，因為城市面朝東方，居民每天都可以觀賞海上日出。我倒覺得它該名為「末世之城」。馬雅文明全盛期於西元 9 世紀結束，圖盧姆搭上的是最後列車。馬雅文明原本肇基於農業，發明了許多精密的灌溉系統，同時改良了玉米，造福全世界；圖盧姆的居民棄農從商，靠交易綠松石和玉石便可過富裕生活，居住環境又如詩如畫，何必再努力蓋什麼大金字塔呢？每天只需躲在厚城牆內，看看日出、戲戲水、夜晚賞月、吃海鮮，夜夜吟唱馬雅版的「赤壁賦」──肴「蚌」既盡，杯盤狼藉，相與枕藉乎「沙灘上」！

或許，即使圖盧姆人不享樂，也逃不過被異族征服、城棄人亡的命運。或許，只有文化包袱特別沈重的中國人，才會面對浪漫旖旎的加勒比海岸，聯想到「末世景象」！

司馬家也享受了「加勒比海式」的戲水之樂，去「笑哈」（Xel Ha）水上樂園裡消磨一整天。

「笑哈」是墨西哥自封「生態旅遊領導」的伊斯卡瑞集團（Xcaret Group）旗下眾多主題樂園之一，位於阿庫毛和圖盧姆之間，將河流出海口、潟湖及周邊熱帶雨林圍起來，利用淡水鹹水及地下水流混合造成的多樣化棲地，提供多樣化休閒活動及場地。園內並含括一小部分以之為名、真實的古馬雅文明遺址。笑哈樂園畢竟是商業化的大眾遊樂場，人工造景和擁擠為缺點，然而地理條件實在太優渥、天然資本雄厚，而且管理公司也的確落實了「經營永

續資產」的理念。

笑哈的門票全包，讓遊客在一天內吃到飽、玩到累！陸上活動包括可以進樹林裡散步、騎單車，或去吊床區小憩，但大部分遊客衝著笑哈的水上活動而來，在河裡乘橡皮圈漂流、游泳；在潟湖裡浮潛、潛水，或攀爬各式各樣的繩索及玩溜索。婆婆聽我們敘述笑哈樂園內的活動後，敬謝不敏，堅持獨自留在度假屋休息一天。

我們住得近，一早就到，卻驚覺停車場內已停了不少大型遊覽車，還有多輛排隊等待入場。進園後，接待員先發給每人一副浮潛面具及儲藏箱鑰匙，接著沒收了我們帶去的防曬乳霜（出園時再奉還），用4包小得可憐的生物可分解防曬霜樣品交換。史提夫沒轍，只好進禮品店斥資買了兩管笑哈認可的防曬霜。接著我們換上泳裝和水鞋，將所有個人物品鎖進儲藏箱裡（包括新買的防曬霜，想補擦時必須千里迢迢走回更衣室取！），就這麼身無長物地在園內玩了一整天，直到離開時，才又穿上衣服，取回個人財產，恢復了習慣的身份。海倫和弟弟如魚得水；笑哈讓小朋友夢想成真──不必穿衣服、可以整天玩水、吃吃喝喝，且有爸媽陪伴，跟他們一樣！

「模擬伊甸園」的構想雖吸引人，實際狀況卻不盡如意──實在因為亞當夏娃太多，想做任何活動、吃任何東西，都得排隊枯等。即使如此，仍值得一遊。園內河流清澈見底，潟湖湛藍無波；湖與海之間圍上一道防鯊欄，魚群可自由進出。或許園內食源豐富吧，似乎游進來的多、游出去的少，我從沒見過這麼多色彩絢爛的巨魚，安然和人群一起游泳，生平第一次覺得浮潛的確有意思。

傍晚出園，一家人已被曬成四隻煮熟的龍蝦，兩大兩小，頭昏眼花、精疲力竭地回家。

雪 伍 德森林裡的樹枝學校

　　自墨西哥返家後，史提夫和我必須做幾項不能再拖的重大決定，全和小孩入學有關。2000 年底買房置產時，我們只考慮史提夫上班通車，那時海倫還是個嬰兒，轉眼之間，她已滿 5 歲，即將從位在康納和總部對面、英國石油公司附設的「西湖托兒所」幼稚園班畢業。我們應該送她去唸哪個小學？讀公立學校？還是私立學校？海倫下面還有弟弟，替海倫決定，等於同時替弟弟決定。

　　週二遊戲群的父母全面臨同樣的處境。新成員、也是鵜鶘角小區內的鄰居凱倫和先生理察，已決定搬去紀念城區，正在賣房子。紀念城區是老區，區內無論中小學，各個歷史悠久，評鑑優良。一搬進紀念城區，父母在孩子求學這方面等於吃下一顆定心丸，只要不出意外，孩子升上好初中、高中，最後進入好大學，應如順水推舟。紀念城區的房子都很老，狀況佳的不會推出市場，但凱倫和理察年輕，加上理察是德州子弟，家人都住在德州境內，夫妻倆已抱定將在紀念城區住定的心，不僅願意多花點錢買棟老舊房子，更期待能夠自己設計動手，翻新打造，將未來十幾二十年的時間、精力和金錢，全投資在房子裡。

　　卡洛琳和碧亞翠絲住在水牛溪以南，學區範圍大，種族及社會階層複雜，學校因此良莠不齊。但她倆早已送貝瑟妮和莉絲去附近小學考資優班。資優班在名義上是公立小學的一部分，但師資、教室和課程完全獨立。兩位小女生雙雙上榜，我與有榮焉，替卡洛琳

和碧亞翠絲大鬆一口氣，女兒未來六年的小學教育就此搞定。

我們住的北艾德里奇路劃在休士頓西北學區內，休士頓一日千里地往西、往北開發，大舉伐林蓋住宅區的徵兆之一，便是野生動物衝出、到處流竄。社區大門好幾次張貼公告：「熊溪拓荒公園內見美洲獅！請您將寵物上鍊！」西北區發展之猛，表現在學區方面，便是學校都很新，而且還不斷蓋新校，視覺上如同雨後春筍；不久前開車經過的一片荒野，突然已成新校址！我們家北邊就新開了一所小學，結果第一年就必須在校內加放臨時組裝屋，因為超額招生，教室已不敷使用。

新學校無評鑑結果可供參考，一成不變的校園更令我卻步：植被完全清除後，鋪上水泥，蓋一片超大停車場，連接一或兩棟超大的鋼筋水泥建築（方便中央空調），最後點綴性地種幾棵不阻礙視線的樹，如此而已。我從小在鄉下長大，這樣的學校在我看來跟監獄沒兩樣！

我和史提夫都是讀公立學校的，私立學校並非我倆家庭及社會背景的一部分。孩子這麼小就送去私立學校，似乎說不過去！

不唸私立學校，又不考慮進西北區的小學，得搬家囉？

我分別去紀念城區三所小學參觀，印象果然不錯。送小孩去任何一家，我都放心。

然而，搬家不只牽涉對學校的選擇，搬家的背後還意謂著一項承諾，是對新的學校、房子、社區、城市、甚至國度許下承諾。未來至少 10 年，我們願意在紀念城區住定嗎？說白一點，我們願意在休士頓、在美國定居嗎？

遷居休士頓已滿六年。不可否認，美國的優勢與優點不勝枚

舉，美國人友善直爽，從沒讓我們感覺受到排斥。但史提夫無法適應休士頓炎熱的氣候，老關在冷氣房裡太悶，想到戶外做點事立刻大汗淋漓、全身黏答答。2004 年，出生德州政治世家的小布希再度擊敗民主黨候選人，連任總統，讓我和史提夫相對無語，廢然長嘆。朋友和家人都對此結果不解，或當個笑話來看，我們身在其中，並不驚訝，更不覺得可笑。「艾德里奇眾湖」也算是個高級社區，住民多為中上階層的知識份子或專業人才，每逢參眾議員選舉，不少人家在前院插助選牌，放眼望去一片紅海！偶爾有一家插藍牌，必遭鄰居側目。凱倫的德州丈夫理察，風度翩翩、慷慨大方，自己在法國公司當經理，常赴世界各地出差旅行，又娶了一位美麗能幹的英國老婆，但他就是共和黨死硬派。兩家孩子常玩在一起、又住得近，我們經常社交，卻絕口不談政治或槍枝管制的話題。

除了政治，基督教不同教派在休士頓的教會勢力龐大，穿越紀念城區的紀念路不長，短短 1.6 公里內就有 10 家大型教會。音樂花園的上課地點在過去 5 年換了兩次，都是跟不同的教會租教室。海倫和弟弟陸續從嬰兒班畢業後，上課不需陪伴，我便在等候廳翻閱教會學校出版的兒童讀物或課本，內容執迷聖經字面意義，大異主流科學論述，常令我覺得不可思議。直到最近 10 年，已進入 21 世紀，由教會支持、鼓吹「創世論」之變形「智能設計論」（Intelligent Design）的團體，仍積極在各州教育委員會內運作遊說，企圖透過學校教科書，顛覆、驅逐及取代「演化論」。西南部幾州（如坎薩斯州）幾次顛覆成功，又被反對者告上最高法庭，鬧得不可開交。

史提夫和我已準備好，可以對休士頓或美國許下承諾了嗎？

沒考慮太久，我倆決定奉行婆婆常掛在嘴上的格言："When in doubt, do nowt!"（「心有疑慮，就別妄動！」）

　　不搬家，那就非進私立學校不可。

　　我曾在蕾蘭妮女士推薦的一本兒童心理教育暢銷書內讀到一所設在德州、專收高智商資優生的「瑞因納德」學校（Rainard School），因材施教的理念頗吸引我。一查之下，校址就在 10 號公路上，離西湖托兒所不遠，便先去勘察。

　　首先，我絕不能抱怨那所校園不夠自然開放，因為校方租用一大片養牛放牧場，沒進行任何造園工程，僅安放幾棟臨時組裝屋做為辦公室及教室，圍牆是放牧場原有的鐵絲網，網外即是 10 號公路的輔路。接待主任告訴我他們收 4 歲到 18 歲的學生，目前人數約 70 名。我問主任，校園裡不見任何幼童遊樂器材，孩子們下課玩什麼？主任說草地廣闊，學生常比賽踢足球。

　　儘管心有疑慮，我仍決定花點錢，帶海倫來做智商評鑑，順便讓史提夫也看看這個學校環境。

　　測驗當天，我們把海倫從托兒所裡接出來。主任要我和史提夫在組裝屋外等候，帶海倫進屋去「玩遊戲」，一小時後才出來。那天海倫非常得意，爸媽兩人丟弟弟在托兒所，只帶她一個人翹課出來玩！

　　隔天主任來電，先恭禧我，表示海倫通過測驗，校方很歡迎海倫加入他們的學生團體。

　　史提夫和我經過討論，決定不考慮這個學校。海倫的測驗結果似乎只證明一件事：現在的小孩都很聰明！週二遊戲群的幾位小朋

友不全是資優生嗎？！既然資優生這麼多，也無所謂資優了！更何況，這所學校似乎迫切需要新生吧！

我最關切的是，瑞因納德的課程及日程表缺乏結構性，硬體設備闕如，好比是光譜的另一端，和西北區新蓋的學校形成強烈對比。我這女兒剛愎任性，豈能「放牛吃草」？

調查瑞因納德學校期間，我發現另一所小型私立學校，離家不遠，在 10 號公路北邊的雪伍德森林街（Sherwood Forest Street）上，校名為「樹枝」（the Branch School）。雪伍德森林因劫富濟貧的俠盜羅賓漢聞名，這個學校的校名和地址搭配巧妙，給我莫名的好感。校方要我週五下午去約談。

10 號公路以北、8 號收費公路以西的那一大片地，還沒怎麼開發，只有零星幾家公司、公廠，和稀稀落落幾棟占地廣的老房，感覺比較鄉下。雪伍德森林街不長，還保留許多片雜樹林，未遭砍伐。學校前院不大，停車場窄小，不見花圃，卻種了許多喬木和灌木，欣欣向榮。校舍只一棟，美觀整潔。接待的琳女士和藹可親，先向我略述學校背景。1977 年，幾位基督科學教派（Christian Science）的媽媽們，不滿公立學校的教學方式及課程內容，乾脆開放自家車庫及院子，分工合作教導教會裡的小孩；1993 年，開始招收不同宗教背景的學童；1995 年，遷入這間慈善家捐贈的新校舍。不過教職員仍是清一色的基督科學教友——我還注意到，辦公室裡全是女人。

我問琳：「你們有男老師嗎？」

「老師共 8 位，都是女性，」琳抿嘴笑答。「但我們的音樂伴奏兼會計尼文斯先生是男的。」

我再問：「聽起來你們像是個教會學校，學生必須上教堂和做禮拜嗎？」

琳又笑，顯然常被問到這個問題：「我們不是教會學校。圖書館裡有聖經和瑪麗‧貝克‧艾迪[1]所寫的『科學與健康暨解經之鑰』，我們歡迎所有學生及父母借閱，但學校課程不涉及任何宗教。」

琳接著收起笑容，認真地說：「我們最強調的，是和平調解衝突教育（peacemaking program），希望能把它變成學生的第二本能。只要在校園裡，無論上課或下課，我們將嚴格要求每個學生恪遵和平調解的步驟。」

「什麼是和平調解的步驟？」我很好奇，因為這個題目聽起來對小學生似乎太大。

「我們會教。他們將有許多機會練習，回家後再教爸爸媽媽！」琳又笑了。「哦…，還有，每週一早上全校週會，學生必須背誦對國旗和國家效忠的誓詞，這…，妳可以接受吧？」這回輪我笑了。

琳接著帶我參觀麻雀雖小、五臟俱全的室內：會議室、辦公室、校長室、多用途大廳、圖書館各一間；建築南北兩端各有 4 間教室。整個環境非常女性化，設想周到，井然有序。我只能站在教室門玻璃窗外往內瞅，發現每班學生人數至多 6、7 位，有些教室還是空的，原來週五各年級輪流去「戶外教室」上課了。接下來我便被領到戶外參觀。一推開後門，先看見一位媽媽志工，在屋簷下的午

1　Mary Baker Eddy 於 19 世紀末在麻塞諸塞州創立基督科學教派。

餐桌旁指導兩位小朋友做實驗。那位年輕媽媽不施脂粉、薑色頭髮如獅鬃般蓬亂，細看其實眉清目秀、氣宇不凡。我隨琳蹀出走廊，她指給我看：南側林地為 2 ～ 5 年級大小孩的遊戲場；北側放置鞦韆翹翹板沙盆等，是幼兒班、學前班和一年級的遊戲場；下課時間兩邊孩子不能逾界。橢圓形操場及跑道在中間；沒舖特殊塑膠或礦渣，只是一般泥土。琳表示學校還在籌款，希望近期能將運動場現代化。最吸引我的是校舍邊緣多塊不同設計的高設菜圃，每個年級負責一畦。

　　琳帶我走到北側後門外，一群 4、5 歲的小小孩蹲在兩丘堆肥前，正吱吱喳喳熱烈發言。琳趨近招呼蹲在中間的那位女老師，並特別向我介紹，她是退休後來「樹枝學校」當志工的「安・高塔」（Ann Hightower）女士。後者站起來向我問好，手裡還抓著一把堆肥。高塔女士身高一米八，鶴立雞群，連我都得仰頭看她。她頭髮剪得很短，身穿 T 恤牛仔褲，既不年輕、也不出老，是那種讓人忘記去注意年齡、種族、甚至性別的人。她打開手掌，極有耐性地指給我看堆肥裡有各種促進分解作用的益蟲和微生物，接著告訴我每學期在收成腐熟堆肥、舖上菜圃之前，她會先帶學生做抽樣調查，高年級必須記錄堆肥內的溫度、生物種類及數量，低年級進行「觀察及討論」。說完她把手掌合起來，給我一個友善的微笑，顯然在提示談話結束，她得繼續上課了。進屋以前，我回頭再看那「戶外教室」一眼，小朋友一個個又活了過來，情緒亢奮，有的伸手進堆肥丘裡亂搗、有的圍著高塔女士搶問些無厘頭的問題…。

　　「就是這一家！」我心裡決定。

海倫已在西湖托兒所唸過幼稚園班，但她年齡還小，所以九月開學時，送她進樹枝學校重唸學前班。弟弟未滿 3 歲，繼續留在西湖托兒所，一年後再進樹枝學校的幼兒班。

海倫的班上共 7 位小朋友。校內每個年級都只有一班，每班人數差不多，惟獨四五年級合併成一班，13 位學生由同一個導師帶。整個學校全部學生人數才 38 人，感覺像個大家庭，孩子們彼此熟稔，常不分年齡一起做活動，家長也互相認識。若是同一個家庭在校唸書的孩子不只一位，媽媽更常在學校露臉，當志工，既可出點力，又可名正言順地監督、觀察，滿足好奇心。我也成為志工媽媽之一，每週五固定協助安·高塔帶戶外教室，同時領養了學校輔助堆肥製造的蚯蚓箱，放在溫度穩定的車庫裡，只需每隔三五天放些果皮爛菜葉進去，學期末帶回學校讓學生觀察和數蚯蚓，我可以收成蚯蚓製造的堆肥，給自己種的蔬果享用。

我在校時間多，還跟學生們一起上課，有機會實地觀察老師教導「和平調解衝突」的步驟。因為學生人數少，教職員果真做到無論何時何地，只要發現孩子爭吵或賭氣，無論年齡多小，立刻叫出當事人，進行以下幾個步驟：

讓甲方把氣乙方的原因講出來，甲方須清楚敘述乙方的行為和可能的動機。甲方講的時候，乙方必須安靜聽。接著輪乙方講，甲方聽。

甲乙輪流為自己解釋。（通常孩子們這時會發現自己認定的和對方的想法有差距。）

彼此道歉。

其實這 3 個步驟很簡單，難得的是老師們次次嚴格監督、在

旁引導。孩子們在老師面前比較乖，不會撒潑。強迫他們溝通幾次後，有的變得能言善道，有的懶得囉嗦，總之對話都迅速結束，孩子們似乎也真的不存芥蒂，又和好如初。海倫和弟弟在樹枝學校唸書期間，我只看過和平調停法對一位 4 歲小男孩行不通，結果他還沒讀滿兩周，學校就要求爸媽帶他回家去了。成功落實和平調停法的結果，是整個學校氣氛祥和，加上一屋子女人，充滿母愛的溫馨。

我熱心擔任志工，是想接近安·高塔這位模範女性。安本來在東部名校裡唸英美文學，畢業後進中學教英文，獨自租了一棟林中小屋，養一隻大狗。這樣過了幾年，發現自己渴望突破，便回大學攻讀化學工程。在德州萊斯大學當研究生時，安遇見了比她大 10 歲、但和她同月同日生的化工系教授喬·高塔（Joe W. Hightower）。接下來她結婚、進入石油業界工作，各處旅行，參與艾克森美孚公司內部許多精采刺激的化工實驗，最後以副總裁的身份退休。

安在樹枝學校的外號是「百科全書」，一碰到疑問，無論涉及德州原生的樹鳥蟲魚，或高年級的數理化，所有師生的直覺反應就是去問她。每週五，她固定在校待一整天，從幼兒班到五年級，以不同的方式，教導不同年齡層同樣的課題。樹枝校園的目標，是種植德州原生植物，不使用任何化學殺蟲劑，以及呈現德州原生生態，如松林、草原、濕地等。舉凡設計、選材、建構及維護，安等於一手包辦，自然挑戰不斷、雜務繁瑣，而且多是勞力工作。安週末常來學校幹活兒，就算週五下課休息時間，也忙個不停。如此辛勞，她卻甘之若飴。對於她所完成、正在進行和計劃中的工作事項，安既不沾沾自喜、叨叨不休，也不自謙自貶、避而不談。和安共事一

段時間後，我發現安的執行力超強，她的熱情在於傳遞知識，倘若安開始敘述她已經做了什麼、正在做什麼和計劃做什麼，那是因為她想和所有人解釋工作的流程及目的。

安也有童心未泯的一面。記得課外教室曾討論過德州常見的蝴蝶及其寄生植物，我們決定讓幼兒及學前班演舞台劇。表演的那一天，安在上課前先給我看一份樂譜，原來是她自譜的詞曲，整齊畫在五線譜上。她告訴我前一天晚上她在鋼琴前面練了好幾遍，覺得差強人意。我請她唱給我聽，她很高興地為我一人獻唱，之後又在幼兒班及學前班的小朋友面前各唱了一遍，獨樂樂、眾樂樂！

我曾經帶海倫和弟弟去她在萊斯大學附近的家。那兒的社區又比紀念城區更老、更富人文氣息，古木參天，每棟房子占地極廣。即便如此，每家前院仍一成不變地種一塊草坪，唯獨安的家，前院後院沒草地，全種了德州原生植物。我們去的那天，安給海倫看她正在織的一雙又大又長的羊毛襪子，還織了一排給兩個小朋友看，說是織給美國派去伊拉克打仗的士兵穿的。

我問這又是哪個組織辦的活動？

「雅虎的『為士兵打毛線』團體。」安指指擺在她那架古董鋼琴旁的搖椅，興高采烈地答道。「每天晚上我坐在搖椅上織半個鐘頭。差不多一個月可以織一雙！」

「妳到底替多少團體當志工？我碰過少數幾位能量極高、做個不停的人，妳是其中之一。」這是我對安由衷的讚嘆。

「那妳應該認識喬！他才整天忙個不停。他做的事比我做的多10倍！」

喬是比安大 10 歲的丈夫；萊斯大學化工系的名譽教授；1970 年代促成美國眾議院通過強制汽車製造業在廢氣排放系統中加裝觸媒轉化器法案、對淨化都市空氣厥功甚偉的石化工業領導人；德克薩斯醫療中心全由志工管理之「款待公寓」（Hospitality Apartments）的創辦者；休士頓市長特別將 2007 年 2 月 15 日訂為「喬高塔日」向他致敬的主角…。

　　那天我第一次看見喬，有點驚訝，因為他跟我想像得完全不同。第一，他看起來並不老，跟安差不多，哪像七十出頭的人？第二，他不高，身材纖細，個子比安足足小了兩號！

　　我和孩子在他們家晃蕩半天，混了一頓可口中餐，但喬只是驚鴻一瞥，才從大學系上和研究生會談結束回家，又匆匆趕去款待公寓換燈泡，臨走前交待安請我們嚐嚐他烤的酵母麵包。

　　安告訴我，喬最愛自製麵包，而且喬做的麵包無人不誇。喬以他做化學實驗的精確度，發展出獨家酵母麵包食譜。30 年前喬和幾位教授協力創辦款待公寓，從一排廢置軍營，發展成今日 40 多間獨立的公寓單位，造福無數從全美國、全世界各地來醫療中心就診的重病患和他們的家屬。每一家入住時，都會收到一條喬現烤的酵母麵包，歡迎他們來休士頓。如今喬送出超過 5000 條自製麵包了！

　　喬的酵母麵包的確好吃。

　　後來我與喬共處的機會不少，譬如幾次颶風過境後，一起去學校幫忙清除倒樹斷枝，以及協助安在校園內營造濕地生態環境、挖池塘。我發現他人雖友善，卻沈默寡言，極少看見他放下工作，和別人閒談聊天，總是做完了就自己開車離開，來去匆匆。相較之下，還是比較愛講話的安容易親近。

布拉索斯彎州公園

2005 年秋，史提夫讓我飛去加州參加和氣大愛班，自己留在家裡帶小孩。這次參班讓我看清楚一件事，幾年來我自詡在修煉，除了從不孕到自然懷孕，得到兩個孩子，論及性靈提昇，其實仍在同一個平臺上繞圈圈。每年空降一次，與老師同修團煉兩三天，參班期間總感到身心靈又被純化，腳踩輕柔美的祥雲返家，再見丈夫孩子與狗，愛心謝忱滿溢，免不了再下一次決心不讓心中的能量大怪獸復活。無奈才過幾週、甚至幾天，事情一多、身體一累、孩子一磨，又開始大吼大叫、情緒失控。這次參班之後，我決心再度「百日築基」，每天鞠躬、立如松、煉和氣，練上全套，並向史提夫報備，請他護持。

史提夫依舊出差頻仍，在家時看我經常晚睡早起，甚至半夜起床練功，覺得我又走火入魔了。

「築基」三個多月，自己的狀態仍像別人股掌之間的溜溜球，上上下下，時而飄飄然、時而頹然。懷弟弟時想吃肉，現在又覺得吃夠了，回頭吃素。唯一不變的，是一邊想過普通日子，一邊想修煉的疲憊拉扯感。

史提夫早早問我 2006 年春假想去哪兒，我聽說中美洲哥斯大黎加生態保育做得好，跨越原始雨林林冠的天空步道設計精良，可親睹林冠動物在自然狀態中活動。史提夫查詢後發現，赴哥國旅遊昂貴又麻煩，我持台灣護照，得親自去哥國領事館辦簽證，於是自作

主張，將一家五口的機票、度假屋、租車，統統訂好，目的地變成波多黎各！打哈哈說反正兩個國家英文名字類似，緯度也差不多！

我倒不介意。百日築基把我對練功以外的堅持練沒了。堅持練功已精疲力竭，其他一切隨緣。

波多黎各島是美國位於加勒比海上的海外屬地，很多地方讓我想起台灣南部；同樣的熱帶海島氣候，同樣的山區植被，火焰樹在山頭燃燒，九重葛在住宅區荼靡，只不過那兒住著巧克力膚色的居民，台灣人也不會把房子漆成桃紅、豔黃、青檸檬綠、丁香紫色…。

雖無天空步道可走，也沒瞧見珍禽異獸，我們仍度過一個充實愉快、老少咸宜的假期，遊覽了島南端的歐風古城龐塞，北端西班牙帝國在新世界留下最巨大的雕堡，進東邊的雲雀國家公園登山，深入西邊卡鵠伊河國家公園的溶洞。只要身在野外，每天黃昏都聽見波多黎各原生青蛙、卡通片「探險家朵拉」裡主角狗吉蛙（coqui）的大合唱。「狗吉！狗吉！狗吉！…」漫山遍野，響遍天際。最開心的是，才滿三歲、從未上過游泳課的弟弟，決定拋棄充氣臂圈，會游泳了！

波多黎各之行，是我們最後一次攜婆婆一家五口赴熱帶海濱度假。暑假過去，弟弟跟著進入樹枝學校幼兒班，海倫升上一年級。她明顯長大了，不再那麼黏媽媽，寧願和小朋友在一起。兩個孩子都愛上學，我們在休士頓的生活似乎完全上了軌道。不久，公司發佈人事異動公告，確定史提夫年底調職北京。

接下來史提夫常赴北京分公司出差，辦交接、找房子、看學校。返回休士頓的日子忙於結束總公司事務，安排和我一起去人事室約談，分批帶小孩與狗做健康檢查、打預防針，協助我整理房子，準備上市。另一項要事，是處理他的寶貝摩托車。

經過一兩年無微不至的關愛照拂，換零件、重新電鍍、打蠟、磨光，連我也不得不同意，依舊一副規矩老實模樣的「開水壺」的確「閃閃發光」！史提夫認識了一些玩古董摩托車的同好，偶爾有閒，天氣不太熱，便騎著它去丘陵區兜風，有一年參加摩托車大會集，還得了個小獎章回家：1970 ～ 1974 年間出廠機車亞軍！他得意地將小獎章收進展示櫃，和「開水壺」其他的勳績擺在一起。

確定調職後，史提夫做了徹底的市場調查，選一家最不可能淹水的自助倉儲公司，租一間全年空調的儲藏室，將「開水壺」的引擎機油徹底瀝乾，電池拆卸，機身上油，再一次依依不捨地與它告別。

史提夫於 2006 年底正式調職北京，獨自搬進順義區優山美地別墅區一棟大房子裡，我帶著孩子留在休士頓賣房善後。房子順利賣出，我們決定 2007 年 4 月中搬家，好讓孩子在暑假來臨前，尚有一個多月時間習慣新學校，認識新玩伴，長長的假期，才不致於太寂寞。

準備與等待搬家那半年，史提夫在家時間有限，我倆各自忙碌不休，沒時間帶孩子出遠門，只去了幾次布拉索斯彎州立公園（Brazos Bend State Park），偷得半日閒，享受全家一起活動的寶貴時光。

布拉索斯河是美國第 11 長河，源自新墨西哥州，往東南方向蜿

蜒 2 千餘公里，粗略地將德州分割為東西兩部分，流經布拉索彎州公園之後，再往南不到 100 公里，注入墨西哥灣。此河壯潤，流域面積高達 11 萬平方公里。

顧名思義，布拉索斯彎州公園中的「彎」字，代表河流改道後殘留大大小小的牛軛湖及濕地，及其間幾片德州原生的海岸草原及沖積平原針闊葉樹混交林。公園 1984 年甫成立，旨在保存德州原始生態環境。我和史提夫四年前才聽說這公園值得去，去過之後極欣賞，從此每隔一兩個月就去那兒消磨大半天；一方面它離家近，開車 1 小時，便能進入一個與休士頓城截然不同、天然原始的世界。

去那兒得走呈東北西南方向斜穿休士頓及其西南郊區的 59 號公路，駛過糖城與密蘇里城之後，進入鄉間。後半小時車程窗外的景觀，在我們經常走訪此州公園的四年期間變化極大，可謂滄海桑田。前兩年雜樹林與沼澤地之間尚零星分布種棉花、稻米及甘蔗的農田，住宅少且分散，且多是典型美國西南部「紅脖子」鄉下木頭房子，地大、邋遢、飼養雞鴨牛馬。後兩年野地一片片被開發，蓋起公式化的大型住宅區及新學校。

我們經常清早出發，在公園管理處尚未開門之前抵達，趕在氣溫尚未飆升、陽光尚不毒辣的這段時間，徒步入園，再繞行公園西邊三個大湖，登上瞭望塔頂俯覽園區，累了便坐下吃些點心水果，然後在中午以前穿越樹林草原，駕車離開。

布拉索斯彎公園裡最出名的野生動物，一是種類繁多的留鳥及過境候鳥，另外便是到處橫行的美國短吻鱷。碰上天候久旱，水位驟降，湖邊會擠滿大大小小的鷺科、鵝科，各種潛鴨涉禽，朱鷺及樹鴨，甚至偶見稀客鸛與鶴，蔚為奇觀。我在那裡第一次看見高一

公尺、翼寬 1.8 公尺的林鸛，印象深刻。

　　數量眾多的美國短吻鱷，堪稱公園的明星動物。德州一度和佛羅里達一樣，有水的地方就有鱷魚。然而今非昔比，想看鱷魚身為食物鏈頂端優勢物種，雄霸一方，而非鱷魚農場裡被人類集體飼養的經濟動物，布拉索斯彎州公園是最理想的地方。同窩孵化、如手指般細短的幼鱷，鼓突著金色透明、瞳孔為一根黑線的大眼睛、身披黃色橫紋，如昆蟲般集散在水畔植物葉片上，匍匐覓食。在湖裡不動聲色緩緩游動、只露出兩隻眼睛和吻端突起的，多是 3、4 歲的青少年。而光天化日敢大刺刺在步道中央曬太陽的，都已成年，身長 2 公尺上下。兩湖之間的水泥溢洪道乃上選日光浴場，偶爾可見三兩隻身長 3、4 公尺、肚圍需兩人方能合抱、體重近千斤的黑色龐然巨物，牠們是位階最高的繁殖雄鱷，每隻都一副目空一切、蠻不在乎的德性。

　　等海倫和弟弟可以自由行動了，他倆經常一進園就跑在前面，剛開始史提夫和我怕他們被大鱷魚一口銜走，美味加餐，聽公園管理員解說後，才比較放心。鱷魚演化出固定行為模式，專門獵食在水裡游泳的、和在水邊四腳著地行走的動物，對二條腿直立行走的人類興趣不大。我們該特別注意和保護的是凸凸，狗繩絕不能放長。

　　說鱷魚是活化石一點也沒錯，當牠們貼在碎石步道上曬太陽，一動也不動，跟一截木頭沒兩樣；我甚至懷疑牠們身上沒有任何特殊的氣味。不知多少次，一家人牽著凸凸，悠哉悠哉，幾乎一腳就將踩過去，才赫然驚覺眼前躺的是隻鱷魚。若非走那條路不可，不能回頭，接下來得鼓足勇氣趕鱷魚，或在那爬蟲類眼睛似看非看的注視下，躡足從牠身後繞過。又不知多少次，眼看騎單車的遊人即

將壓過鱷魚，渾然不覺危險就在眼前，千鈞一髮，在最後一刻才注意到不遠處的我們，大吼大叫、猛揮手所發出的警告，緊急刹車停下。

在所有爬蟲類中，美國短吻鱷的聲音最多。現代的美國短吻鱷頭骨構造，與科學家發掘出來屬於 2300 萬年前到 533 萬年前中新世的鱷魚化石頭骨，構造如出一轍。牠們所發出的聲音，不屬於我們所熟悉的世界，能喚醒人類潛意識中深深埋藏、無以名狀的恐懼。聽躺在步道中央養神的鱷魚，突然發出受到打擾、心中不爽的嘶嘶聲，已令人魂飛魄散；還有另一個聲音，我只聽過一次，更叫人不寒而慄。

那是一個寧靜的清晨，還沒到開園時間，四下無人。司馬一家照例沿著湖畔長滿水生植物的「40 畝湖」散步，突然不知何方傳來極低沈的動物吼聲，響徹園區，周遭湖面、植被與空氣，全跟著一起震動。那一波波吼聲的分貝之強、音波之低，在我曾經聽過的獸吼中，只有獅吼足以抗衡。然而那吼聲欠缺音調，又不太像是由一個生命體所發出來的。不明究理，份外恐怖。

後來我才知道，那應該是美國短吻鱷在求偶期所發出特別的聲音。短吻鱷雖有聲帶，求偶時卻不用聲帶發聲，而是趴在淺水中，將空氣吸入肺中，再間歇性噴吐出來，藉此同時震動自己的身體及周遭的水體。雄鱷魚還跟象一樣，擅於使用次聲波，即人類耳朵聽不見的低音波，難怪當時感覺到身外整個世界與體內所有細胞都受到震撼。

準備了半年，搬家的日子終於來臨。如此大的變動，弟弟懵懵懂懂，只覺得搬家公司來打包，家裡先亂成一團，好玩！接著紙

箱成堆，更好玩！待大貨櫃車開到，搬家大叔們駕駛叉型車起卸堆放、輕巧靈活，更看得弟弟目瞪口呆、羨慕又崇拜。

海倫卻臉色陰沈，滿肚子怨氣。她不懂爸媽為什麼要帶她離開，她已長成一個道地的德州小女孩，她愛家鄉的每個地方、每個活動。她愛我們家社區裡的游泳池和小湖裡的天鵝。她愛附近十幾個她從小玩大的公園和公園裡的遊戲場與戲水區。她愛數不清可以讓她和小朋友做體操、開生日派對的室內體操館及遊樂場。她愛和家人年復一年進城去做的那幾項特別活動：春天去看牛仔競技和牲畜展覽秀，夏天去米勒露天劇場看表演，冬天去音樂廳參加康納和公司的聖誕音樂晚會，每隔一陣子去看場棒球賽，聽場演唱會；還有她從小去慣的幾家博物館…。

為什麼我們要搬去北京？

「北京有 Chuck E Cheese？有 Chick-fil-A？有 Krispy Kream Donuts 嗎？」

我答不上來了。

最令海倫傷心的，是爸媽逼她告別學校、老師和她的朋友…。

在海倫小小 7 歲的心靈裡，爸爸只為了工作，完全不顧慮她的感受，連問都不問她一聲，便要求她放棄一切，太不公平了。

海倫流著淚、又哭又叫地離開休士頓。

至於凸凸，將滿 15 歲的她仍毛色鮮亮，還能在外行人面前冒充小狗，但性情已進入老年，不愛動，只想待在家裡打盹兒，而且跑著跑著左後腿突然癱瘓，引起劇痛及下半身癱軟的怪病，經常發作。8 年前，她離開亞洲，飛越太平洋；8 年後，她又將返抵太平洋彼岸。我心中有預感，凸凸將在中國落葉歸根。

漂流之二 中國

Drifting On Route ——

the Smalley's Roaming Career

(2007-2009)

北京

　　我從未向兩個孩子說明，爸媽帶他們搬去北京，原因之一，是想讓他們學好中文。從孩子的角度來看，這可不是優點，反而是個大缺點！

　　我教孩子講中文失敗，總是我說中文，他們講英文，彷彿兩條沒有交集的單行道。史提夫在台灣住了3年，工作之餘，努力學中文，我和孩子的對話他多少聽得懂，見怪不怪；外人卻覺得不可思議。

　　海倫滿4歲後，週日我便陪她去休士頓中華文化服務中心上中文班；上完課，娘兒倆再去中國超商買菜，每週如此。幼兒班老師上課做許多美勞及紙上遊戲，訓練小朋友一心二用，用耳朵聽中文指示，同時雙手執行動作。下課休息時間長，老師和幾位媽媽陪小朋友在中心後面的遊戲場玩耍。5歲之後，開始學寫中文，還得考試。美國幼稚園和小學低年級從不給回家功課，但我常強迫海倫坐在書桌前做中文，並要求她背些唐詩。通常海倫剛開始情緒尚好，坐久了肯定不耐煩，先找些藉口開溜，溜不掉就歇斯底里傻笑，傻笑完了換成哭嚎，從椅子上嚎到桌子底下，最後躺在地板上耍賴，捶胸頓足一番；等所有招數使盡，一切徒然，才爬回椅子上，抽抽噎噎伏案把功課做完。

　　當我年輕還沒做母親時，聽見每位住美國的中國媽媽都送孩子去上中文學校，想盡辦法誘導、逼迫孩子們繼續學中文，我覺得不

可思議。這些女人沒事幹嗎？中文不能自己在家裡教嗎？周末時間多麼寶貴，幹嘛每個周末都跑去上中文學校？又幹嘛每個周末都上中國超商買菜？

年輕時的我，多麼天真！

等弟弟也上中文幼兒班了，姊弟倆有伴，週日上中文學校變成生活的一部分，我誰也不陪，利用他倆上課時間去買菜。然而討厭學中文的情緒需要發洩，姊弟倆不但是彼此的最佳聽眾，還能幫忙搧風點火、加油添醋，愈罵愈精采，愈詛咒愈痛快！

就這樣，每週日開車去中國城，我坐在前面開車，兩位小人兒坐後座，用字彙不足、熱情有餘的幼兒語言，從家裡一路抱怨到中文學校。下車後，兩個高不盈尺的小矮人繼續振振有詞，一路從停車場咕噥到樓上，最後心情暢快地各自走進教室去面對每週一次的「酷刑」。下課後便是快樂時光，可以一邊吃零食，一邊和中文學校的小朋友在遊戲場裡瘋。

即使如此，我和孩子依舊是兩條單行道，各說各話；我仍覺得辜負了傳承中華文化的職責。

2002 年出現了一個機緣，史提夫從那時開始積極爭取調職北京。

那年康納和與菲力蒲斯這兩家美國中型石油公司正式合併，搖身變成全美第三大的「康納和菲力蒲斯石油暨天然瓦斯企業」。華爾街市場分析家照例鼓掌叫好，稱讚這是史無前例地將上游與下游的油氣運作完美結合為一體；令華爾街開心的，當然是股票市場又熱炒一陣。史提夫和其他中級職員，對再一次的公司資產大地震抱持

猜忌心態，不知最上層的幾位大老闆，葫蘆裡又在賣什麼藥。

表面上，這是一次「平等合併」，康納和內部果真沒進行任何大裁員或人事調動。唯一的變動，是總部裝了私人電梯、防彈玻璃，荷槍警衛站崗的總裁兼執行長辦公室換了主子：原康納和總裁兼執行長阿奇·當能退出，轉任董事會董事長，換成菲力蒲斯的執行長，神祕客金·穆伐。

主子換人，公司文化必定會變，員工們慢慢感覺出來。最重要的謎底，兩年後揭曉。阿奇·當能於 2004 年退休，兩年前由他主事擬定的合併計劃人事條款，使他成為這次總值 151 億美元合併案最大的獲利者。最後納入他私人荷包裡的數目，包括 2002 年的賠償金，以及後來的紅利、代繳稅金、股票期權及各種津貼，超過 8 千萬美金，比金·穆伐所收到的 2 千多萬美金多出數倍。

別忘了還有董事會送給他一份退休禮物：3 百萬美金的慈善捐助金。阿奇·當能選擇捐給他的母校奧克拉荷馬大學，大學用那筆錢蓋了一棟住宿專校，專校以當能為名，並贈了他該校最高榮譽，當能成了該校榮譽人文博士。

姑且不論一個公眾公司是否就這樣被大老闆給「賣」了，合併案對某些職員的確有好處，因為它帶來新契機。

2002 年合併剛完成，公司便宣布將史提夫以前在台灣的上司，黃瀛洲，調任北京分公司開發部兼營運部總經理，成為第一位接掌原菲力蒲斯旗下分公司的前康納和職員。

中國國營海洋石油公司自 1960 年代開始在勃海灣內探勘，苦無發現。80 年代，中海油與近 10 家外國石油公司合作，菲力蒲斯是其中之一。至 90 年代，這些外國公司陸續斥資在灣內鑿探勘井，菲力蒲斯也鑽了幾口，結果都一樣，若非乾井，即無經濟開採價值。1999 年，其他外國公司皆已先後撤離，唯獨菲力蒲斯留守，等待最後一口探勘井結果。5 月，這口井居然鑽到油了！而且後續分析報告令所有人跌破眼鏡！油藏量估計有 50 億桶，超級大！雖為重質原油，但可採石油佔 20%，因此出產總量約為 8 億桶！後來發展成全中國第一大海上油田。這最後一口中彩的探勘井，便是著名的蓬萊 19-3 號井。

油氣從發現到生產，尚需一兩年時間建築平臺及架設管路，期間合作公司針對操作及產量分配，不斷進行斡旋，不見得能達成協議。當時菲力蒲斯的駐北京營運經理是一位菲律賓裔美國人，曼尼亞拉克（Eduard Manalac），他和中海油鬧得很不愉快，關係惡劣，因為他堅持細分開採區塊，細分結果便是菲力蒲斯多得些油，中海油少得些油。可以想像當時母公司中國石油集團及政府領導的心情：中海油探勘不力，這麼淺的海灣裡（水深僅 23 公尺）有這麼大的油藏，找了 20 年都找不到，到頭來得分給外國公司 49%！領導已經氣得七竅冒煙，再碰上這麼一位不知好歹、貪求無厭的傢伙，中海油怎麼可能讓步？

雙方僵持不下，康納和菲力蒲斯在美國一合併，總部想到當初與台灣中油建立良好關係的黃瀛洲，便把菲律賓人給調回美國，把

來自台灣、會講中國話、熟諳中國人談判方式的瀛洲派去北京。[1]

瀛洲於 2002 年中調任北京，史提夫立刻舉手表示他也想去，但等了 4 年，機緣才成熟，期間我們放棄了調印尼雅加達的機會。

瀛洲調北京之後，果然不負眾望，與中海油協商順利，渤海灣油田於 2002 年底開始生產，康菲北京分公司規模擴大，租下東三環霄雲路現代汽車大廈整個 12 層樓，做為辦公室，營運部門職員激增，但上游開發部門小，外派名額僅兩位。

公司先從雅加達調來地球物理專家荷蘭人葛琛，葛琛搬進優山美地別墅區，續用原菲力蒲斯僱用的司機趙師傅。不久公司又從雅加達調來美國人布魯斯，擔任開發部經理。孰不知葛琛和布魯斯同在雅加達工作時，因個性不合，結下樑子。一前一後來到北京，冤家路窄，無法共事。葛琛職位低，只好摸摸鼻子，才搬來中國一

---

[1] 曼尼亞拉克失去要職很不爽，轉而回歸祖國，立刻進入菲律賓國營石油公司任高職，他與中國的故事還有續曲。菲律賓也迫切需要開發能源，南中國海，尤其是西沙群島周圍有油氣藏的機率很高，但當時中國以武力禁止任何國家在南海進行探勘，曼尼亞拉克接收到來自女總統阿羅約的訊息，想到個好主意，運用他在中國的關係，邀請中國中海油及越南國營石油公司，簽訂著名的 JMCA 合約，三方共同在根據國際海洋法認可之菲律賓經濟海域內進行反射法地震勘探。這項所謂的「科學研究」計劃共分兩期，第一期完成後，在國際石油界流傳開來成為笑談。因為它，不但菲律賓所有海域都對中國開放，而且還加強了中國在這片極敏感、並充滿爭議性海域內的合法性。菲律賓國內一片嘩然，議院醞釀以受賄賣國之名彈劾聲望日跌的阿羅約總統，曼尼亞拉克被炒魷魚，從此消聲匿跡。三國合作計劃的第二期戛然終止，但中國已達成其避開美國及聯合國耳目，在南海合縱連橫、各個擊破的策略，進一步鞏固在南海的勢力。

年，又帶著全家大小搬走了。這時瀛洲才有機會推薦史提夫。

我在北京只認識一家人，即小哥唸淡江時同穿一條褲子的摯交秦哥。秦哥外派北京十多年，任 IBM 副總裁，秦嫂是他們倆的淡江學妹，能幹顧家出了名。他們夫妻倆正好也在優山美地買了房，外調消息一確定，我立刻聯絡秦嫂，請她照顧史提夫。

交接前，葛琛向史提夫推薦他的司機，不希望趙師傅也丟了工作。我從休士頓打電話給趙師傅，問他是否願意替我們工作，他欣然同意，但一聽我的口音便問：

「太太您是台灣人吧？」

史提夫繼承了葛琛的職位和司機，卻聽說葛琛住的「美式別墅」地下室會淹水，決定自己另外找。北京的國際學校集中於順義，別墅區不少，但非土法煉鋼，房子不出大毛病，而且「配套完備」的小區，只有三、四個。再碰上北京正為 2008 年奧運發燒準備，各行各業風起雲湧，大批外國人從全球各角落湧入這閉關千年甫開放，仍帶有濃厚神祕色彩的古城，高品質洋房供不應求。初來乍到，人生地不熟，想找到理想房子，幾乎不可能。

秦嫂先陪史提夫去優山美地 C 區看中國式的聯排別墅。C 區建築與花園外觀東方美感十足，但每家通往地下室車庫的車道極陡，史提夫一看，腦海裡便浮現暴雨後洪水倒灌的恐怖畫面。公司僱用的置業經紀公司通知史提夫，B 區獨棟別墅目前待租的只剩一間，為「西班牙風格」，那唯一一棟房，和秦哥秦嫂的「美式別墅」只隔三條街，史提夫看後覺得各方面差強人意，時間緊迫，立刻訂下，並於聖誕節前一週，拿了鑰匙準備一個人先搬進去。

那天下班後，秦哥秦嫂邀請他去參加優山美地會所舉辦盛大的耶誕晚會。酒足飯飽後，摸彩抽獎，輪到抽特獎一支諾基亞手機，竟然叫出史提夫的彩票號碼。會長請史提夫上台，介紹一番，歡迎他入住小區。史提夫雖然心裡懷疑這是會所特意的安排，還是挺高興地收下獎品，醺醺然走回家。待踏上前門樓梯，將鑰匙插入鎖眼，咦！怎麼轉不動呢？再使勁兒轉兩下，「咔嚓」一聲，鑰匙斷在鎖眼裡了！史提夫只好又走回會館，在樓上旅館房間住了一夜。

　　搬進新家不滿一個月，舊曆年前又發生竊案。史提夫下班回家，發現樓下涼颼颼，原來小偷光顧，來者把他少得可憐的單身漢家當，幾件襯衫，兩條西裝褲和兩雙鞋，連帶廚房和冰箱裡的早餐穀類、牛油、果汁，一掃而空，只留下廚房窗戶一道大縫；玻璃沒破，鎖也沒壞。「可是我沒開這道窗啊！」史提夫心裡納悶，出門後不禁多看了在街角站崗的年輕警衛兩眼。在史提夫眼裡，這些從外地拉來的男孩，看起來還像是十三、四歲的小孩，一個個瘦伶伶，穿著鬆垮不合身的制服，整天站在外面打哆嗦。就算他們是內賊，史提夫心裡也沒氣兒了。

　　找房子的同時，得選學校。所謂配套完善，即別墅區在劃地破土之前，已配有會所、購物商場和國際學校。優山美地旁邊，便是前身為美國學校的北京順義國際學校。史提夫參觀後卻選擇了香江花園旁新創建的京西學校，因為感覺國際學校側重學業成績，京西卻把學生的美勞作品掛得到處都是，花里胡哨，熱鬧非凡，那兒的孩子看起來快樂些。

　　學期末轉學，讀一年級的海倫順利入學，但京西幼兒班名額已滿，只好替弟弟在隔壁小區裕京花園內的德威幼兒園註冊。

四月中，全家飛往北京。那天天氣晴朗，首都沒罩在出名的霧霾裡。落地前飛機低空掠過無邊無際的城市建築，我從機窗內往下瞧，驚見許許多多水藍色方塊，有大有小，有連成一片，也有單獨存在，從空中看和美國城市裡的游泳池一樣。我非常納悶，不知那些藍色方塊是啥，只知道它們絕非游泳池。直到住了一陣子，路過狂熱趕工的奧運村和摩天大樓區，才突然明白那些水藍色方塊全是工棚屋頂——京城規定統一使用水藍色彩鋼浪板，給污糟蓬亂的環境一丁點清潔明亮的印象！

　　在機場領取行李後，史提夫和我踱進簡陋的動物檢疫辦公室，凸凸的籠子早已擱在地上，籠裡的凸凸聞到我們的味道，立刻開始哼哼唧唧哭訴。檢疫官面無表情地接過我們準備的檢疫證書及文件，兇巴巴地制止我打開狗籠。依法寵物入境後將先在指定地點集中隔離 7 天，回家後必須再禁足 23 天。公司的搞定先生已事先交待我們，照章行事，不可多問，只需繳納「快速隔離費」，一天之內凸凸就會回家。

　　檢疫官繼續面無表情地交待，狗將留下來隔離 7 天，接回家後必須禁足 23 天…云云，然後指示我們離開，將視線轉開，不再理睬。

　　趙師傅來接機，給我的第一印象很親切，完全符合我想像中北方漢子的形象，圓長身材，一米八，肥頭大耳，懸膽鼻，講起話來，口音厚軟，不若京片子那般尖脆。一不留意，溜出幾句北京土話，所有音節全在口腔裡打轉，含糊一片，我完全不懂。

　　我從小在中壢鄉下眷村長大，村裡五、六十戶人家，長輩操北方口音的占絕大多數。來北京，見到趙師傅，跟他話話家常，讓我

感覺十分熟稔，彷彿回家了。

優山美地離機場近，上路 15 分鐘便到。小區外圍種滿觀賞桃及李樹，展開的枝椏正開滿肥豔的花朵，卻不見綠葉。我們的新家座落在邊門角上，地上兩層，地下一層，紅瓦屋頂，駝色泥牆，右側為雙車庫，左邊是座貼滿花磚、開有拱窗的圓形砲塔，非常醒目。因為是轉角地段，院子極大，光禿禿，沒種什麼樹木花草，倒有座圓形噴泉按摩池；乾的，裡面沒水！

兩位小朋友衝進門內，在砲塔內的旋轉樓梯間跑上跑下，再衝進後院，一起站在噴泉按摩池旁想像未來的美景。我想在那一刻，海倫便把搬離休士頓的苦澀滋味，拋諸腦後了。

踏進新家不到兩個鐘頭，凸凸也送回來了。我們放她去後院上廁所，她把整個院子仔細視察一遍；沒有火螞蟻！

司馬家全員到齊，新生活開始。

海倫似乎很快適應了新學校。第一天上學，老師問她家裡除了英語，還講什麼語言；她答中文。學校不問她，也不問我和史提夫，二話不說，下午便把她送去上中文課，從此每天都得讀寫中文一小時。京西是所新學校，老師們都年輕，澳紐英籍的老師，比美加來的多，這群具國際視野的中青代生氣勃勃，愛玩愛鬧，很討孩子們喜歡。

弟弟上德威，除了上下學時間不同，得多跑兩趟接送，最麻煩的是德威循英國校曆，京西循美國校曆，假期不同。結果便是不滿 5 歲的弟弟完全跟隨姊姊的日程表，胡混了兩個月。幸好學期末結束，京西來通知，暑假後弟弟便可進他們的幼稚園班。

史提夫上班很方便，每天一大早趙師傅來接，走高速公路迅速下東三環，便到公司門口。下午只要趕在尖峰時間前下班，也很快返家。全家已接來北京，勘探地區又集中在中國，不用再經常出差了。

　　我搬來北京，理當如魚得水，在各方面駕輕就熟。搬家後第二天，秦嫂便帶小陶上門給我看。小陶長得挺漂亮，皮膚細白，笑起來雙頰各有一道長酒窩，她是秦嫂家阿姨的遠房親戚，剛離開安徽老家來北京討生活。秦嫂交待了每天上班時間、每月工資，要小陶明天就開始試做兩週，我站在旁邊一句話都不用說。這麼大個房子，小陶不但得打掃清潔，做簡單的中餐咱們倆同桌吃，有時下班前還得替我們做頓晚餐。她努力工作，我從不挑剔，做滿一個月，就給她加薪。

　　從美國搬到中國，購買日用所需毫無問題。有位長住北京的外國太太告訴我，1980年代以前，外國人在北京看到任何舶來品，不管自己需不需要，立刻搶購，回家再昭告別的外國人，以物易物。如今已大不同，來北京的外國人種極複雜，除了我較熟悉的歐美紐澳地區，來自前蘇聯各國、中亞及非洲者亦眾。順義區販賣外國食材的超商林立，外國食材齊全。

　　秦嫂帶我去后沙峪鎮傳統大市場，偶爾我也上三里屯菜場或中國本地超商購物，後來又發現專賣有機食品的樂活城。樂活城股東之一兼總經理余崇正是台灣阿里山人，和一幫朋友在密雲縣創建之萬農莊，生產有機食品，成為在大陸推廣健康飲食生活的先驅。樂活城店裡有股說不出來濃厚的台灣味兒，第一次踏進京順路上的旗艦店，我便感覺出來。因為樂活城，我認識了開闢、經營及管理2萬畝之萬農莊的幕後功臣，即放下四川農業局官職不幹，退下來當農

夫的劉小平。往後我在家種菜，小平幫我很多忙，給我許多指點。

至於穿的方面，平時需要添購，我們會去鬧哄哄的雅秀服裝市場，和北京所有的老外、老中湊熱鬧，磨練討價還價的技巧。偶爾進二環逛逛前門大街老店，去內聯陞買布鞋，進瑞蚨祥做中式禮服。總之，北京是血拼者的天堂，只要你想得到，任何物品都有超大專賣場，每個賣場都有幾個足球場那麼大，讓你一進去就眼花撩亂、走得雙腿發軟。中國人有巧思巧手，擅長模倣，又肯勞動，可就是人太多，競爭壓力太大，任何東西一打開市場，立刻氾濫。

遷居之前，很多人警告我們，外國人住北京最大的挑戰，是空氣污染與沙塵暴。因為污染，會常生病，病了又不容易好。2006年春天來過一次強烈沙塵暴，據報導一夜總降塵量達33萬噸，秦哥秦嫂回憶時仍嘖嘖稱奇，說前一天晚上睡前一切正常，早上醒來發現室內傢俱和地板全蒙上一層細灰，推門出去，驚見整個世界變紅了，陽台、馬路、車子全罩上一兩公分厚的紅土。其實就算沙塵暴沒來，北京灰塵也大。冬天開暖氣、夏天開冷氣，一年到頭難得開窗，但室內仍灰塵撲撲，每天都得擦洗。別墅的二樓陽台和庭院露台，純為裝飾，我從沒見過哪家人坐在陽台上休息，露台也只在宴客時擦洗一番，派上用場。司馬家很幸運，客居北京期間並未遭遇嚴重沙塵暴。

令我印象深刻的是四月的楊柳飛絮。頭一回遭遇，我騎單車去日祥廣場買菜，去程只覺得天濛濛的，不清爽，回程沿濱河路一路騎來，只見米白、米黃的小毛團漫天飛舞，彷彿天降大雪，迎面拂來，讓我睜不開眼睛。小毛團碰上任何物體便沾黏不放，回到家裡，我的頭髮、衣服、單車、購物袋，一片絨白。我覺得飛絮挺新

鮮浪漫，趙師傅卻十分厭惡，總是一到家便抽出車子空氣濾清器濾網，在水龍頭下一邊清理，一邊嘟嘟囔囔埋怨。

沙塵暴並非年年來，楊柳飛絮頂多持續兩三週，北京最大的空氣污染源是機動車排放廢氣和入冬後燃煤供暖。大貨車在早上6點到午夜之間禁止進入五環，平常少見，偶爾趙師傅帶我們出城，可在五環交流道外一睹數千輛大卡車排隊等進京，長龍綿延數十公里的奇景，中國有多少排氣檢驗肯定不及格的老舊柴油車還在路上跑，這時便一目瞭然。至於燃煤供熱，北京因為燒煤，冬季天色永遠灰濛濛，而且到處瀰漫一股煙味兒，僅目睹電廠巨型煙囪日夜不休地吐出騰騰白煙，已經夠嗆，再想像必然普遍存在的老舊燃煤鍋爐，甚至燒柴爐…。

為了讓奧運順利舉行，同時藉舉辦這次國際矚目的重大活動，將中國迅速推向更高的平臺，政府大刀闊斧地採取多項改進措施，半強制、半補助地淘汰燃煤廠，改建燃氣廠，禁止大貨車進入五環，所有機動車依車牌尾號限行。所有市民，包括外國人（尤其是他們的司機），隨時密切注意政府的腳步，彼此提醒，亦步亦趨，否則便得挨罰。變化如此劇烈，人民不免有怨言，但衝著把奧運做好，給中國掙面子，加上淨化空氣的確成效卓著，北京再度常見藍天，順義居民偶爾還瞅得見懷柔密雲的郊山影子，大家也就認了。

然而政府想改進的對象不只是空氣污染，或基層建設而已，政府還想在幾個月內提升中國人的精神文明，和北京市的城市文明；政府想美化市容，禁止人民隨地吐痰，大聲喧嘩，闖紅燈，橫穿馬路，不排隊，亂抽煙，在公共場所或體育場對旁邊的人做出不文明的舉動…。於是，在政府的發燒帶領下，整個北京城一齊狂熱地向

「文明」這紅火的目標衝去！

以我們最常走的京順路和機場高速為例，四環以外，沿路仍有許多老村莊、舊胡同。奧運前來了如螞蟻雄兵般的大批民工，將長十公里的路兩旁，各砌一道綿延不斷的波浪形中式古典圍牆，每隔幾尺鑲嵌不同花格與幾何圖形漏明窗，擋住後面扎眼的破民宅。牆外每隔一段距離開闢花圃，再挖來百株姿態挺拔、斑結虬曲的老松種下。商店聚集處，加蓋如牌坊般的建築正面，以求整齊劃一。四環以內，舊胡同早已拆光，路邊所有住宅及辦公樓層，外牆一律重新粉刷；機場高速公路上的交通標線全部重漆，奧運專用道每隔數尺並以五彩加漆奧運標誌。不僅主要幹道的兩側或中央分隔帶，所有重要機關及大型商場正門前，一律佈置巨型花架，擺滿小花盆，花朵顏色以紅配黃為主，路上因此常見澆水卡車，在乾旱缺水的北京市內嘩嘩澆水養花。市內到處插滿標語牌，提醒大家「文明國民不隨地吐痰，隨地吐痰最高罰款 50 元」。每月 11 號訂為排隊日，許多穿著制服背心、受過首都精神文明建設訓練的志工，在各公交車站向遵守文明指示的人 勵鮮花或福娃…。

在政府民間發燒合作下，北京的空氣污染不再是一大挑戰。相反的，我相信司馬家有幸目睹了現代北京淨化空氣、美化市容的輝煌時期。[2]

2　奧運過後，公路旁花圃棄養，老松枯死，政府目標轉向，先拆除那兩道綿亙數公里、開了漏明窗的中式圍牆和各商場統一牌樓，接著拆後面老村莊、舊胡同。待 2011 年回北京，京順路兩旁已被夷平，後沙峪村也拆了。這幾年迅速改建高樓，趙師傅說順義已經完全改觀變樣了。

優山美地

　　給我最大挑戰，讓我天天頭痛，飽受精神壓力，不是別的，是我們住的那幢豪宅。

　　遷入後，我立刻發現這棟大房子到處都是問題，不但地下室時時漏水，而且電路紊亂，動輒短路，燈泡常炸，電視收不到訊號，就算收得到，畫質也污七八糟。

　　優山美地別墅區僱用來自山東的「中國金牌管家」魯能物業，區內大凡警衛保安、清潔勞務，所有公私設備，如電力、空調、升降電梯、給排水、保安系統等的維修、保養與記錄，全由魯能負責！這是別墅區打的廣告，由置業經紀背書，可惜只是理念、理想，和事實有點差距。

　　剛開始，每天起碼打幾次電話給物業辦公室，請人來修理這、修理那。頭幾天，一叫人立刻到，一來至少兩名大漢，穿制服，態度親切，進屋裡東瞧西瞧，看看我們搬來什麼傢俱，問我和司馬先生打哪兒來，再和小陶阿姨閒扯兩句。過兩個禮拜，等所有水電師傅都輪流來過了，再打電話叫人就得等上個把鐘頭了。

　　電路問題的癥結很快曝光。師傅第一次在我面前打開總配電箱，我下巴差點沒掉下來，裡面的電線一大團，箱門一開便爆出，看不見隔離開關掣！師傅把糾纏千千結的電線撥開，扯出些蜘蛛卵囊、小蟲屍體和許多灰塵。往裡瞧，開關掣看見了，但沒一個有標示！難怪總修不好，因為沒人知道哪條線接哪個開關，哪個掣負責

哪個區塊。

需要隔離關電時，師傅們一人守在配電箱前，一人站在事發處，一個揳一個揳試，彼此大聲吆喝溝通，總有碰對的時候。絕緣後，頭痛醫頭、腳痛醫腳，反正住戶無限供應燈泡及零件。修完後，師傅總會從口袋裡掏出一小捲白色薄膠帶，將所有動過的電線裹上幾圈，難怪配電箱裡的電線愈來愈大團！

後來我發現那白色的薄膠帶是魯能物業師傅們的萬金油，不論修水管、修電路、修任何東西，都大量用它。它叫作聚四氟乙烯薄膜（ptfe tape），又稱生料帶，據說具潤滑及密封作用。

家裡每天門庭若市，穿制服的師傅進進出出，他們用光了無數捲白色生料帶，我也報銷了幾打燈泡，我決定撥秦嫂給我的一個電話號碼，花幾百塊人民幣，請外面的水電工來徹底整頓電路及配電箱。這位收費的師傅單槍匹馬，花一整天時間，樓上樓下和屋裡屋外走遍，天花板牆板能掀開的全掀開，最後還把配電箱裡那一大團電線全扯出來剪掉。等史提夫下班回家，我迫不及待地帶他去看配電箱，箱門打開，裡面清清爽爽，每個開關揳上方小格裡清楚標示區域，一個揳只接一根短電線，所有電線整齊排列，終於像個配電箱了。史提夫嘆口氣，笑了。

花錢整頓之後，電路問題並未因此徹底解決，但出狀況的機率大幅減少。電視訊號由物業總機房控制，小朋友也學會不再堅持，看不到電視，改看影碟！在北京，任何他們喜歡看的卡通及兒童節目，都可以買到成套的海盜版，畫質多半不差，可謂失之東隅，收之桑榆。

但漏水的問題，可不那麼簡單。

地下室有個小隔間，像個半土庫，開了天窗，採自然光，北京冬天氣候嚴寒，中央空調主機和供熱鍋爐全擺在裡面。小隔間的內牆也裝了玻璃窗，從地下室可以看見「機房」裡的幾大件機器和縱橫在天花板和牆上的巨大金屬管路。剛搬進去時我沒往裡面多瞧，心想那是物業負責的部分，我們不必涉足。我大錯特錯了！

電路問題甫舒壓，不必每天招呼上門的物業師傅，家裡還沒清靜多久，一天早上捲起袖管的小陶面色凝重跑來向我報告：

「太太，地下室淹水啦！我剛去地下室拖地板，本來想把那個小房間也拖拖，開門看見裡面一地的髒水！那房間好髒啊！」

地下室雖大，卻只隔出一間機房、一間巨廳、一間巨大的臥房和一間磁磚地板架高的衛浴間。我本想把巨廳佈置成孩子們的遊戲間，但地下室有股難聞的陰濕霉味兒，因此遲遲未動手，只把還沒拆開的紙箱堆在牆角，成了所有我不想面對的事物的聚集點。

我不情願地跟小陶下樓，第一次打開機房門，發現房內地板比外面低了至少 10 公分；淹了薄薄一層污水，果然到處髒得一蹋糊塗。我往上看天窗，北京的春天氣候乾燥，雨季未來，天窗玻璃蒙了厚厚一層灰，水不可能從外面漏進來。小陶指指門後一個金屬大缸，幾道水注正從缸蓋底下滲出。

物業派兩位師傅來，他們打開缸蓋，只見一缸子污水滿到缸邊，很噁心。師傅若無其事地解釋，排水控制系統被沾黏住了，不靈光，他清清便好。我趕快上樓，交待小陶留下監督，腦海想像師傅清理完畢，又會從口袋裡掏出一捲生料帶，裹上幾層。

沒過半個鐘頭，師傅就微笑告辭了，我看見小陶一臉憤懣，拿了幾塊抹布正待下樓。我問小陶怎麼了，顯然她已憋了一肚子氣，

極需發洩。

「每次這些師傅來修理東西都把家裡搞得亂七八糟，然後就丟下讓我們這些做阿姨的清理，太太妳看他們把我剛拖好的地板踩得這麼髒！」小陶指給我看地板上的腳印，嘴裡繼續嘟嘟囔囔下樓去了。

同樣的情況，每隔幾天持續發生。我和史提夫不得不介入，想搞清楚到底為什麼老修不好，是否應向房東抱怨，請房東更新設備。我們請物業安排資深師傅在史提夫下班回家後上門修理，並請他面對面解釋整個系統，再由我這完全不懂機械的外行人翻譯。師傅的解說，我一知半解，想再翻譯成英文，腦袋一片空白。沒想到史提夫東看看空調主機和供熱鍋爐，西瞄瞄複雜的金屬管路，已得出結論。當時沒作聲，等物業師傅走了以後才對我說：

「找房東沒用！房東買的全是歐美最貴的機件，可惜他找了一群猴子來裝管路。這棟房子蓋的時候根本沒替空調和暖氣系統設想，現在冷暖氣合用一套管路，所有污水全集中在一個缸裡，我看這個缸的污水處理和溢水系統又爛…。反正就是應付不了！這不是我們的房子，我看妳別管了。」

物業看外國先生出面了，有點緊張，隔天派三位師傅過來清洗污水缸，重新施放化學藥劑，搞了大半天。清完之後，污水外溢情況稍為好轉，但很快又故態復萌。我叫小陶別再去清理那間機房，沒事在窗外查看一下便可，淹水時叫物業派人來修，修好了再一併清理。

發現機房漏水的同時，我意識到地下室衛浴間的地板滲水得屬

害。新買的膠底棉地墊，才鋪上幾天，已經濕得可以擰出水來。我跟秦嫂報怨，她只輕描淡寫地說，一買下房子，她便把地下室所有排水系統全封起來，衛浴間也改成其他用途的房間。

「大陸賣別墅，只賣你一間毛胚屋，沒有磚牆，就一個殼子，灌上水泥，誰給你做防潮層、絕緣保溫啊？！」

不想進地下室，還由不得我。機房漏水問題才決定放棄不管，我馬上做了一個愚蠢的決定：我想啟動院子裡的噴射按摩池，圓孩子們的夢。

我特別請管理優山美地會所游泳池及三溫暖的公司，派人來家裡評估、清洗，並購買維護藥劑及用具。水池顧問上門，我請物業也派師傅過來，大家當面溝通，確定將互相支援。會所的游泳池和三溫暖看起來很棒，我願意花錢，找同樣一批人來管理，這樣應該沒問題吧。注水那天，非常隆重，四個大人圍聚小水池周圍，物業派來兩位師傅，監看冷熱水管出水狀況，不時掏出白色生料帶，這裡裹幾圈，那裡裹幾圈。水池管理顧問一直等到水注滿，施加藥劑，核對數據後才離開。

孩子們放學回家，迫不及待換了泳衣，跳進池裡，啟動噴射噴頭，在水裡跳上跳下，搞得水花四濺。我才把他們的書包衣服整理好，正想出門去看他們玩，兩位小朋友已經衝進門了。

「好不好玩？」我興沖沖地問。

「好玩！」兩個人漫不經心回答，一邊忙著剝泳衣，一邊開電視、找影碟。

「不再出去玩了嗎？」我訝異地問。

「不出去了，」海倫代弟弟發言。「水冷！」

我撿起丟在地上的泳衣，一股嗆鼻氯味，刺得我兩眼發疼。

我蹀出門外，走到小池邊，將手探進水裡試溫度，濃重的氟味令我不由自主地偏過頭去，水因為加了太多化學藥劑，摸起來黏滑滑的；溫度果然低，一點都不熱。照理說按摩池設備應可將常溫水自動加熱至預設溫度，更何況我們先送熱水，只需恆溫，這樣馬達也會負荷太重嗎？

水池保養顧問又回來幾次，嘗試重新注熱水，物業師傅繼續在冷熱水管接頭上纏繞許多圈生膠帶，我的心情從生氣，到洩氣。最後物業師傅宣布，他們認為問題可能出在按摩池漏水，馬達來不及加熱。

兩個孩子再沒下過池，史提夫從一開始便對此事不看好，不願介入，我感覺自己一頭熱，極為可笑。我跟物業師傅講，放水吧，不用這個池了。師傅說，那我們得想法子把水管裡的水都放乾，否則冬天水管會爆。

隔天來了兩位師傅，進地下室機房裡敲敲打打、製造噪音好一陣子。安靜一响後，上樓來匯報：有點難度，明早再回來，今晚請讓阿姨用容器接夠水，因為得先把給水總管關上，會停水幾個小時。

早上，三位師傅拎著大工具箱和鋼鋸來了，我出去避難，讓可憐的小陶留守城堡。等到中午回家，工作尚未完成，小陶一張臭臉。我下樓查看，只剩下一位師傅，一臉迷惘地站在零零落落扔在地上的幾截鋼管中發呆。「兆頭不妙！」我心想。彷彿盡義務似的，我踏進機房，抬頭看看橫過天花板的管路，中間斷了一大截。「大不妙！」

師傅開始絮絮叨叨地解釋他們為何必須改管路，我的頭發脹，實在聽不懂，也不想搞懂。

「師傅您看還要搞多久？今天弄得完嗎？我們儲水有限，下午還得做飯給全家吃哪！」我突然有股強烈的無處安身之感。

那位被同事丟下孤軍奮鬥的師傅一臉驚惶，結結巴巴答道：「這個…，應該下午就可以裝好吧。另外兩個人先去吃飯了，午休後就過來。我看…，我也應該去吃飯了，太太。」我疲倦地對他拱拱手，表示謝意，送他出門。

下午三點過後門鈴才響，跟我講過話的那位小師傅，帶來兩個生面孔，拎著焊接槍和防護面罩，神情凝重下樓去。這一次他們不僅在下面製造可怕的噪音，還不時製造可怕的氣味，瀰漫整棟屋子。孩子放學後，免不了抱怨味道難聞，我帶他們和狗去小區外的公園混時間。返家時，史提夫已經到家，臉色難看，和我相對無語。反正沒水，我請小陶準備簡單的晚餐，讓她早點回家，小陶如釋重負，終於輪到她出門避難了。

一家人圍桌坐下，在不時傳上樓的噪音和臭味陪伴下，食難下嚥。晚餐開動不到 5 分鐘，燃燒金屬的臭味突然變成一股更難聞、燃燒塑料的臭味，史提夫把筷子一放，霍地站起來，衝下樓去，我急忙跟著，踏進烏煙瘴氣、燈光都變了色的地下室機房。

下午來的三位師傅，這時又只剩下一位，他正站在梯子上，高舉焊槍，對準塑膠絕緣層沒拆乾淨的金屬管猛攻，火雖然沒直接燒到絕緣層，但最外層的塑料因受熱已開始發黑融化。

史提夫用力拍他的腿一下，大叫：「Stop!」

師傅踩下梯子，關上焊槍，摘下面罩，赤紅的臉上沾滿汗水污

漬，眼神充滿驚愕。

接下來的對話有點混亂。史提夫對著我講英文，不時回過頭去對著師傅一邊搖搖手指，一邊講幾個中文單字，像是「不可以！」、「不好！」之類。同時間，師傅忙著解釋，我忙著替兩個人翻譯。

史提夫一開口便如黃河決堤般講一大串：「你想找死嗎？你不知道燃燒聚苯乙烯所產生的氣體有毒？你又把門關緊，這個房間密不通風，你關在裡面會出人命的，我可不想有人死在我家裡！」

師傅結結巴巴，基本上是在道歉。他說工作落後，因為早上來的第一批人把管路切錯了，耽誤太太一整天沒水用，物業很抱歉，所以交待他加班，務必今晚要做好。

我發現他倆在各說各話，便打斷師傅，再次強調先生擔心的是燃燒塑料絕緣層有毒。

師傅又連聲道歉，把焊槍放下，往梯子上爬，一邊表示他現在就把絕緣層給全拆了，然後再焊。

「你別做了！」史提夫突然大吼，把我也嚇一跳。我很少看見史提夫這麼激動過。「你可以回去了！讓我們安心吃晚餐！」

我們當然無法安心吃晚餐。師傅留下所有工具，夾著尾巴跑了。史提夫把一二樓的窗子全打開通風，隔天上班前親自打電話給物業辦公室，不管對方是否聽得懂英文，講了一堆。九點正，門鈴響，三位白袍師傅，包括昨晚留下的那位，站在門外等。這三位師傅忙活四、五個鐘頭，進進出出，一會兒消失，一會兒又搬來一箱箱東西，也沒聽講他們得吃飯或午休，一直做到下午兩點多，終於堆滿笑容地向我報告，可以用水了，管路都接好了！

經過那次烏龍事件，我徹徹底底放棄地下室，不再對它懷抱任何企圖。一旦接受事實，反而釋然，開始覺得一樓二樓真好，明亮寬敞舒適，更何況還有個大院子，可以讓我實現結合花園與菜園的夢想。

　　在北京租別墅，有個奇怪的約定，入住時房東承諾給房客一筆「置家費」預算，房客有任何不滿，或需要添置傢俱，請自理，留下發票，在預算內皆可報銷。用那筆置家費購買的物品，搬家時還可帶走。通常外國太太會用那筆預算，啟動她們上潘家園或高碑店蒐集中國古玩及傢俱的使命。得知我也有一筆一萬元人民幣的預算，連續好幾夜我都興奮得睡不好，忙著在腦海裡計劃、在紙上畫圖。

　　溫榆河與京順路交角本有一大片違章花市，我在那裡找到從河南來的孫先生，請他批購花、草皮及果樹，並幫我整地種植。孫先生帶他愛人來，兩人先在正對客廳落地窗的圍牆前種下一大片芍藥，在露台周圍種滿月季，在乾涸的按摩池周圍和車庫前種下牡丹，再沿後院圍牆種下柿、桃、杏、及蘋果樹各一。接著他幫我闢出一片玉米田，送我一批老玉米種子，教我如何播種；又在窗台下和車庫牆旁闢出三小片菜圃，一片種大小蕃茄，一片種黃瓜苦瓜，一片種豇豆四季豆；再在孩子蹦床旁的牆角掘出 L 形圍種地瓜。地瓜苗是趙師傅找來的，趙師傅教我用土堆出一道高埂，將苗子種在埂尖兒上。我還訂了一批青石板，孫先生幫我舖出步道，最後把剩下沒種樹、沒闢花圃菜園的部分，全舖上柔軟的草皮。

　　接著，孫先生介紹我去找一家專做花園木架的店，請他們搭建

了三片木架，一片搭在正方形露台上方，一片長方形架自花園小門起始，伸入庭院，架下即是青石步道頭；第三片只用兩根木柱，支撐向前伸出的棚架。

我和孫先生約定，木架做好，再請他回來種爬藤植物。沒想到政府在蓋京順路兩邊的中式圍牆之前，首先拿溫榆河旁的花市開刀，派來大隊警察和一輛押解犯人的黑色囚車，一天之內就將那片違章花市夷為平地。政府接著在通過京順路的機場高速公路高架橋下火速蓋起孫河花卉市場，我在那兒找到孫先生，兩人在花園小門邊種下金銀花，棚架下種紫藤。趙師傅從密雲山上帶回幾只齊白石畫中的葫蘆，我打破兩只，在露台周圍七根木椿椿角各埋下幾粒種子。司馬家的速成花園兼菜園頭一年的種植部分，到此完成。

總的來說，園子很成功。雖有失敗的例子，像是費用最高的草皮，即使孫先生提供售後照拂，小陶殷勤澆水，仍率先壯烈成仁，教我認清在北京這般嚴酷極端的氣候下種草皮，其實比在休士頓種特別能夠抗濕熱的聖奧古斯丁草，更不符合經濟效益。我特別要求栽種當地果樹，但蘋果樹仍為病蟲害所苦，一粒蘋果也沒結。柿子樹是北京到處可見的行道樹，就像枇杷在休士頓無所不在，但在美國懂得吃野枇杷的人少之又少，因此每年夏天任我和孩子隨手採摘。我以為北京的柿子樹該像休士頓的枇杷，百毒不侵，結果我種的那棵雖然挺會結子，掛果後卻容易掉，不掉也多半長斑長白點。我試過噴灑浸泡煙草的黑水和稀釋過的清潔劑；沒用，愛長蟲的照長。院子圍牆外有一大塊公共綠地，也種了 3 棵柿子樹，年年結實累累，一粒粒柿子油光水滑，從墨綠慢慢變成金黃泛紅，完美無瑕。可見為了美觀，物業不知噴灑了多少農藥。

種果樹得病蟲害苦無對治，是煩惱，但比起豐收時的喜悅，微不足道。大小蕃茄、黃瓜苦瓜豆角，循序結子，按時收成。葫蘆瓜頭一年夏末便綠葉成蔭，掛了上百粒胖大的瓜，有些沒腰身，但絕大多數形狀優美。我在台灣從沒見過葫蘆瓜，遑論吃它。每天仰望那一片潤澤如玉的可愛葫蘆，一天天豐滿，我心想就算難吃，種來觀賞也值得。沒想到第一次剪下三粒沒腰身、姿容差的，燒了一鍋，味道之鮮美，把所有我吃過的瓠瓜都比下去了。老玉米初冬莖葉敗後收成，每株可收一根玉米，玉米仁顏色米白，蒸熟後味甘，極有嚼勁兒。習慣吃黃軟甜玉米的史提夫和兩個孩子，吃後有點失望，以後叫他們再吃，興趣缺缺。我偏愛那股嚼勁兒，正好留著和小陶分享。北方老玉米讓我憶起還沒見過黃色甜玉米的童年，老阿公店裡賣的一根 5 毛的白玉米，就是這味道。

　地瓜收得少，每年頂多二、三十個，因為我種地瓜主要為了吃葉子，每週剪一兩次，養份多消耗在長葉子上。

　隔年，庭園繼續帶來更多的驚喜。從未照顧過四季分明花園的我，得見冬天植物凋零寂滅，春天萬物萌發，時而靜止，時而攸忽的過程，彷彿每天都在目擊偉大的奇蹟。最神奇的是芍藥叢，出其不意便從無到有，爆芽、挺莖、吐葉、結苞，彷彿還來不及深深吸一口氣期待，朵朵碗大亮粉紅色的花已盛放。我簡直不敢相信，居然能擁有一小片媲美台北南海路博物館荷花池的粉紅花海。單瓣芍藥的花瓣比荷花瓣輕盈，如蝶翅般在五月徐徐吹送的春風中搖擺顫抖。彷彿還來不及長長舒一口氣讚嘆，盛放的花朵便開始集體殘落，一年一次的青春燦爛，如星馳，如電掣，稍縱即逝。

　芍藥花盡，牡丹開。芍藥花季的戲劇性在倏忽，牡丹花則將

戲劇張力發揮極致，過程漫長。一粒粒花苞，緩緩醞釀，膨脹再膨脹，鼓凸再鼓凸，直到花莖彷彿再也不能承受花苞的重量，即將折倒吻地，隔天它依然不開，仍堅持繼續醞釀。等待花開的心情像根絲，懸而不決，愈繃愈緊……。然後，不經意地，密切注意的花苞已兀自綻放，那便是一朵牡丹一齣戲的高潮——而牡丹花開的高潮多麼不同凡響！

我終於徹底同意，牡丹乃花中之王。牡丹花巨大，卻絲毫不呆蠢，兼具大氣與靈秀的神韻，姿態既豔又雅，香氣濃郁，卻不俗膩，也不怪異，插一兩朵，滿室芬芳。正！這一個字足以形容牡丹；牡丹的形態、顏色、香味兒，全都正極了！

月季生長不理想，或許因為移栽後需要時間紮根，或許栽前沒施堆肥。但一年生草本花卉價廉物美，我添購大小花盆，窗台、露台、前後院擇重點擺設，便顯得花團錦簇。只要陽光充足勤澆水，盆花永遠發揮最大邊際效用。

我的關注重點，仍是蔬果。4月，杏子結滿一樹，沒長一條蟲。我突然明白，為何要「開門見杏」。大陸人想錢想瘋了，花卉市場裡賣的植物，名字裡幾乎全帶「金」、「銀」或「財」三字。杏子豐收時，掛滿一樹黃金，給人無邊幸福的錯覺。我和史提夫分三次收成，合計收了20多公斤，近300粒杏。我想分點給趙師傅，他看我那麼寶貝，堅持不收，說出了六環，菜市裡堆一地，一斤2毛，太太您留著自己吃吧。我聽了又好氣又好笑，說我們家的杏是有機的，不一樣，硬塞了一袋給他。

我的確覺得自己種的杏好吃，又甜又鮮。史提夫本來就愛吃杏，因為這棵杏，對我務農的嘗試褒揚一番。

生長季節一開始，反正草地死光了，我在玉米田周圍加闢菜圃，根據第一年實驗結果，只種Ａ菜、莧菜和芫荽，這三種菜和地瓜葉的味道，蟲都厭惡，避之惟恐不及。我又在葫蘆瓜架和紫藤棚下加種幾株日本小南瓜，在長形木架下種貓耳豆。日本南瓜是唯一需要人工授粉的作物，開花期間，每天得巡邏查看，雄花多，雌花少，必須在雌花盛開當天用刷子把雄花粉刷在雌花蕊上。南瓜花只開一天，傍晚花謝，想再授粉為時已晚。貓耳豆又嫩又甜，小黑蚜蟲也喜歡，幸好貓耳豆多產，我撿蚜蟲剩下的吃。豇豆尾巴也易生蚜蟲，用水沖掉或將蟲蛀部分切掉便可。

　　那時我已透過樂活城店長介紹，認識劉小平。密雲之萬農莊已具規模，小平回到北京市內，用藏在鬧區中一塊20畝大的地，替一所供應有機餐的國際學校種菜。小平非常熱心，隨時隨地，不分對象地推廣有機農耕，來看過我院子後，大概覺得土壤貧瘠得可憐，表示願意免費提供我他製造最有效的有機肥——沼液！從此趙師傅定期帶我去小平的農場，一次提一兩百升沼液回家施灑。加上我繼續在車庫裡養蚯蚓，製造蚯蚓肥，2008和2009年兩個夏天，已極少購買蔬菜，堪稱自給自足。每天晚餐桌上都有自己種的綠葉菜可吃；史提夫會問：「今天吃Ａ菜？Ｂ菜？還是Ｃ菜？」

　　小平不但給我沼液，偶爾還送我些雞蛋、蜂蜜蜂王乳⋯，他才不愧是一位自給自足、善待土地，以永續農耕法餵養社會的一流農夫。

　　他那20畝地上原本只有間簡陋的農舍，小平接手後闢建養雞場、豬圈、菜圃及溫室大棚，又挖了五個沼池，把收成的有機蔬菜拉去國際學校，再把學校和樂活城丟棄的爛菜和過期麵包拉回來，

加上自己和農夫朋友清理出的豬牛羊雞屎，通通倒進沼池裡。他安裝管路，用沼池生產的沼氣，供電供暖供廚房所需燃氣，沼液則是最易吸收的有機肥料。

趙師傅每次帶我去拿沼液，總跟小平聊半天。一來北京人愛侃能侃出了名，趙師傅也一樣，只要話說得通，碰到誰都能侃上個把鐘頭；二來趙師傅也是農民出身，特別懷念解放（我們台灣人說是「淪陷」！）後的人民公社時期。那時整個村便是一個生產隊，大家同心協力，互相照顧，合作生產，田裡所有作物，屬於公社財產，大家真的認為無償私占任何勞動成果，是不道德的行為。趙師傅清楚記得自己正在長個兒，餓得慌，偷摘田裡幾粒西紅柿，吃下肚後心裡那股罪惡感。他說那時公社也叫大家挖沼池、用沼液。曾幾何時，沼池變成有機農才用的時髦玩意兒，他覺得很可惜。

其實在北京，除了從知青自願變成農夫的小平，我身邊認識的人本來不全是農民嗎？趙師傅，本來是農民，後來變成替外國人開車的司機。孫先生和他愛人，本來是河南鄉下的農民，搬來北京賣花；我看他腰上綁個裝籽兒的小布袋，在玉米田慢悠悠地走，用人腳趾挖個洞，撒三粒籽，再挖個洞，再埋三粒籽…，顯得多麼自在、相稱。小陶阿姨和她愛人小黃，不也是安徽鄉下的農民嗎？一家人被中國這個時代逼得四分五散，兩夫婦來到京城，從此淹沒在外地農民變民工、變流民的潮流裡。小陶幫傭，小黃學做木工，老媽媽留守家中種點棉花芝麻米麥糊口，看不住上學有一搭沒一搭的一兒一女…。

我感謝身邊這群遺失農民身份的人，沒有他們，我這玩票的外行人，哪能應付還不到半分地大的花菜園？

四川、西藏

　　我們並不知道客居北京的日子將稍縱即逝，但經過生活歷練的成年人都明白，如願以償的美好機緣曇花一現，必須緊緊把握。

　　2007年夏天，當我還在為應付房子大小毛病焦頭爛額之際，和我素未謀面的舅舅和舅媽自重慶坐火車北上，和從溫哥華飛來的媽媽和姊姊在家中會合，成為我們招待的第一批客人。

　　舅舅是媽媽世間唯一存活的手足。好賭又抽鴉片的外公早在兩岸分裂前去世，媽媽並不難過，反而慶幸外婆終於獲得解脫。民國38年，媽媽隻身逃到台灣，投奔已先隨國軍撤台的姨父和大姨媽；外婆、二姨媽和舅舅不願冒險，留在四川。很不幸，大姨媽早夭，媽媽在台灣常覺得自己無親無故。1979年，大陸對台單向通郵，中共政府積極協助人民在台尋親，二姨媽、舅舅和媽媽聯絡上，每次收到舅舅代外婆寫的信，媽媽必定熱淚盈眶，要我們傳閱。我還記得舅舅的字跡工整，但我年紀輕，覺得事不關己，又懶得讀簡體字。守寡的媽媽卻念茲在茲，儘管必須獨力撫養四個小孩，經濟拮据，仍勒緊腰帶，定期寄錢。幾年過去，外婆辭世，母女終究緣慳一面，然而媽媽了無遺憾；盡力了，問心無愧。

　　定期寄錢給外婆養老，接下來變成三不五時資助二姨媽和舅舅兩家，從添購家電，到修房置產，統統有份。媽媽從不忍心，到難以拒絕，失而復得的親情，演變成強迫中獎的義務責任——本是同根生，一個走與不走的決定，導致截然不同的兩種人生，命好的不

能甩掉命苦的！

我們兄妹四人順利大學畢業，自立更生，媽媽手頭稍寬，繼續刻薄自己，照顧他人，負責任，盡義務。

1990 年北京舉辦第十一屆亞運，從事酒店管理的姊夫受邀經營位於三里屯使館區的金世界賓館，姊姊一家帶著媽媽在旅館裡住了將近一年，媽媽趁此機會和姊姊南下重慶探親，順便看看她替二姨媽和舅舅各買的一套公寓。

那次團聚大家開心。勞改搞垮了身體的二姨媽不久辭世，至少她們姊妹見了最後一面，值得欣慰。

北京留給媽媽極好的印象，每次提起，總強調城中心棋盤式的馬路又直又寬，車輛稀少，好不空曠！時隔 17 年，她興緻高昂再訪北京。殊不知，北京建設在這 20 年內歷經空前急遽變化，好比「攤大餅」，不斷向外擴張，人口車輛隨之爆增。二環、三環和四環路，都在媽媽離開北京後完成通車。等我們搬到北京時，六環即將完工。難怪舊地重遊，北京對她而言，已面目全非。

1990 年亞運為 2008 年奧運前導，是中國在國共戰爭後首次承辦大型國際活動，也是北京第一次正式對外界開放。中央投下巨資，欲藉籌辦這兩項活動，讓首都建設崢嶸於世界平臺。大型運動場儘往空地多的市區北方蓋，亞運村在四環內，奧運項目在五環內。基礎設施如公路地鐵一旦打好，商業住宅區自然迅速填滿所有空隙。若從三里屯劃條直線連到東北角的國際機場，針對外資客發展的住宅區，便沿著這條對角線，從東城區，蔓延到朝陽區，最後爆炸成順義區的「中央別墅群」。

媽媽這次來北京，只想待在家裡和舅舅、舅媽聊天，或去秦

哥秦嫂家串門兒。想帶她進城觀光，極難討好。老城區？去過了！新地標？鳥巢、水立方、央視大褲襠？沒蓋好，亂七八糟！北京巨蛋、盤古大觀？不就是現代建築嗎？沒興趣！

那去旅遊吧？還有個地方她想去：九寨溝！秦嫂擊掌贊同。走過大江南北的她，強調九寨溝是中國少見達到國際水平的旅遊景點，因為沒人敢在園區內亂丟垃圾。

我們請舅舅、舅媽看房子，二老欣然同意。舅舅認出優山美地住了幾位退休的奧運金牌得主，我早聽說這便是替祖國爭光的獎勵——給一棟別墅！舅舅雖沒趕上亞奧運，年輕時也曾是足球國腳，大概感覺在優山美地裡度個假挺合適。

我安排 10 天行程，一家四口和姊姊陪媽媽再回四川。先訪佛教四大名山之一峨嵋，去成都，接著走訪道教發源地青城前後山與都江堰，最後進九寨溝與黃龍。

峨嵋金頂海拔高 3077 公尺，早晚雲霧裊繞，總在虛無飄渺間。我們住的金頂大酒店彷彿陰寒洞府，將暖氣開到最大，房內溫度也一直未超過 18 度。頭一晚姊姊便出現高山反應，醫護室送來氧氣筒，她用了一夜，仍難入眠。酒店供應的早餐只有白粥、鹹鴨蛋、油炸花生米和幾樣醃漬泡菜，應付我們母女三人尚可，但對司馬家三位外國人來說，叫他們連續吃兩天稀飯泡菜，有點殘忍。這便是司馬家在內地入住「大飯店」的處女經驗。

我們一家人趁著姊姊和媽媽在旅館裡休息，沿石階步道走下山，遊覽了海拔 2540 公尺的接引寺，再坐大纜車返回金頂。上下山途中，目睹許多挑夫艱辛負重上山；挑夫有年輕的，穿 T 恤牛仔褲球鞋，挑食材、蔬果、瓶裝水、棉被、枕頭、甚至傢俱，送貨進

店。更多的是佝僂老人，清一色矮小精瘦，冷天裡只穿發灰的汗衫短褲和手編草鞋，卻一身大汗。他們揹著幾乎與身齊高的長竹簍，扦一根手柄為 T 字型的特別木杖，走幾步便停下，用木杖支撐竹簍，人再斜靠在竹簍上，稍事喘息，抽根手捲煙。那些竹簍裡裝的不是日用品，而是石頭、磚瓦、和一袋袋水泥或沙。

驅車登峨嵋山途中，隨車導遊便強調，峨嵋山上的每樣東西，都是由挑夫從山腳下挑上山的。中國人多，人工廉價，上山路險車少，人力運輸反而最保險、最划算。

老挑夫們終於登頂後，還得揹著竹簍走到四面普賢菩薩像旁的碎石廣場上排長龍登記重量。負責記錄的全是穿黑西裝、不打領帶的年輕男人，他們在每條隊伍前擺張椅子，斜坐椅上，手裡拿著硬紙夾和筆，身旁擺一台帶秤砣的老式落地台秤，一個個滿臉不耐煩、粗聲粗氣指揮老挑夫輪流將竹簍扛上台秤，再漫不經心移動秤砣，草草將重量記錄在紙夾夾住的名單上，然後擺擺手，趕老挑夫走開，讓下一個上前來。

我問工資怎麼算？「那得看挑上來的貨。有的 5 毛一斤，貴一點的 5 毛 3。」

「這些挑夫一竹簍可以挑幾斤？」我再問。

「能幹的一簍可以挑 200 斤，差一點的 100 多斤嘍！」

「他們一天可以挑幾簍呢？」

「多半一天挑一簍就不行囉，厲害的可以挑上兩簍，也有少數能挑三簍哦！」

我在心裡計算，一天只能挑一簍的，可以領 50 ～ 100 元人民幣。我們剛從接引寺乘纜車回金頂，耗時 10 分鐘，成人票價一張 65

元。

從此我便用全新的眼光來看待大陸深山中到處聳峙的古剎與佛像。[1]

四川不愧為魚米之鄉，沿路稻田迤邐，點綴紅磚農家，六月底的稻穗金黃飽滿，結實累累，一片富饒景象，就像我記憶中的台灣鄉下，不同的是四川農村小路上，花椒樹成行，連葉帶梗，散放一股濃濃的花椒香。成都人似乎很懂得享受生活，到處可見茶館，間間客滿，在人民公園裡遊憩的人群熙熙攘攘，各得其所，氣氛悠閒。

我們回成都待一天，媽媽想吃她懷念的四川麻辣小吃。媽媽雖是杭州人，但和大部分 38 年遷台的長輩一樣，對日抗戰期間隨國民政府流亡重慶，在四川度過青少年成長歲月，講話一直帶點四川口音，生氣罵起人來四川髒話如連珠砲般奪口而出，色彩鮮活。闊別多年，媽媽愕然發現自己的口味變淡了，已經無法消受又麻又辣又鹹的四川菜，倒是遊覽大熊貓繁育研究基地，老少咸宜，遠超預期。

西方動物園裡的熊貓，都孤獨地住在百萬美金打造的空調房裡，死氣沈沈，無精打采。繁育基地裡熊貓數量上百，像極了人類的托兒所，從嬰兒室，一歲苑，兩歲苑，到最有意思的 2 ～ 4 歲苑，按年齡分班。一歲和兩歲的熊貓寶寶固然憨態可掬，但體能尚

1　峨嵋山索道因干擾生態，2007 年停駛。峨嵋金頂海拔原為 3077 公尺，汶川地震後增高兩呎，變成 3079 公尺。汶川地震青城后山災情尤其慘重。

未發展，動作不多，互動更少，多半獨自在樹上或樹旁打盹睡覺。2 到 4 歲的熊貓，半大不小，毛色仍如一兩歲時那般黑白分明、潔淨油亮，體能卻好比體操選手，無所不能。牠們尚未性成熟，天真浪漫，也還沒變成獨棲型動物，永遠成群結黨，就像人類少年，各個精力過旺，無論從事任何活動，都散發出熱情與新鮮感，且百分之百投入。園囿裡有鞦韆、翹翹板、竹棚、木椅、球、帚把…，熊貓少年三五成群，遊玩方式和目的，不外乎你推我擠，彼此捉弄誘騙，爭玩具，搶位子，調皮搗蛋。

一遊成都郊外大熊貓繁育研究基地，徹底改變我對大熊貓這個物種的認知與印象。

青城前山的道觀密度極高，每走一小段山路便遭遇一座宮觀，每座宮觀都不大，卻都有一進進的殿，一層層的閣，精雕細琢，釉彩華麗，異常繁複，且觀光客如織，摩肩擦踵，很快便令人感到疲倦。

各宮觀或天師修煉的洞穴「仙館」內，可見許多道士出入，或坐在小桌後看守，這些 21 世紀的道士仍留鬚蓄髮，頭頂挽髻，身穿青灰色小掛長褲，腳套高筒白襪布鞋，符合功夫電影裡的人物造型，然而浪漫色彩闕如。大陸許多著名廟宇，如今已變成觀光重點，常見其中出家人，腦滿腸肥，眼神閃爍，讓我懷疑他們是職業和尚。青城山上的道士，個個面黃肌瘦，毛枯髮稀，加上無名指和小指留著泛黃的超長指甲，雖無縱情食色之嫌，卻有不夠衛生之慮，難叫俗人景仰。

遊青城后山，我們向媽媽告假半天，帶孩子倒走龍隱峽棧道，

方知「青城天下幽」，當之無愧。

龍隱峽左右兩山相距咫尺，棧道修在半山腰，緊貼峭崖，凌空架板，蛇行而下。往上盯，掛滿青苔綠葛的絕壁夾峙一線藍天；往下覷，清涼深邃的飛瀑山澗時遠時近，完全是金庸武俠小說裡的場景與氛圍，霎時將我拉回百年前的中國。青城派為中國四大武學門派之一，走一趟與世隔絕、出奇艱險亦出奇清幽的龍隱棧道，才能想像高人的武藝與胸襟，如何練就。

離開青城山赴機場途中，停留都江堰參觀半日。都江堰由戰國時代秦國蜀郡太守李冰始建，二千多年來持續治理岷江，因為它，四川才成為「天府之國」；它也是現今世上唯一留存無壩引水的重要水利工程。來到江邊，看不見高聳突兀的堤壩，除了1974年才建成的一道混凝土水閘，取代了過去全用自然材質製作的杩槎與竹籠外，所有古時修建的巧妙工程，已與自然融為一體，相較於其他以人工建築壯舉聞名世界的水利工程，如馴化科羅拉多河的胡佛水壩，都江堰好比一股清流，體現東方賢哲精神。治水的李冰崇尚道家思想，建堰的指導原則為「道法自然」、「天人合一」；睿智為體、濟世為用。後世尊李冰為「川神」，當之無愧。

此行最後兩站為岷山上絕塵脫俗的黃龍及九寨溝，自然景觀的確美到極點，可惜和大陸所有著名觀光景點一樣，人滿為患。尤其是黃龍，主景區只有黃龍溝一條，所有遊客全集中在同一條棧道上，果真應了「上山看屁股、下山看人頭」的謔語。

陸續將客人分批送走，司馬家在一個月後，再度揹上行囊，奔赴西藏。我懷著朝聖的心，一償宿願；身為地質學家和火車迷的史

提夫，期待搭乘通車才一年的青藏高原鐵路，踏上世界屋脊。

我們先從北京飛至西寧，隨地陪遊塔爾寺，晚上 10 點半，自行登上由西寧駛往拉薩的火車。隔天晚上 11 點半抵達拉薩，全程 25 個小時。旅行社替我們訂了四人軟臥，獨立車廂，有門可鎖，小朋友首次坐火車臥舖，興奮到極點，衝去列車尾的衛生間漱洗完畢後，立刻盤踞兩邊上舖，鑽進雪白枕頭和棉被堆成的堡壘，玩一會兒裝在床頭牆上的吸氧管之後，很快安靜下來，進入夢鄉。

暗夜中行經青海湖，黑影綽綽，石岸、水紋、山形，模糊一片，我也被催眠了。夜間曾被戛然而止的火車震醒一次，伸長脖子往枕後窗外盯，一座孤伶伶的小白房，兀自佇立在無邊無際的石礫荒原中，火車光暈籠罩處，看不清覆蓋石礫表面的是雪還是霜。小站裡無人，也不見有人下車，我不知為何而停。不久，火車長長一聲嘆息，離開那不似地球表面荒涼寒凍的曠野。躲在瀰散式供氧包廂內溫暖被窩裡的我，無法想像站在那片野地裡的滋味。

再醒時，天色已白，火車進入 4500 公尺以上的凍原，包廂外走道上方的電子字幕屏隨時播放所經之處海拔高度及山峰或地區名，史提夫待在走道裡的時間多，不時衝進來轉播高度。當火車進入超過 5000 公尺最高段的唐古拉山區時，他的情緒也亢奮到極點，雙眼發亮，不停在緊閉的車窗內照相。火車在唐古拉站稍停，幸好禁止乘客下車觀景，否則他可能會冒生命危險跳出去拍照。

一路上史提夫對中國完成這條鐵路及製造高原型火車的技術讚不絕口。的確，我們關在封閉車廂裡這麼久，從未感覺不適。海倫偶爾吸幾口氧氣，不知是真的需要，還是好玩；史提夫、我和弟弟根本忘了那個裝備。窗外風景不屬於塵世人間，不可方物。然而我

的心情矛盾複雜，兩次駛過風景最美的覆雪山麓時，偏偏看見坦克車隊在進行軍事演習，地面上還畫有砲擊目標。幾次目睹纖巧如精靈的藏羚羊，三兩成群越過不毛荒原，總在火車飛馳經過時，暫時停頓，好奇目送。若不搭乘高原火車，可能我這輩子無緣見到野地裡的藏羚羊。然而因鐵路通行，迫使青藏高原進一步對外開放，繼之而來不可避免的自然環境污染及藏族血統稀釋，絕非我所樂見。

　　火車抵達終站半個鐘頭前，廣播請乘客準備。看見爸媽收拾行李，姊姊很鎮定，坐在下舖吸氧氣，弟弟不知為啥，突然決定把袋裡剩下的小西紅柿全塞進嘴裡，同時一口接一口猛喝水。就在火車進站、車門打開那一剎那，史提夫和我已手提行李，正待踏出包廂，站在身後的弟弟一聲不吭，張開嘴，「嘩！」一聲，又吐得小桌、枕頭、床舖和地板上一灘灘全是沒嚼爛的碎西紅柿。海倫一個箭步，跳出包廂，置身事外。我和史提夫手忙腳亂地找乾淨地方放下行李，查看弟弟是否安好；小矮人沒事，一臉抱歉。我把他推到姊姊身旁，迅速撤枕頭套和髒床單，爹地忙著擦桌擦地。走道上排隊等下車的乘客們，每個人經過門口，都探頭進來瞧兩眼。

　　我和史提夫匆匆結束清潔工作，將髒床單和枕頭套捲成一大包，留在小桌上，滿懷愧疚地牽著兩個孩子下車。

　　拉薩火車站蓋得誇張，可惜我們驚魂甫定，還得找名牌，無心欣賞。很快找到了導遊，他高高瘦瘦，穿一件過於寬大的黃色西裝外套，嘴裡嘰哩咕嚕說著我聽不太懂的英文，一邊輪流在我們脖子上一人套一條白色仿絲布條「哈達」。我特別要求旅行社派一位藏人導遊，他名叫多吉，長眉長眼長鼻子，典型的藏族長相。上車之後，我如釋重負地發現多吉的普通話講得很好，從此用中文和他溝

通。

　　接下來兩整天，我們待在海拔 3656 公尺的拉薩適應高海拔環境，多吉帶我們進大昭寺、布達拉宮，達賴的夏宮羅布林卡和去色拉寺看辨經。非參觀時間，多吉就會消失，讓司馬一家自由逛八廓街，帶小朋友進宗角祿公園玩兒，或在熱鬧的市中心溜躂、看形形色色的人。第 3 天赴山南過夜，參觀與文成公主有特殊因緣的雍布拉康宮。第 4 天因雨季公路被沖毀，無緣拜訪桑耶寺，多吉帶我們返回拉薩，爬城南郊山，鳥瞰拉薩河谷及市區。第 5 天至納木錯湖邊夜宿，途中停海拔 5190 公尺的納根拉山口，史提夫和我本想再往山上走，實在困難，20 分鐘後作罷上車。第 6 天早上司馬一家步行進入扎西半島，登丘頂享受暫離人群的寧靜片刻，遠眺覆雪的念青唐古拉山，俯看湛藍如鏡的聖湖。返回拉薩後，多吉帶我們去一位還俗喇嘛主持的「彩泉福利特殊學校」，看老師傅教孤兒、殘障兒、特貧兒做傳統藏靴、造紙，再用紙做成各種工藝品。第 7 天傍晚，搭機返回北京。

　　入藏七日，隨處可見朝聖者。大昭寺外和八廓街上，蓬頭垢面、衣衫襤褸的老嫗，肩並著肩磕長頭或繞行搖轉經筒，和無精打采斜躺在每個街口正中央大黑傘下、一臉不屑的公安，形成強烈對比。車行公路上，手肘和膝蓋綁著自製護墊的青年男子，貼路邊一步一個大禮拜，後面跟著駕駛破舊拖車的護持，拖車上堆滿破舊的鍋碗瓢盆和鋪蓋，這些摩頂放踵的青年想去哪裡？還得匍匐跪拜走多久？是集結了多少人的祝福和捐獻，才成就他們這一趟積年累月的苦行？在納木錯湖畔，一位相貌端正、衣衫整潔的中年人，正襟危坐在地上一堆黑石板中間，手拿刻刀，不疾不徐正在其中一片黑

石上刻六字大明咒，身邊其他石板，有的已刻好，有的仍空白。我站在他身旁觀看多時，他才抬頭，只對我微微一笑，又低頭繼續雕刻。

然而最讓我難忘的邂逅，發生在前往納木錯湖的山路上。我聽旅行社孫先生的建議，行前在北京購買一批鉛筆橡皮擦和寫字簿。孫先生說：「別給小孩糖，別送他們錢，他們不是乞丐。」那天多吉領我們走一條沒車的山路，就像駛進一幅用壓克力顏料畫的巨幅圖畫，藍天白雲的光澤度和透明度顯著增強，壓迫著眼睛，沒長一棵樹的墨綠山坡堆疊厚度，混淆觀點。多吉在這幅奇異的圖畫裡尋找逐夏草而居，游牧藏人的帳篷。

終於看見羊群和疏落的幾頂帳篷，多吉又叫又笑地跳下車，奔過草原，鑽進距離最近的那頂帳篷裡。一眨眼，穿藏袍的一家人便湧出帳篷，又叫又笑地扯著多吉，朝已經站在草原上的我們奔來，其中兩個小孩突然轉身，一邊高喊、一邊跑去通知搭在百公尺外的另外兩頂帳篷人家。很快地，我們就被十幾位笑得合不攏嘴的西藏人圍在中間。他們不會講普通話，多吉來不及翻譯，一堆人站在那兒無法用語言溝通，只能一個勁兒地傻笑點頭。我不懂他們看見我們為什麼這麼興奮，這麼快樂，反正不會是為了我送的那袋一元 7 本的寫字簿和普通文具。目睹他們住的帳篷和四周山野，我甚至懷疑他們是否用得上這袋文具。但我知道他們的快樂和興奮是真的，而且極具傳染力。他們純然的快樂，令史提夫、海倫、弟弟、多吉、司機和我，通通都跟著快樂起來，大家站在天寬地闊的大草原上，暫時忘卻所有的身分、標籤和包裝，享受著存在於天地間單純直接的狀態。

興奮稍歇，藏家小孩帶領海倫和弟弟去看新生的羔羊，輪流撫摸親吻擁抱，住第一頂帳篷的母親抱出她癱瘓的四歲兒子給我看。這位母親的外表比城裡的藏人更粗糙，頭髮打結成塊，兩頰上的高原紅已泛黑，遮蓋整張臉，然而她的兒子卻難得皮膚白皙透明，五官清秀。多吉翻譯給我聽，小男孩看過城裡的醫生，診斷可能患了多發性硬化症，從未開口說過話，他們家的經濟及特殊生活方式，不允許小男孩就醫治療。

　　我把小男孩接過來，抱在懷裡，他輕得像根羽毛。和他四目交投，我突然感覺心被扯緊，因為我從沒見過這樣一雙黑白分明、清澈明亮的眼睛，裡面沒有不安、沒有痛苦、沒有乞憐、沒有申訴、也沒有批判，只是靜靜、定定地注視我，穿透我，洞見我靈魂的最深處。

　　西藏是獨一無二的。西藏所缺少的不只是空氣而已；任何可以讓生活過得舒適一點、方便一點的東西，像是物質享受、和熙的氣候、肥沃的土壤……，西藏都缺。西藏荒蕪、嚴酷、簡約。但，只要是西藏有的，卻又富足得超過想像。因為空氣稀薄，紫外線強，天空之藍，光之透澈，絕無僅有。西藏的景色體現極簡主義，沒有加工，一切簡化至初始本質的呈現，觀者因此不受任何壓迫限制，置身完全開放的意象空間。西藏之純，讓許許多多的異鄉人，包括我，生出一種極強烈的回家感覺。

　　無論這感覺是直覺，還是錯覺。這家，是前世的，還是心靈的。去過這麼多地方，唯獨進藏，予我睽違已久、泫然淚下的激動。唯獨出藏，留下時不我與、命不由人的痛楚。

不丹

英美兩國的軍人，若被派遣到第三世界或回教國家任職打仗，可在應得假期之外，多拿一個「休養假」[1]。許多歐美大公司比照此傳統，給予駐文明落差懸殊地區的外派人員這項福利。直到 2009 年底，中國仍被康菲公司劃分在此類別內。奧運之後，總部突然意識到中國夠文明，與歐美文化差異不大，外國人住中國並不辛苦，不需離境「休養」。中國政府提升全國文明水平的努力，至少得到美國康菲石油公司認可，從此廢除中國分公司的「休養假」，令史提夫和所有外國同事扼腕。

我們吊車尾，除了回英國和加拿大探親，2008 年秋便利用「休養假」，遠赴不丹。

年輕時某些偶然遭遇，曾激盪出內心莫名的渴望，日後回顧，那些稀罕鮮明的印記，如雪泥鴻爪，正是領路的線索，在意想不到的時候，種子便會萌芽抽苗。

我看過一部老紀錄片：達賴派遣一位老喇嘛，隻身騎馬赴木斯塘王國（Kingdom of Mustang）出使。我因此得知木斯塘、錫金與不丹，同是昔日喜馬拉雅山區依附西藏的藩屬小王國。如今木斯塘

---

[1] 'R and R', rest and recuperation

和錫金分別為尼泊爾及印度兼併，唯獨不丹，儘管凡事得看印度臉色，至少仍保持獨立，且在英明的四世國王主導下，由君主獨裁和平轉變成君主立憲民主國家。

「不丹」來自梵語，意謂「吐蕃的終結」。不幸這名字太貼切，往昔描述有形的地緣，如今指涉無形的精神遺產，不丹成為現今世上唯一完整保存藏傳佛教文化，政教合一的國家。

我有一本藏書，是法籍出家人馬修・李卡德（Matthieu Ricard）為懷念上師頂果欽哲仁波切所出版的攝影集：『覺悟的旅程』（*Journey to Enlightenment: the Life and World of Khyentse Rinpoche, Spiritual Teacher from Tibet*）。每當我心念紊亂，只要凝視頂果欽哲仁波切的照片，便能感受到清涼寧靜。讀這本書，我知道頂果欽哲仁波切流亡之後，成為不丹的「國師」。

史提夫並不清楚我想去不丹的緣由，但他曾徒步走過尼泊爾安納普爾納峰環線（Annapurna Circuit），了解那塊區域的魅力。於是，我們帶著 8 歲的海倫和 5 歲的弟弟，一起去不丹朝聖。

進不丹不便宜，也不准許自助旅遊，我們選擇最低價小團，食宿聽任旅行社安排，價碼仍令史提大咋舌，因為他還跟 80 年代的尼泊爾比。到了不丹他才理解，亟需外資的尼泊爾從一開始便無限制地對全世界登山客及背包客開放，山中民宿伐林升火，垃圾污水不經處理，隨地亂倒，到處童山濯濯，環境污染土地流失情況嚴重。不丹以此為前車之鑑，王室政策的一貫前提，是絕不犧牲自然環境以成全經濟發展，因此嚴禁人民私自砍樹、打獵和採礦。犧牲了經濟與人權，才保住這方現代香格里拉。

進不丹的交通也不方便，必須赴曼谷轉機。不丹皇家航空的 319

空中巴士凌晨兩點辦理登機，5點起飛，中途停印度加爾各答一小時，讓一群身上散發濃重香料味兒的黑皮膚男子登機，機艙內的空氣頓時凝結。短促呼吸一小時後，飛機終於在早晨8點抵達西部門戶帕羅，機窗外細雨紛霏，眼底一片濃綠。小小機場躲在群山環伺的狹長河谷盡頭，只有一條短跑道。第一次落地不成功，什麼都還沒看清楚，飛機已再度攀升，調頭後貼山壁飛行，重新再試；第二次才順利落地。會開飛機的史提夫了解帕羅機場對飛行員的高難度挑戰，全程臉色發灰，眼球貼在機窗上。我趁機細看河谷內零星散布的傳統建築，它們風格獨具，色彩鮮明；每幢平房或矮樓都頂著深色或金色方而薄的房簷，簷面平展，簷角銳利，下方厚重的方牆筆直落地，漆成雪白色，上部鑲嵌窗櫺；每個細節都有稜有角。

小機場內的入境檢查站更特別，看不見任何機器，一切由人工手動辦理。兩座用木板臨時搭建的無頂小亭，堵住大廳入口，亭內各擺一張小木桌和一把木椅，移民官就坐在亭裡，面對桌上一大疊旅客名單，忙不迭地翻閱核對，用筆登記。多位助理手忙腳亂地跑進跑出，提供複印文件。不丹男士普遍身材短小，穿著傳統服裝「幗」，彷彿清早急忙把晨衣往身上一裹，套上長襪球鞋，便來上班。旅客們倒是立刻被這不屬於21世紀的慢節奏同化，排成兩行，悠閒和善地耐心等候。

來接機的導遊塔昔與司機烏金全程隨行。塔昔身高僅1米6，然儀表大方，談吐得體，講一口流利的英式英文，更難得的是他才28歲，整個人卻散發出一股氣定神閒、泰然自若的安定能量。閒聊後得知，塔昔是虔誠的佛教徒，他父親是皇廚，從四世一直伺奉到現今的五世國王。塔昔被送去印度唸軍校，回國後本想考不丹皇家

航空飛行員，可惜家世不夠好，又非皇親國戚，便去安縵集團豪華
旅館工作了幾年，不久前出來做自由導遊，準備將來自己開旅館。
烏金個兒更小，不看臉，簡直像十歲小男生。烏金來自東部，和我
們言語不通，總是默不吭聲，也少見他和路人談笑，並非不丹自詡
「國民快樂指數高」的代表。

　　我們在不丹待 6 天，只停留帕羅、首都廷布、及窩在溫暖河谷
裡的古都普納卡；其間喜獲兩個吉兆，爬了兩座山，撞見國王兩次。

　　第一個吉兆在帕羅發生，從樹上掉下來，被我們吃進嘴裡了。

　　帕羅市容落後老舊，灰塵撲撲，仍像潔米‧翟巴（Jamie
Zeppa）在自傳『超越天與地：雷龍之國不丹的隱密歲月』（*Beyond
the Sky and the Earth: A Journey Into Bhutan*）中所描述 1970 年代的模
樣。足見過去 40 年，不丹政教權力中心阻擋國際化與現代化潮流入
侵，頗為成功。不丹 1958 年才廢除奴隸制度，1961 年鋪第一條馬路
（那時國民平均壽命只有 37 歲！），1974 年才允許外國遊客入境。
半世紀以來的急遽變化，想必仍令不丹人民暈眩。

　　我們的民宿躲在寧靜的上帕羅河谷林間，男主人個子很高，不
理睬政府規定，穿著 T 恤牛仔褲見外賓，勇於叛逆。他鶴立雞群地
站在清一色穿「幗」與「旗拉」的男女眷之間，請我們喝紅茶、吃油
酥餅干，立時讓史提夫感到賓至如歸，覺得不丹這國家文明極了。

　　離民宿不遠，即是不丹最古老神聖的寺廟──祈楚寺。祈楚
寺分新舊兩寺，外觀相似，同樣地小而樸素。兩扇寺門面對中庭花
園，小小的園子裡種了兩株高大的桔樹，雙雙掛滿黃澄澄的小桔
子，吉祥圓滿。右邊那棟是四世國王的皇后於 1968 年下令建造的新

寺，左邊的老寺，正是當年頂果欽哲仁波切停留不丹期間的住處。仁波切圓寂火化後的骨灰，也保存在這裡。

老寺裡只有一間小廳，陰涼寧靜。我問塔昔：寺這麼小，當年仁波切住哪裡呢？塔昔指指旁邊一扇小木門，說仁波切的臥室就在裡面。寺裡沒有其他遊人，儘管那房間不對外開放，塔昔拉開沒上鎖的木栓，推門讓我們進去。

房間極小，擺設簡陋，靠牆搭了張木板舖，寬不盈尺，長不及1米5。我一看這張「床」，眼淚就流下來了。頂果欽哲仁波切身材高大，顯然他修不倒單，休息時不躺下來。

踏出寺門的當兒，花園裡傳出「砰」的一聲，不知從哪裡冒出來的烏金，像條影子筆直穿越中庭，衝到其中一棵大桔樹下，撿起一粒小桔子，拔腿就往外奔，塔昔隨後快步跟了出去，丟下我跟史提夫站在院子裡發楞。不一會兒塔昔回來了，手裡拿著剝開的半粒小桔子，一定要我們全家分著吃掉。看塔昔表情如此認真，司馬家乖乖聽話，一人分了一瓣比小指頭第一截還小的桔子，塞進嘴裡。

隔天塔昔才告訴我，不丹人視祈楚寺內那兩棵桔樹為聖樹，嚴禁採摘，若湊巧碰上果子落地，那可是好兆頭，能吃到果子更吉祥。塔昔接著補充，他曾經帶過一團佛教徒，他們在寺內誦了兩個鐘頭的經，直到離寺，都沒有桔子掉下來。

隔天赴第二站廷布。

帕羅與廷布相距不遠，車行僅一個半小時，路上一片片曬在屋頂上、田裡和路旁的紅辣椒，明豔亮麗，構成特殊的視覺美感。廷布由群山懷抱，置身市區，抬頭即見巍峨山景。塔昔先帶我們去一

家佈置幽雅，擺滿綠色盆景的小咖啡廳午餐。兩位年輕漂亮的老闆兼服務生，原來都是塔昔的表妹，她們穿著旗拉，風姿綽約，讓我們一餐飯吃得賞心悅目，只可惜菜式少，而且幾乎樣樣都加辣椒。青紅辣椒是不丹的主食，難怪不丹人長不高也長不胖。

午餐後，驅車市郊山上無線電塔底，鳥瞰市容，再進羚牛保護區散步，餵園裡唯一一頭羚牛吃樹葉。喜馬拉雅山東域人稱羚牛為「塔金」（takin），塔金成為不丹的國獸，得感謝不丹人崇拜的「瘋漢聖賢」西藏喇嘛竹巴昆列。傳說竹巴昆列從西藏遊蕩到不丹，當地人質疑他的成就，竹巴昆列叫村民烤一頭犛牛和一頭羊，一邊喝酒，一邊一口氣把牛羊肉全吃光，只剩下兩副骨架。他將羊頭骨接在犛牛身架上，吹口氣，整副骨架便長出血肉皮毛，變成一隻塔金，跑進山林裡不見了。

塔昔說我們餵的那頭塔金還只是個小男生，牠既溫馴又帥，長長的毛臉像馬臉，頭頂卻長出一對先往後撇再往上翹的羊角，周身毛為深金色，角、眼睛及鼻吻部泛黑，背上再貫穿一道黑紋，秀氣的脛與偶蹄也泛黑。牠很斯文地將我們遞給牠的樹葉唧入口中，慢慢咀嚼。看著這頭體積像馬，長相既不像牛也不像羊的可愛動物，從沒見過羚牛的我，幾乎相信了不丹的神話。後來看紀錄片才知道中國也有羚牛分布，而且生活在秦嶺深山中的陝西亞種，通體金黃，更像神話動物。

下午 5 點才去參觀廷布宗堡。不丹其他宗堡都全天對外開放，唯獨廷布宗堡例外，因為國王及政府官員在裡面辦公，以前沒限制參觀時間，曾發生外國遊客闖進國王辦公室，要求跟國王握手聊天合照，還認為理所當然。

載觀光客的大小車輛同時抵達，全塞在宗堡外的窄馬路上。等終於挨蹭到堡內停車場，下了車，發現我們落在最後，距離前面人潮一大截。塔昔領我們往宗堡入口逛過去，後面突然開來一輛英國越野車路虎攬勝，從身旁擦過，在宗堡前那棟建築大門前停下。這時大門打開，一群人簇擁一位高個子年輕人走出來。此人不但身材高大，還梳了一個貓王大油頭，蓄著貓王鬢角，搭配露出兩條小腿的袍子「幗」，讓人想禮貌地別盯著他瞧都難。這位不丹貓王走下台階，隨從替他打開車門，等他坐穩，攬勝就開走了。塔昔這才轉身告訴我們，那人正是現任國王，28歲，未婚，全東南亞最炙手可熱的單身漢。

比起帕羅宗堡，廷布宗堡顯得更加雄偉而整潔，氛圍寧靜安祥。

當晚旅行社老闆南給來旅館和我們共進晚餐。南給也年輕，才30歲，個子小小的，但很英俊，他穿著T恤牛仔褲，講話速度極快，無論口音、用詞遣句、甚至手勢表情，都極端美國化，一看便知是個鬼馬精靈、神經緊張、靜不下來的人。南給對不丹「保守得可笑」的政府及社會十分不滿，充滿渴望地回憶著赴華盛頓特區、波士頓及紐約為不丹旅遊促銷的經歷。幾年前他為了讓病危的父親安心，聽從長輩媒妁之言，不丹仍沿襲母系社會結構，婚後搬去太太娘家住，結果不滿一年，婚姻破裂。現在他表面上跟寡母住，暗地裡和女友同居。南給經營的旅行社不小，擁有車隊及數十位全職及兼職員工，已在廷布黃金地段置了產，但南給不快樂，太多限制，令他躁動不安。

我忍不住在心裡將南給和塔昔並置：他倆都是有為青年，都是

好人，討人喜歡，而且都對政治不感興趣；現在很多不丹年輕人熱衷政治，改制後議會增加許多四十出頭的新血，塔昔本有機會當議員，卻婉拒了。塔昔只想賺夠錢，自己開旅館；南給也只想賺錢，但南給想賺大錢！

隔天塔昔帶我們登山，早晨 8 點從無線電塔台（海拔 2600 公尺）出發，花四個半小時走到海拔 3700 公尺的帕久頂寺（Phajoding Monastery），途經 13 世紀建造的秋庫澤寺（Chhokhortse Goemba）。

山路不好走，常無步道可循，坑坑窪窪。不多時，海倫便開始生氣，蓄意罷工，塔昔與爸媽輪流安撫，仍無法阻止小公主在帕久頂村口的舍利塔（海拔 3440 公尺）前徹底崩潰，嚎啕大哭，抵死不肯再挪動金蓮。史提夫便給那塔取個綽號，稱它為「海倫灑淚塔」。我讓塔昔和史提夫帶弟弟先走，在塔旁與不可理喻的海倫進行協商，基本上就是把話講清楚，午餐和零食都在塔昔身上，她若不肯走到目的地，我們母女倆只好挨餓，等男生開開心心野餐下山後，再吃剩的。所有愛吃、願意吃的食物，一定得讓她先吃的海倫，這時也哭夠了，思索片刻，決定快步趕上山去。

帕久頂寺冷峻恢宏，一進進的寺院，沿山勢層層疊疊攀上穹蒼，我們五人坐在第一進寺院前的羊棚牆上，吃塔昔為我們準備的野餐。帕久頂也是個小村落，村民與閉關的和尚協力照養被恩主放生的大批羊群。

下山只花了三個半小時，人人心情愉快。弟弟繼續和爸爸談論他即將在聖誕節擁有的那套遙控車公路模型組，全神貫注，完全不顯出疲態。山坡上開著漂亮野花，有隻鳶在空中翱翔，一隻戴勝在地上踱步，彩色的喜鵲在樹梢上呱噪，著名的不丹噪鶥躲在枝葉裡

竊笑。我們還在樹林裡撞見一群黑臉白毛、好奇的長尾葉猴，學牠們發出各種打嗝作嘔的聲音，進行友誼交換。

這趟登山健行走得身心舒爽。下山後史提夫和我大大讚賞兩個孩子一番，讓他們進雜貨店裡一人選一樣零食，以茲獎勵。

清早驅車前往普那卡，在都楚拉隘口下車，遠眺山景。喜馬拉雅山的雪頂群峰，橫跨晶瑩剔透的藍天，顯得如此潔白，令擠在觀景台周邊的大批遊客鴉雀無聲，不約而同地喘不過氣、說不出話來。可惜不到 10 分鐘，雲層便在眾人凝望的眼前與不斷按快門的聲響中，將群巒逐一遮蓋。我忍不住感嘆天氣變得太快，山還沒看清楚就不見了，一位操法國口音的老先生包容地對我說，他來不丹七趟，這是第一次見到白雪；塔昔極有同感地補充，他一年到頭不知上下都楚拉隘口多少次，每年看得見山景的次數不超過 3 次。

我把這 10 分鐘美景當前，視為第二個吉兆，滿懷感激。

翻過都楚拉隘口後，一路下坡 60 公里，從海拔 3600 公尺，下降到 1200 公尺的普納卡河谷。狹窄山路迴旋曲折，轉彎處常見路基被山澗沖壞，正在進行修補；氣溫不斷升高，河谷內甚至有點悶熱，景觀亦大不同於前，稻田綿亙，熱帶植物茂盛，像是回到台灣鄉下，唯一不同的是穿鑿河谷的那條河，水色冰藍，提醒我身在高山冰河下游。

進城之前，先去參觀「奇美寺」，不丹境內唯一供奉「瘋漢聖賢」竹巴昆列的寺廟。在路旁下車後，得走田埂穿越幾大片稻田。這時正逢收成季節，沒割下的稻桿被成熟稻穗壓得東倒西歪，割下的成堆躺著或成束站在田裡，旁邊還扔了幾把鐵鐮刀。三三兩兩盡

立在田中的稻草堆，比記憶中台灣的小許多，但一切都令我感到親切。

奇美廟是出了名的求子廟，廟裡的法器是用石頭或骨頭刻成的巨大陽具，前來朝拜許願的信眾，被陽具敲個頭，等同接受「瘋漢聖賢」的祝福與加持。塔昔說他的兒子就是這樣求來的，接著拿起陽具，逐一敲我們的頭，還沒敲到海倫，她已經一溜煙逃出寺外了。

不丹民間至今公開崇拜陽具，也是「瘋漢聖賢」的「遺愛」，竹布昆列不但喝酒吃肉，還用性交傳道，據說把所有收留他、供養他的地主的老婆女兒都搞大肚子，到處留種。離開廷布市區後，我們在鄉下看見不少民宅，屋牆上畫著或屋頂下掛著巨大陽具，以趨吉避兇。兩個小孩有看沒有到，全無反應，史提夫和我剛開始覺得滑稽，忍俊不止，後來見怪不怪了。

奇美寺裡的壁畫描述竹巴昆列以荒誕行徑賣弄神通，最後成道，而他那謹言慎行，當上寺院方丈的哥哥卻沒有成就。史提夫看後感嘆：「他哥哥心裡一定充滿了挫折感。」

傳說若是真的，其中道理我也參不透，只好說：「每個生命要做的功課不同，也許面對挫折感就是他可可該做的功課。」

進城後我們直接去宗堡參觀。普納卡宗堡建在冰藍色的父河與深藍色母河交滙口，兩條河顏色截然不同，形成一條明顯的接水線，貫穿兩岸，非常奇異。快進大門時塔昔突然叫我們等他，轉身跑不見了，原來他把白披肩忘在車上，回來時一邊疾步行走、一邊神情緊張地將長披肩用腰帶繫好。此行塔昔失態只此一次，足見不丹政府對穿著傳統服裝的重視與嚴格規定，絕不寬貸。

直到 1955 年，不丹政府才將首都從普納卡遷到廷布，至今普

納卡仍是皇族及宗教領袖的冬宮。精美的宗堡外圍種一大圈藍花楹（jacaranda），可惜開花期在春天，此時無緣欣賞如夢似幻的花景，只能看照片想像。

隔天循來時路線返回廷布，路上再度巧遇國王。眼熟的那輛路虎攬勝迎面而來，梳貓王頭蓄鬢角的年輕國王這次坐在前座乘客位子上，驚鴻一瞥，便朝普納卡方向消失了。[2]

回到都楚拉隘口午餐時，遠方地平線灰雲翳空，別說雪峰，就連山形都看不見。返回廷布旅館後，史提夫特別走到主要大街上，替指揮交通的警察拍照，以紀念這世上唯一一個沒有紅綠燈及交通號誌的國家。

最後一天返回帕羅，登虎穴寺；這是我來不丹的終極目的。車停山腳，天氣晴朗，風和日麗，正是登山的好日子。

爬這座山輪到弟弟情緒不佳，頗多怨言，可能因為有馬載客，牽著馬的馬伕成群結黨，堵住唯一的山路，招攬生意，令弟弟眼紅。海倫年長幾歲，明白耍任何招數對爸媽都沒用，頭也不回往上奔，只想趕快登頂，結束此行。

幸好塔昔有根魔棒，走到中途咖啡廳，帶我們進去喝早茶、吃餅干；每天例行的早晚茶點，可將任何不愉快一掃而光，立刻讓我們全家開心。我坐窗旁，透過望遠鏡眺望嵌在峽谷對岸深褐色懸

2　五世國王不但外型模做貓王普里斯萊，連談戀愛結婚也如法炮製。他 17 歲時對年僅 7 歲的未來王妃一見鍾情，訂下終身，愛情長跑 14 年後，於 2011 年成婚，不知令多少亞洲少女嘆息心碎！

崖邊緣上黑頂白牆的寺院，看起來比馬修‧李卡德的照片更不可思議，更令人屏息。照片無法顯示的，是那片峭壁的碩大，和岩壁上縱橫交錯、在瀑布浸潤與陽光照耀下不停閃爍血紅與深藍的脈絡，巨人般的斷崖彷彿活了過來，一個巨人的生命體，在蠕動、在呼吸⋯。

小憩之後我們繼續往上走，穿越以山杜鵑為主的雜樹林。我在心中記下，未來若有機會重返不丹，一定選在春天，別再錯過普納卡宗堡的藍花楹及登虎穴寺山杜鵑盛放的美景。

最後踩過瀑布下的一道窄橋，終於抵達寺院。小小寺門內的院落一重重、一進進，我知道尚有許多外人看不見的閉關室，一間間孤獨懸掛在崖壁上。我們這些觀光客到此一遊，只不過管窺蠡測罷了。

即使如此，我也心滿意足。

我們回到中途咖啡廳，吃一頓由飢渴加味的美好午餐。下山後驅車開上帕羅宗堡山頂上的國家博物館參觀。傍晚天氣轉陰，開始飄雨，我們在無車也無人的清靜山路上漫步，不時停駐，鳥瞰帕羅河谷。它和 7 天前我在飛機上初次見到它時一樣，像是浸潤在霏霏細雨中的一大塊綠絨補丁，然而它不再陌生，因我已撫摸過它的縐褶，認識了它的肌理。

我們返回祈楚寺旁民宿過夜。隔天一早塔昔帶他 4 歲的兒子吉美來道別，給我們一個驚喜。我沒準備禮物，便把不丹皇家航空公司送給弟弟的飛機模型轉贈吉美。不丹必將一日日走向民主，塔昔無法如願當上民航飛行員，也許吉美能代父圓夢呢！

中國

　　北京屬於溫帶季風半乾燥氣候，四季常流的江河罕見，溫榆河便成為順義別墅區的廣告熱賣點，政府與地產經紀公司所吹捧的「綠色生態走廊」。孩子們坐校車上下學之後，我從不趕在尖峰時間出門，趙師傅總選擇走社區後面濱河的高白路。高白路兩旁樹木成蔭，對岸有政府斥資打造澆灌的花圃綠草坪，風景宜人，唯獨河裡水位變化迅如川劇變臉，水位正常時是條小河，水位一旦下降，卻變成一條黑泥溝，令人納悶。而且只要不結冰，必有穿連身防水衣的漁夫站在河中下網捕撈，河道裡只剩黑泥時亦不例外。我問趙師傅誰吃這污泥裡撈出來的水產？

　　「嘿！就在附近市場賤價賣，用搶的！太太妳聞這條河的味兒！妳說能吃嗎？溫榆河一直上去，是沙河水壩，只要哪個領導來視察，單位立刻買上百斤、上千斤各樣兒的淡水魚，開水閘，往下游放啊！沿河的人全知道消息，管你是不是打魚的，全下河撈去！每次放生，隔天全給撈光。啐！等下次領導來視察，再放！再撈！反正就這麼回事兒！」

　　趙師傅屬豬。我們倆年齡差不多，卻經歷兩個中國迥然不同的急劇變化，我跟他有許多話題可聊。

　　我是台灣國民黨奶水養大的眷村第二代，慘綠年代曾經叛逆，因為厭煩上一代中國人偽善愛說教，進大學後得知二二八事件，連對自己生長背景的意識形態都幻滅了。但和那一代多數年輕人一

樣，我並未停駐在叛逆及幻滅的階段，周遭的人事物讓我相信人性本善，我對國家社會仍保有一定的信心與忠誠度，後者也給我足夠的自由，去接觸和選擇吸收外來文化，重塑自我。因此我脫離母體，形成獨立人格，再回頭與母體建立更趨成熟關係的過程，其實很正常。叛逆和幻滅只是成長的過渡，並未留下創傷。

趙師傅的狀況呢，比較複雜。我覺得他有幻滅症候群，無法脫離，也從未痊癒。

優山美地附近幾個重要別墅區及國際學校所使用的土地，原屬北京白辛莊農地，趙師傅家的后沙峪村就在隔壁。1966年文化大革命爆發，自北京大興縣大辛莊公社點燃屠殺黑五類的「紅八月」野火，蔓燒全市，7歲大的趙師傅目睹白辛莊「地富」被抄家、全家受害的過程。他告訴我，紅衛兵差人在村裡挖個大坑，揪出地主全家，鍘刀斧鋤一陣亂砍，不論死活，推下坑，埋！沒死絕的想爬出坑，手指一摳住坑邊就被刀鋤斬斷。

「真慘啊！」趙師傅平靜的語氣裡透露出餘悸。

紅衛兵把地主家所有傢俱細軟全扯出來，丟在門外踐踏。

「有些刺繡美得不得了！」趙師傅停頓數秒，可能被某些鮮明的印象攫住吧。「哎…可全是好東西！」

最慘的是那位地主在鄰里間聲名不惡，是位善人，可有些村民和佃農仍然加入毆打、砍殺、活埋的行列。

趙師傅換個話題，慨嘆道：「這方圓百里的田，可是北京東北角的糧倉啊！土沃又厚，不用打肥，播下玉米籽兒，幾個月後現成有的收。白菜用大卡車載，丟到市場地上堆成山，沒人要！…，可現在都拿來蓋別墅囉！」

趙師傅崇拜毛澤東，對人民公社的回憶十分美好。入伍後，有位上級看中他肥頭大耳有福相，想招他作女婿，讓他入黨，提拔他升官。

「可那時候我在談對象，沒心思。」趙師傅搔搔頭，笑得靦腆。

趙師傅的心上人是同村的李大姐，「她那性格！比男人還直、還倔！」二人交往順利，趙師傅在當兵期間成了親。「我們那個時候談對象哪像現在，在街上拉手，還親嘴。我們那個時候上街得分開兩邊走，不能給別人瞧見走在一起！」

不願作上級的女婿，入黨當官的機會一去不返。趙師傅被調去給隊裡各個廚房配糧送糧，人人討好巴結，吃喝不愁，也挺開心。

「從軍中退下，我屯了幾大桶的子彈，買部老舊軍用吉普車，在車上擺幾把獵槍，每天開車出去溜彎兒，赴林裡打獵！」趙師傅一講起那段日子就眉飛色舞，想必被他定位為人生黃金時段。「那時候后沙峪哪有機動車啊？只有馬車、騾車、牛車、人力車，路上沒劃線的！我在街上轉圈兒、打橫開都沒人管！那可真是風光！」

玩了一兩年，子彈用罄，錢抖光，一天傍晚他開車經過溫榆河大橋，看見有輛好車停在路邊，像是拋錨了。愛車如命的趙師傅忍不住踩了煞車，倒車回頭，想再瞧那輛車幾眼，沒想到修車的人是名老外。趙師傅看他可憐，下車幫忙，兩人雞同鴨講搞半天，車沒修好。眼看天色已暗，趙師傅比手劃腳，表示願意送老外回家，並替他找拖吊車送廠。那老外也會講幾句中文，欣然同意。趙師傅送老外回麗京花園，雙方交換了電話地址，老外說他會找人修車，請趙師傅放心。

這事兒過去了，趙師傅沒放在心上。幾個禮拜之後，突然接到

電話，對方是老中，說是代表那老外的，問趙師傅有沒有工作，想不想替外國老闆當司機，有興趣到凱賓斯基飯店約談去。

那老外便是菲力普斯石油公司最後留守北京的兩名外派人員之一，史密斯。趙師傅送史密斯回麗京花園那天，史密斯行李都收好了，就等著登機回國，沒想到最後一口井鑽到油，中了彩，他又把行李箱打開，為長駐北京布署。然後他想到趙師傅…。

史密斯在中國又住了5年，趙師傅替他開了5年車，最後送他登機返美。趙師傅很懷念菲力普斯在凱賓斯基大飯店裡租套房當辦公室的草創時期，司機不當差的時候，就坐在小房間裡吃歐式點心，喝咖啡，和別的司機侃大山！很愜意。

我說趙師傅有福氣，好命。他不同意。我說怎麼不好命呢？上級請他當女婿，作官，他都不動心。這年頭宦海浮沈，搞不好幾年得意便惹禍上身，瑯璫入獄。替外商公司開車，生活安定舒適，不好嗎？趙師傅說他丟了入黨的機會，極蠢，但也從沒後悔過。當司機沒啥出息，但他喜歡。

「太太，妳知道嘛，我這個人就是愛開車。就算坐在客廳裡看電視，想上個廁所，我要能的話，都想開車去！」

「現在就讓你天天開大車，那還不好命？」

「我沒兒子啊，太太！我跟我愛人就一個閨女。一個男人沒兒子，鬥志就沒了。拼命作啥？存錢作啥？留給誰？我最後悔的，就是當初聽中央擺佈，一胎化！咱們大城市裡的市民，得作全國人民的表率！共產黨沒別的能耐，就是能忽悠，把我們老百姓忽悠得楞頭楞腦，沒了思想。」

這便是趙師傅的幻滅心結：共產黨的一胎化政策騙了他，讓

他自願放棄生兒子的機會。如今，他冷眼看他的城、他的黨、他的國，對周遭攀升國際平台的發燒企圖，報以冷嘲譏諷。

小陶阿姨是鄉下人，她不聽黨的忽悠，也不想那麼多。第一胎生女兒，立刻再生一個，果然得個兒子。村裡領導是貪官，小陶幾次塞錢，想避繳生二胎的罰款，領導總嫌不夠，傳話來討。小陶沒錢了，來個相應不理。哪知領導派輛推土機來，把小陶一家住的小破屋搗個大洞。這招管用，小陶怕了，到處跟親戚借貸，湊足一萬五，一個讓她腿軟的數目，一咬牙把超生罰金一次繳清，從此揹著這筆債，永無超生之日。

趙師傅認定沒兒子是人生一大憾事，可他們一家三口感情和諧，關係密切。他女兒趙婷是顆掌上明珠，從小受爸媽百般呵護。趙婷沒考上大學，我們搬到北京前一年，她剛從專校畢業，人面廣的趙師傅削尖了頭，到處送禮托人情，把趙婷安插進順義區外事旅遊局當臨時課員，一路耳提面命，教她如何穩固人際關係，如何送禮，如何請吃飯，如何在周末和年假替領導值班…等我們搬離北京時，趙婷已在準備考辦事員和申請入黨。趙婷結婚，趙師傅和親家各出一半，幫閨女和姑爺在順義置套公寓，三家住得近，常走動。後來趙婷懷孕，頭一胎就爭氣生了個胖小子，從此趙師傅、李大姐，和親家兩夫婦，便經常演出北京公園常景：四個老人陪一個小娃兒。

小陶雖然有兒有女，同聚一堂的日子卻稍縱即逝。城裡小學逼得緊，三年級便開始天天早自習、晚自習，等於強迫鄉下孩子住校，熬到周末才能回家待一天，每月房租和伙食費多一項沈重負擔。小陶眼見債台高築，早早放愛人小黃上京打工，小倆口一年才

見一面。等大女兒小學畢業，小陶讓她留在家裡陪姥姥種田，自己也跟來北京，夫妻總算能合租一間房，住在一起，年節前花上幾天幾夜擠火車、擠公交、擠私用車、最後在雪地裡跋涉回家，也總算有個伴兒。

小陶帶女兒婉如和兒子茂福來優山美地見我時，婉如已在家晃蕩兩年，弟弟茂福調皮不聽管，小學畢不了業，小陶小黃決定把兩個孩子也帶上京，本來計劃讓婉如跟著小陶，學做阿姨，讓茂福跟著小黃，學做木匠，但沒做幾天，兩個孩子都抗議。趙師傅打聽到京西國際學校附近有個學校收外地農工的孩子，我約了教務主任，帶小陶和她兩個孩子去看環境。想送婉如和茂福回學校讀書其實是我剃頭挑子一頭熱，連小黃小陶在北京都沒登記身份，遑論他們的孩子，何況婉如和茂福對回校當學生興趣缺缺，這個計劃沒得談。不過，我卻因此意外發現另一個世界，躲藏在「來廣營北路舊貨市場」後的首都一隅。

舊貨市場位在大馬路旁，巨大無比，占地 2 萬多平方公尺，主要進行收購及販賣二手家電。為了尋找學校，趙師傅帶我們深入市場後愈行愈窄的巷弄和泥路，目睹社區內隨地棄置、拆得七零八落的大小電器，以及大人小孩為了回收有價值的銅線，當街升火燃燒電纜。參觀校園時，空氣裡瀰漫燃燒塑膠的惡臭，令人頭痛噁心，我直覺地為該校師生耽心難過，接著立刻意識到此地距離京西學校不到 7 公里，坐公交車兩站便到，只要碰上吹西南風的日子，有毒的空氣不就飄到海倫和弟弟頭上嗎？京西學校為淨化環境、回饋社會，不久前才與拜耳集團合作，投資 3 百萬餘人民幣，利用生物淨化法將校外被污染的人工湖改造為環保濕地，並在珍古德訪問期

間，舉行盛大的濕地公園開幕典禮。我想起弟弟被選為幼稚園班學生代表，在風中搖旗唱歌的模樣，突然感到啼笑皆非。

婉如滯留北京半年，偶爾來我們家借用電腦幾小時。外地人寄居北京毫無安全保障，小陶自己都經常遭竊遭扒。每次聽她哭訴，我除了難過，還感到匪夷所思。像是好幾次領月薪，錢藏在枕頭底下，當晚就被偷光，她和小黃卻睡得不省人事，毫無知覺。白天甫說坐公交車被扒，連走在路上都曾被迷昏，醒來後首飾耳環不翼而飛。讓一個14歲的小女孩待在北京，無所事事，非長久之計。小陶終於忍痛讓婉如去蘇州親戚家開的服飾店裡幫忙。

至於茂福，他和小黃父子倆早已不能同住在一個屋簷下，遑論擠在同一個小房間裡。才來北京一週，茂福便同意遠赴小黃親戚在南京開的電器修理行當學徒。臨走前他要求媽媽撥出一天周末陪他，但小陶急需賺外快，連小兒子唯一的心願也無法滿足。就這樣，一家人又骨肉離散了。

一搬到北京，秦嫂便領我加入一個佛經研誦班，每週二聚會。佛經班有二、三十名成員，清一色為中年女性，全是來自台港新馬長住北京成功外商的賢內助，一看便知是「太太群」。每週二自順義各別墅區出閣，聚集到大湖山莊會館，一起誦經、習經、捐錢做善事，然後施施然下樓一起吃頓午餐，餐後品茶喝咖啡，分享自家烘焙的蛋糕小點心。每次觀察佛經班同學，我總清楚意識到自己是位「假」太太，先生是打工皇帝，短暫過境而已。

帶領誦經和講經的李老師是台灣人，唸淡江時才開始鑽研玄學，到處拜師學藝。1990年服完兵役，單槍匹馬移民北京，做風

水師，並聽從師父夢參老和尚，到處無酬講經。每次上課李老師總以流年流月運勢吉凶及以風水擺設趨吉避凶聚財開場。風水這門學問，對租房的我而言，如隔靴搔癢，但李老師開了一班八字初階，卻讓我　頭栽進命理學，感覺趣味無窮，言之有理。

我和小陶，同是女人，同是飄蓬斷梗，為何一個做太太，一個做阿姨？難道只因為一個生在台灣、一個生在大陸？小陶的愛人小黃和趙師傅，同樣是中國男人，為何一個非得顛沛流離，活得像頭流浪狗，一個卻安土重遷、總有貴人靠山？我們這群人有緣，相聚在北京，卻各自活在不同的社會階層、不同的世界裡。為什麼？目睹種種無理可說的生命現象，我在不昧因果而畏輪迴的佛法與中國古老命理學裡，找到合理解釋與心靈慰藉。

2008 年，我回台北，特別去中壢和氣大愛慈場參一天班，卻因前一晚在慈場大廳內打地舖睡不好，隔天早上站在強大能量場內無法承受，立如松站第一柱香就昏倒了。接下來一整天、六柱香，渾渾噩噩，勉強撐過。往後我仍每天在家鞠躬，但那一次為我偶爾空降參班畫上了休止符。

身在中國，差異懸殊的並置比比皆是：貧與富、現代與古老、前衛與落後、壯美與鄙瑣。突兀的不協調隨時予人驚奇，因此，沒有一次接觸，是稀鬆平常的經驗，沒有一次出遊，不留下鮮明難忘的印象。

少了寶貝「開水壺」鈴木 750，史提夫在北京訂製一輛長江 750 挎斗古董摩托車。長江 750 是中國在 1957 年開始製造的第一批國

產摩托車,仿造的原型為蘇聯 M72 型三輪摩托車,蘇聯又仿造二次世界大戰納粹軍用寶馬 R71 型摩托車。汽車普及以前,長江 750 一直是中國軍隊及公安用車,形象本來就踉,加上開放後老外風迷,舊車翻新的市場十分熱火。改裝時,史提夫本著忠實原版的一貫原則,決定保留所有零件,只要求將車身漆成寶馬 R71 黑底細白線的模樣。

史提夫這項投資極成功,帶斗兒的摩托車人見人愛。直到 2009 年尾我們搬離北京之前,海倫和弟弟都可以一起擠進挎斗裡,我坐後座,全家帶上。只要是機動車輛,趙師傅都愛;周末若出遠門,史提夫會請趙師傅駕車同行,他總欣然同意。一來趙師傅路熟,可當嚮導,又會問路,而且公司規定,若在路上發生意外,外派人員必須立刻離開現場,交由司機斡旋,免得外國臉孔招詐欺脅迫。史提夫總把工具箱放在車上,怕老摩托車故障爆胎,隨時可修。幾次參加北京長江 750 大會集,同遊昌平,史提夫的工具箱還真起了作用,幫助不少朋友救急解圍。同行的若有人身體嬌弱,受不了長時間曝曬暑熱,還可躲進我們的車裡吹吹冷氣。

小黃沒工可做時,我會找他過來打零工,小黃最愛做的活兒,便是清洗和給那台摩托車上蠟,總是小心翼翼,溫柔無限,像對待情人似的。

婆婆年輕的時候,挎斗摩托車在英國也十分風行,她爸爸就有一台,挎斗是用藤編的,常載她出去兜風。婆婆來北京看我們兩次,史提夫總會載她出去溜溜,重溫舊夢。其他家人親友來訪,以此娛樂,自不在話下。

在北京騎摩托車,受限於季節天氣及空氣品質,只能偶爾為

之。司馬一家好動，識途老馬趙師傅喜歡開車，只要我們人在北京，周末假日趙師傅一定帶我們到處跑。時間有限，去懷柔的果園採櫻桃、蟠桃、水蜜桃。時間充裕，承德避暑山莊、北戴河、秦皇島也不嫌遠。趙師傅知道我信佛，常帶我們走訪古剎，比北京城還古老的潭柘與戒檀兩寺，靈氣籠罩、直沁人心；薊縣獨樂寺裡，觀音仍是男相；五塔寺教我古塔形狀與雕刻的優美，和它們無法言喻、直指人心的收懾力量；碑林則喚回早已遺忘小時候練書法的回憶，教我懂得，廉價字帖仍能傳達大書法家「力透紙背」的遒勁，得感謝默默無名的石匠鬼斧神工！

相較之下，雍和宮顯得俗，江澤民深信不移的紅螺寺像個遊樂場。我們很快發現，聞名遐邇的一級景區不見得值得去，香山頤和園人滿為患，再美的山水園林也毫無氛圍；紫禁城像圈滿冤魂的大監獄，每個角落都聽得見它們在嚶嚶哭泣；拖著小孩看天壇建築，不如讓他們在長廊周邊的花園看數百名京劇票友聚集拉胡琴練唱，震耳欲聾的噪音中，自有天籟。

趙師傅帶我們去本地人消磨假日的景點，去密雲黑龍潭坐大黑輪胎激浪漂流，去房山銀狐洞清澈見底、悄然無聲的地下河泛舟，去密雲桃源仙谷和薊縣盤山練腳力，去昌平遊客寥寥無幾的銀山塔林懷古。孩子們去這些地方自由自在，臨走前讓他們玩玩水上悠波球，再一人吃一根老冰棍兒，便為一天劃上完美的句點。

然而論及全家一致的最愛，非長城莫屬。

最出名的長城段，通常最該避而遠之。康菲領養了八達嶺腳下的公園，每年我們去撿一次垃圾，園裡遊客稀少，挺好。一抬頭，長城上總是萬頭鑽動，擠得水泄不通。

野長城遊人少，無所謂安全規管，爬起來自由自在，又刺激。

SOHO 在八達嶺東段水關長城出口附近開發了一片山谷，在山裡蓋了十幾座獲得國際建築獎的前衛建築，當作精品酒店經營，稱之為「長城下的公社」。在那片山谷裡，有一段未經修葺的私有長城，找到它、爬上它、在它上面閒遊漫步，好比窺見鄰居家後院養了一頭活恐龍，還有幸跟牠建立起友誼一般。這段野長城多處磚石頹圮，但城牆主體仍穩固，漫漫歲月，無人理睬，牆上長滿花草樹木，各成氣候，穿梭其間，特別能感受杜甫寫下「國破山河在，城春草木生」的蒼涼遼闊。走到盡頭，遠眺群山，水關長城便在眼底蜿蜒，上面又是人如螻蟻，密密麻麻。

想看長城水關，垂直插入渤海的老龍頭更壯觀。中國人在四百年前能造出這般奇險的工程，令人佩服。但若喜歡冒險，親嚐「入水」之感，得去黃花城野長城。長城在這兒因開路被截斷，馬路一邊是幾丈高的斷長城，另一邊建了個小水庫，斷了的長城自水庫另一端再度浮現，如龍尾從對面山頂直直搭拉下來，龍身蟠踞稜線，隱沒遠方，不時隆起如疙瘩般的烽火台，向水庫這一頭的遊客召喚。

想探龍尾，必須走壩頂寬度只容一人通過的羊腸窄橋。橋面是薄鋼網，多處漫水，得步步為營；細細的鐵欄杆生鏽泛紅，彷彿用力一捏便將粉碎。左邊是蓄水湖，水濁不見底，墨綠一片；右邊即是水泥壩，直落百呎，叫人不敢直視。

過了橋，方看清呈 70° 角上坡的城牆，石階早已坍塌，亂石成堆，隨時可能崩落。許多年輕人照爬不誤，我不准海倫和弟弟上去，婉拒了頭頂上殘破烽火台的邀約。

住順義，慕田峪好比近水樓台。車程一小時，穿越懷柔鄉野，風景怡人，少塞車。步行登上8號烽火台，往南，走到1號烽火台，看見「非開放區，禁止入內」告示，鑽出城牆破口，接上最南邊一小段已成乾樹林的野長城，再走十幾分鐘，盡頭是座頹圮的烽火台，找堆破石坐下，鳥瞰敵樓隱約浮現林海，那便是野餐的露台。

　　但司馬家最鍾愛的，是金山嶺步行到司馬台這一段。一大早趙師傅先開到灤平縣寥寥無人的金山嶺入口，將我們放下。售票口外總有一群兜售長城風景照片和精裝書的小販，像一群蒼蠅終於見到糖黏紙般，蜂擁而上，亦步亦趨展開磨人戰術。金山嶺長城段長10.5公里，倚燕山山脈之脊迤邐向南，眺華北平原之渾渾野闊，難得此段長城因對外開放得晚，逃過修復過甚的命運，保留多處斷壁殘垣，奇險之中，處處有蒼涼之美，時時讓人興起仿陳子昂登高，慷慨悲歌「前無古人，後無來者，念天地之悠悠，獨愴然而淚下！」的衝動，可惱的是叫賣小販不容你獨行，不允你耳根清靜，總有一兩位特別不屈不撓，非跟到金山嶺盡頭與司馬台銜接處其地盤邊界，絕不善罷干休。

　　最後一兩名小販終於無聲消失後，已步行3、4個小時，來到刻有「金山嶺長城」關口底下野餐，食罷進入司馬台長城西段。司馬台是公認長城最美的一段，總長5.4公里，和金山嶺一樣，充滿悲壯的殘缺之美，然此段敵樓更密集，造型結構變化更大，走起來更有趣味。這段長城被一凹陷山谷隔成東西兩段，舊昔谷裡有一道溫泉，一道冷泉，故名「鴛鴦泉」。1977年建了司馬台水庫，匯集兩股泉水，名為「鴛鴦湖」，湖水明顯一邊偏綠，一邊偏藍。銜接金山嶺的西段較平緩，東段陡險，全建在刀削般的懸崖峭壁上。東段有纜車

與步道登上東 8 樓，但明信片書上常見最具代表性的長城景點，如仙女樓、望京樓、天梯等，都在東 8 樓以東，不對外開放，不讓登；據說石階最陡處呈 86°！

沒登上絕美的司馬台東段，至少兩個孩子從不感到遺憾。進入司馬台西段後，他們倆愈走愈快，巴不得立刻奔向西段盡頭乘空中飛索滑過水庫上方的起點，這才是他們倆期待的郊遊高潮，健行一天的獎賞。在國外坐高空飛索，總得填表格、簽具結書、報上身家姓名健康狀況一切細節，接著排隊聽安全簡報，戴鋼盔綁護肘護膝，最後才套轆具甲冑，大費周章之後，滑 2 秒鐘，彷彿還沒開始就結束了。在司馬台坐飛索，細伶伶一根纜索從山邊城牆拉到約 500 公尺外山谷底的湖邊，看起來安全堪虞，可能令許多人卻步，從來不用排隊久等。賣票先生靠長城牆垛擺張小木桌，現金交易。起點土丘上只有兩個人管，看你一眼，就過來幫你套雙人轆具，爸爸帶弟弟，我帶海倫，再沒其他道具了，一切從簡。轆具扣好，縱身一躍，先滑過綠色林冠，再滑過綠色水面，風在髮間耳際呼呼吹過，好不清涼，最後下降至谷底的湖邊。滑行時間僅 1 分多鐘，但感覺夠長，夠過癮。在湖邊等小船來接，坐船至對岸司馬台公園，開步穿越，走出大門，那自由自在的飛行快感還留在身體裡，酥酥麻麻。

結束完美的一天，趙師傅已在大門外停車場等候。返京前，回頭仰望沿山脊突出司馬台最東段背對夕陽所形成的翦影，敵樓櫛比，頭角崢嶸，蒼老、神祕、哥德風！

研究中國古建築及長城的專家，羅哲文，曾讚譽「長城是中國的建築之最，而司馬台是中國的長城之最」。走過司馬台，我只覺得

長城的魂魄鎖在那裡。我為史提夫感到榮幸，意外得到「司馬」這個與長城魂魄共振迴響的複姓。

又或者，這從來不是個意外呢？

渤海探勘無著。2009 年秋末，史提夫確定調職印尼雅加達，新年假期過後即將上任。這一次搬家，司馬家少了一位成員。自從搬到北京，凸凸的健康情況每況愈下，眼濁齒搖。頭一年夏天，臀部及後腿疼痛癱瘓的毛病便嚴重發作，動彈不得，抱她立刻厲聲哀號不止。我帶她看了北京本地的獸醫、又看了台灣來的獸醫，都效果不彰。史提夫美國上司布魯斯的太太米雪兒，沒生養小孩，全力投入北京救護棄養動物工作，她介紹我去找一位剛從泰國做老虎復育、遷來北京的英國獸醫，診斷出凸凸天生尾椎畸型，導致腿骨發育接合不良。吃他開的藥，凸凸的痛苦才得舒緩，但仍經常犯骨頭痛，形同臥床，食慾也變得很差。2008 年，全家給凸凸過 16 歲生日，那是我最後一次給她做生日。2009 年 7 月底，距離她 17 歲生日不到兩個月，我終於帶她去安樂死。凸凸果然落葉歸根了，但我並未將她火化後的骨灰留在中國，一直裝在小瓷罈裡，繼續陪我們流浪。

入冬後，史提夫忙著去雅加達出差，準備交接，找房子、看學校，我忙著在家打理，陪小陶面試，找新東家。海倫和弟弟捨不得離開京西國際學校，但這一次不再哭鬧。國際學校的學生和老師流動性都大，不滿三年，他們倆已送別許多舊雨、結識許多新知，小小年紀似乎已學會接受「無常」。史提夫無奈地將他的挎斗摩托車脫

手賣了。三載倏忽，難得有機會了解中國，僅是管中窺豹。

中國實在大。這塊古老的土地，承載多少曾經輝煌，又早已湮沒的文明；恐龍曾經橫行整個中國，北至新疆，南到雲南，只要你肯，化石挖掘不盡。新石器時代的人面像和極盡繁複的西夏文仍清楚鐫刻在賀蘭山口岩石上，然而夯土結構的西夏帝陵金字塔與交河故城，早已被人類的戰火和大自然的力量侵蝕得面目模糊了。

中國因為大，多樣性令人稱奇。進騰格爾沙漠騎駱駝，金黃色的沙丘，無邊無際；隆冬結冰的松花江，彷彿白色的機場跑道；喀什牲畜市場的聲音、畫面、氣味與人相，發散出比任何國外記憶更強烈的異國情調。

因為擁有豐富的多樣性，中央集權及漢族統治便暴露出殘酷，全國性與地方性的建設差距便顯得突兀。中國疆土東西跨 62 經度，本應分成 5 個時區，結果卻只訂成一個，西部居民不能跟隨日月星辰起居作息，得依照北京時間生活，頭痛失眠活該。新疆各重要城市馬路交口隨處可見持槍士兵躲在沙袋圍成的堡壘之內。嶄新的廈蓉高速公路貴州段，全線全封閉、全立交，雙向四車道，橋隧比例占 62.1%，任何一道直穿山谷的擎天高架橋，任何一座鑿通山脈的漫長隧道，都比歐美著名的橋隧道更加雄偉，然而一下交流道，銜接上的卻是泥巴路。山裡苗族侗族村落仍在酣眠，大城周邊的建設已如火如荼，被挖開切平的禿山，漫天砂塵裡插滿宣傳口號：

「移山填谷！向山要地！」

「全縣十年脫貧！」

「現有項目抓進度！簽約項目抓開發！在談項目抓落地！」…。

殘酷也罷，突兀也罷，中國廣大的包容性不容置喙。烏魯木齊

博物館裡有樣展覽品特別吸引我，擺在絲路絲綢系列裡。一件色澤金黃的明代官袍，尺寸寬大，是給一位身高一米八以上的大漢縫製的；袍面用金線繡滿袖珍人像，繡工精巧，維妙維肖，活潑生動。那些人像收錄了當時全球各個文明，各種民族，令我驚異：裸體的希臘運動員與非洲土著、戴頭巾的印度挑工、穿長袍的阿拉伯牧人，著西裝的歐洲貴族…。這件俊美的官袍打破了我對中華文化根深柢固的成見。中華文化並不僵化狹隘，唯我獨尊。我們的老祖宗早已見過世面，具世界觀。中華文化極為古老，面相複雜，然而她持續延展，從未死亡。這件明代官袍，讓我對衍生出我這小小個體的龐大母體，由衷敬服。

漂流之三

Drifting On Route ——— 印尼

the Smalley's Roaming Career

(2010-2012)

雅加達

2010 年 1 月 2 日清晨，趙師傅來優山美地會所旅舘接我們去機場。一踏出門，驚覺外面正飄著小雪——期待已久、這個冬天的第一場雪！薄薄一層白，舖滿一地，再披上枯樹與灌叢，像灑在蛋糕上的一層白糖粉，將灰塵撲撲的城妝點得秀色可餐，顯得份外寧靜美好。海倫和弟弟既興奮又懊惱，每年冬天他們引頸期盼雪來，第一場雪降，若在學校，京西小學總停課半天，讓孩子們到戶外玩個夠。若持續大雪，就得停課，孩子們在小區內呼朋喚友，堆雪人、打雪仗……。還有什麼比該上學的日子卻留在家裡玩兒更快樂呢？

雪，對小朋友來說，意謂著無限歡樂的聯想，可這場雪他們將錯過。今天司馬一家將搭乘飛機飛往另一個城市，另一個家，位於赤道以南，南緯 6° 的雅加達。

趙師傅坐進駕駛座，回頭遞給我另一份臨別禮物：一大幅駿馬奔騰的十字繡！他靦覥地說，那可是動員所有家人親戚，大家像接力賽跑似的，昨晚才戮力完成的巨作。半個月前趙師傅對我和史提夫坦白，過去兩年我在順義附近開車老超速，被照相存證，每次領到罰單，他便私下去公安交警部說情廢掉，但被罰的點數廢不了，他召集親友，強迫中獎，一人分一點，替我擔待，好讓我帶一本無不良紀錄的國際駕照去新國度。老北京的人情味兒，令我和史提夫不知如何是好、如何回報。

我們只能幫他和小陶找到下一任東家。史提夫推薦他替即將

從總部調來美籍印度裔的馬丁開車，下個月上任。我分別替小陶和三位外籍太太洽談後，她已去更靠近機場的新別墅區「麗斯花園」工作。記得第一次和那位南非太太通話，她像放連珠炮似地抱怨家裡浴室發出的惡臭及物業的無能，幾近歇斯底里，小陶試做兩週之後，再通電話，她已平靜許多。

赴機場一路細雪飄送，趙師傅說了一遍又一遍：「瑞雪兆豐年！是先生出任新職的吉兆。」我和史提夫再怎麼捨不得離開，他是打工皇帝，我是過境太太，只好以此自我安慰。

中途停留溽熱的新加坡，看電視新聞方知在我們飛離首都機場之後，雪勢增強，從中雪，轉成大雪，再變成暴雪。當天下午機場封港，隔日氣溫降至攝氏零下16°，兩天後機場才重新開放。史提夫和我不敢置信地盯著螢光幕裡白茫茫、被雪掩埋重壓的北京街道，兩個孩子在一旁踩腳，恨爹地沒訂下午班機，好名正言順滯留北京，和朋友玩雪玩個過癮！

兩個月前我隨史提夫赴雅加達「勘察環境」，看學校、找房子⋯，康菲商務用「達瑪旺莎」精品旅館，讓我見識到印尼建築以高級木材、精緻木雕為主題的優美典雅。因應炎熱氣候，天花板挑高，門窗也出奇地高，占據大部份牆面。門為厚重的整塊原木；好木頭的木紋緊密突顯，不假雕刻流露自然美，雕刻後錦上添花。落地窗鑲厚木框，配深色寬木板百葉窗簾，一片片傾瀉而下，透光後光與木板相互輝映，無論葉片是開是闔，都顯得潤澤幽謐，彷如置身林中。旅館大廳轉角的寬木榻上擺一套擦拭得閃閃發光的「甘美朗」（gamelan）印尼傳統敲擊樂器，身著蠟防印花（batik）傳統服裝

的老樂師盤腿而坐，敲出鏗鏘清脆、疏密有致的金屬聲韻，滴淌在蔭涼舒爽的空間內，情境悠遠廓落⋯。

　　除了一時大意，認定在五星旅館內便不須謹守來到印尼該有的衛生習慣，沒清洗就吃了房內免費贈送的葡萄，嚴重上吐下瀉返回北京之外，我對印尼的第一印象極好。

　　再次飛抵蘇卡諾・哈達國際機場上空，機窗底下的景觀十分親切，不僅因為兩個月前才看過，更因為它讓我想起台灣：臨海，海水不是很藍，受了污染；陸地上仍有許多綠地，摩天大樓不多，紅瓦平房倒不少。下機走出甬道，尚未抵達移民檢查站，康菲公司派來的「搞定先生」已在等候，他與史提夫招呼握手後，不說一句廢話，領我們一家四口疾速穿越靠牆通道，再陪我們提領行李。走出抽檢站後，「搞定先生」便不聲不響消失了。

　　來接機的仍是兩個月前載我們四處看房子的利基，在買車與請到司機之前，公司派他為新來乍到的司馬家導航。利基身材瘦高，膚色黧黑，且臉上皮膚如月球表面，但他英文流利，還有種慵懶的幽默感，加上長髮及肩，穿衣服有品味，身上戴的純銀項鍊、手鍊、戒指式樣大方，襯托出他黑皮膚的酷。遷居印尼之前，早聽說印尼人普遍不勤快，戳一下、才動一下。雅加達塞車蜚聲國際，康菲公司深知家庭和諧乃穩定攜眷外派職員工作績效的首要條件，為避免再加重生活壓力，前幾年特別將整個分公司大舉從市中心搬遷到國際學校所在的南區。沒隔幾年，南區塞車狀況也日益嚴重，找一位懂得抄小路的司機為首要之務。利基是基督徒，平時不會突然消失去祈禱，週五下午也不要求去清真寺做禮拜。他開車悠哉悠

哉，卻從不卡在車陣中乾等，隨時轉進小巷，在大城的肚腸裡鑽進鑽出。雅加達的巷弄之窄且迂迴、兩邊污水明溝之深、路面減速拱之高，出現頻率之繁，令我大開眼界，然而城裡如過江鯽的七人座商務車和為數不少底盤特低的豪華跑車全在窄巷裡穿梭，錯車時險狀環生，常嚇得我和史提夫瞠目結舌。

我們先住進有公寓套房、被公司用作安頓眷屬中繼站的克麗絲托旅館，旅館即在前身為美國學校的雅加達國際學校旁，隔天海倫和弟弟首次踏進未來的學校參觀。同時史提夫接到通知，租的房子已打理妥當，可以入住了。抵達後第三天，我們一家四口便拎著從12月中沒離手的行李箱和數量日增的大包小袋，搬進新家。

這房子我沒看過，是後來史提夫自己選的。南雅加達不久前仍屬於郊區，有庭園的獨棟房屋或門控社區多。愛玩、愛過夜生活的人可以去住市中心或酒吧餐廳林立的克芒區；有小孩、只想過家居生活的外派家庭則散居在各國際學校周邊，其中又以圍繞雅加達國際學校的龐達因達區最著名、最具代表性。區內清一色二樓洋房，有雅加達罕見的公園、人行道，還有美式、日式超商及高爾夫球場，獨缺雅加達三步五十的清真寺院。我和史提夫想體驗東道國的人民及其生活，不考慮龐達因達區或大型門控社區內的房子。

兩個月前隨地產經紀人奔走數日，我親睹雅加達的貧富差距巨如鴻溝，昭然若揭。在迂迴巷弄深處，無數富人圈地自建的小天地隱藏於高牆內，牆外壅塞斗室蝸居的平常人家及店舖。高牆上必定加圍鐵絲網、插鐵刺或碎玻璃，正門入口必定蓋一間警衛室。這些小天地占地大小不等，大門內可能蓋了一棟、兩棟，甚至十幾棟洋房，每棟洋房戶外的標準配備為：庭院、游泳池、水塔（城裡極少

人敢用自來水，各自鑿井取用地下水）、佣人間及佣人專用廚房及廁所。

我還注意到地產經紀人雖冠印尼姓氏，長相卻很中國，而且用手機和不同房東聯絡時全講閩南話。印尼素來排華的心態及暴力紀錄，以及十多年前才發生慘絕人寰的黑色五月暴動，對我而言，從遙遠倏地變得真切，我猛然了解為何如此恐怖得不可思議的事件，會在現代文明世界裡發生。

史提夫選的那棟房子也在迂迴窄巷深處，位於奇蘭達西區。利基載我們七彎八拐，來到髒兮兮窄巷裡一道上方插滿鐵刺的雪白圍牆前，簇新的寬鐵門被慢慢推向一邊，讓大車開進芒果樹成蔭的寬廣前院，隨即將大門拉回關上的警衛先生，小跑步過來搶提行李。這名警衛正值壯年，身材不高，但軍人架勢十足，不但人挺，制服也燙得畢挺，前面兩條壓線、背後三條。他向史提夫自我介紹，說他叫蘇卡諾——和印尼共和國的開國總統名字一樣！史提夫尊稱他Pak Sukano[1]。握過手後，向他介紹我和兩個孩子。我直覺地也伸出右手，蘇卡諾老爸面帶難色，但仍勉力和我握了握，惹得利基在一旁竊笑。

蘇卡諾老爸和利基將第一批行李提進與車棚相通的邊門，門內走出一位瘦得像條人乾、身高不及 150 公分、老得全身皮發皺、卻把頭髮梳得美美、臉上化全妝的小老太婆。她倒是很大方，先後用雙手緊握史提夫和我的手，要我們叫她「伊布阿契」，一邊對我親熱

1　印尼人稱呼父親及所有成年男人為「爸爸」Bapak/Pak，母親及所有成年女人為「伊布」Ibu/Bu。

得直笑，露出血盆大口裡稀稀落落、黃得發黑的幾顆牙，一邊用完全不可分辨的英語帶領我們參觀廚房、餐廳、客廳、臥室⋯，儼然一副總管家的架勢。繞行一周後，才得意洋洋走出去。

史提夫早已告訴我，公司將派警衛 24 小時在門口看守，但這位伊布阿契是何方神聖，他也摸不著頭腦。我把利基叫進來，請他釋疑。利基踱出邊門，站在大門口先和蘇卡諾老爸咬咬耳朵，再跟伊布阿契咬咬耳朵，接著進門宣布：伊布阿契是房東派來看房子的。這棟房子新落成，康菲公司安檢標準高，交屋後由公司派工人來加高圍牆、安裝鐵刺網及防火防盜設備。施工期間，伊布阿契一直住在傭人房裡，一方面代表房東坐鎮，一方面打掃清潔。

牆外環境髒亂，牆內閒雜人眾，然而房子本身我卻一見鍾情：寬敞的長方形平房，挑高天花板，挑高木門窗，鑲厚木框的落地玻璃窗將屋外的天空、自三方包圍的庭院與方型游泳池裝禎成一幅幅綠與藍的圖畫。屋內隔間簡單，線條全為直線，且僅有兩種顏色，木頭色與白色；白天花板、白牆、和地上舖著的大塊白色大理石，內嵌古海洋生物化石，如壓花一般。

隔天房東攜精緻挽手親自造訪。聖淘沙先生與新加坡旅遊勝地聖淘沙島同名，文質彬彬，人如其名[2]，可他一看就是華人，知道我是台灣人之後，還用普通話跟我聊上幾句。聖淘沙先生建議我在找到「伊布」之前，暫時留下阿契，這麼一來，我有個幫手，她有份收入。若滿意她的工作表現，可正式僱用，阿契將感激不盡。

2　馬來語「聖淘沙」為「寧靜」之意

可惜我不滿意。

　　儘管阿契極力討好，整天笑容可掬，然而打掃清潔非她強項，買菜做飯我自己動手，讓她洗碗洗不乾淨，搬重物怕她搬不動，家裡天花板牆上全是蜘蛛網，門框窗櫺封塵不敢請她擦，怕她站上椅子摔下來會出人命！老西施整天閒晃，最愛做的事就是找警衛聊天，動輒笑得花枝亂顫，嗓門奇大，令躲在屋內的我啼笑皆非。

　　史提夫聽說有位瑞典同事即將調去阿拉斯加，便派我去拜訪他太太，和他家司機、保姆、伊布和園丁見個面，計劃照單全收。很多外派家庭初來印尼這麼做，至少介紹人可靠，可避免引狼入室。他們家的司機陸克曼戴付大眼鏡，像個小老頭兒；伊布狄娜和園丁伊桓卻很年輕，都長得秀氣漂亮。但他家院子雜草叢生，我不禁在心裡對瘦弱的伊桓打個大問號。倒是伊布狄娜，身材比兩位男士都高壯，形勢看好。無論如何，得等瑞典家庭搬家後才能正式交接，就多給老西施一點緩衝時間吧。

　　公司安排史提夫任職培訓的項目之一，是去參觀專門紀念第二任總統蘇哈托的歷史博物館，目的是先讓外派人員瞧瞧蘇哈托在位31 年，收受自國外領袖使節及國內富商要臣，擺滿近 2 萬平方米華而不實的昂貴禮物，再直截了當要求外國人對印尼貧窮階級做出貢獻，盡量僱用家佣。警衛由公司負責，派四位來我們家，每天 24 小時輪班。我們用不著保姆，選擇最低限額，只請司機、阿姨、園丁各一名。未來幾年，雅加達近三千萬人口中，我們得照顧 7 個家庭。

　　頭幾個月適應期在忙亂中度過。空運、海運傢俱陸續抵達，讓我一睹印尼人擅用人海戰術，完成不可能完成的任務。本地搬家公司派三組工人來卸貨，先將大貨櫃拆開，分批綁上小貨車，岌岌可

危地蝸行深入迂迴窄巷，跟車工人隨時跳下車，在貨車前後左右鑽動，鄰居或路人也隨時加入指揮陣營，一票人貼著車大聲吆喝、比手劃腳，果然一次次引導小貨車神奇地安然抵達，沿途也沒擦撞到車子或牆壁。卸貨時不用任何機器，全靠人力。最重的兩樣物件：一台直立舊鋼琴和一具充當魚池的大理石雕食槽，各重 300 公斤，由十幾個人密密圍成一圈，抬進屋裡。二十幾雙手，接著火速將所有包裝拆開，堆滿一屋。工人兵團吃了點心、喝了甜奶茶、領了小費，便一哄而散，留下我和史提夫面對堆積如山的長物，赤裸裸呈現自己的愚痴，沒得埋怨——買這麼多東西幹嘛呀？給自己找麻煩！只好再花幾個星期時間，思索，移動，擺放，收藏…。

搬家，一點都不好玩。

更磨人的是摸索新生活，建立新常規，適應新員工。

好不容易等到瑞典太太陸續放人，請走了阿契。我探三位新員工口風，是想留宿，還是每天回自己家住，正常上下班？結果每個人都想回家住，讓我大鬆一口氣。

可惜不到一個月，我先請走了伊桓。

伊桓第一次見我，單膝半屈，雙手輕握我右手，頷首將我的手背貼上他額頭。一個 28 歲的男人這樣對我，令我納悶。後來才知道這是印尼小孩見長輩行的禮。

雅加達氣候終年炎熱，我並不指望複製北京的花菜園，種菜種瓜，自給自足，只從試種小蕃茄開始。伊桓買了幾株回家，報了帳，從其他員工臉上表情我看得出來，伊桓不但沒替我省錢，還坑了我。

小蕃茄試種慘敗，不但花開得少，一粒果子都結不出來。我覺

得不能怪伊桓照顧不周,雅加達市區污染嚴重,授粉昆蟲似乎絕跡了。

我一直想養雞,吃有機的機蛋,讓孩子目睹小雞孵化,一天天長大。我請伊桓發揮想像力及運用當地資源,組裝雞舍。伊桓決定自己動手做,慢工出細活,耗時兩週,而且材料費昂貴,但成品我滿意;全用木條、雙門、雙層、部分圍上鐵絲網,對雞而言應該安全舒適,清洗起來也方便。我對伊桓讚譽有加,立刻親自帶他和狄娜去本地市場選雞,買了一隻公雞和4隻母雞帶回家。印尼人歷來迷戀鬥雞,一般人飼養、整天在街上晃盪的家雞長得也像鬥雞,腿長身體小、沒什麼肉。很不幸,狄娜摸摸說即將下蛋、最肥的那隻母雞,買回家後隔天就難產死了;蛋卡住,生不下來。我們把整個前花園圍起來,作為剩下4隻雞的活動範圍。白天牠們出來閒逛找蟲吃,傍晚進雞舍補充雞糧,生活愜意。

伊桓的木工雖做得不錯,卻是位差勁的園丁。前花園牆角長了一大片巫婆芋,成了蝸牛的繁殖溫床,碗大的蝸牛數以百計,牆上地上全被占領,那個角落因此成了禁地。後院花床和草坪雜草叢生,我提了幾次,伊桓也沒動靜。

接下來孩子的零用錢留在房間裡不見了兩次,我請狄娜進屋密談,她才一股腦兒抖了出來,原來她和陸克曼留在佣人房的手提袋也遭過竊,而且她不只一次看見伊桓進屋拖地時,坐在我床頭櫃前,將抽屜裡的東西一件件抽出來欣賞。我在心裡暗笑,自從煉和氣後,我不戴任何首飾,留在抽屜裡的全是年輕時蒐集的破銅爛鐵,賊看了肯定大失所望。我問狄娜難道類似情況在瑞典太太家沒發生過。狄娜說她和陸克曼做得久,伊桓卻是新僱來的。

我等史提夫回家後，將三位員工，連帶警衛，召集問話，大家心知肚明。伊桓矢口否認，臉上沒啥表情，即使當我宣布他沒通過試用期，他也沒露出驚嚇、悔意或慚色。他不哭，也不抗議，表情木然，只偶爾出其不意嗤笑兩下，彷彿替我失態感到難為情似的。往後我經常遭遇類似的表情；印尼人溫吞委婉，不喜歡正面衝突，「不」字說不出口，不懂、不會、不願意做的事不告訴你，悶著頭拖時間，令外國人抓狂。

　　警衛班尼處理解僱事件倒是效率奇佳。班尼請我和史提夫進屋，陪同伊桓進傭人房，看著他將所有私人用品裝入袋裡，送他走出大門。阿契還回來串過兩次門，才完全死了心，我卻再也沒見過伊桓。

　　我望著前院的巫婆芋叢林，心裡既難過又苦惱，決定下一位園丁得自己好好地選。

　　兩個月後，我又請走了陸克曼。

　　陸克曼來上班前一天，我們去車行領了車，捨不得地告別利基。印尼傳統及回教文化皆父權至上，陸克曼年紀最長，司機的薪水又最高，他一進門便備受禮遇，總是坐在最舒服的扶手椅上納涼打盹兒。我很快發現，相較之下，利基是浪漫派，人較有趣，陸克曼講求實際，行車路線一成不變，碰上堵車就默默乾等，絕對不主動發言或提出建議，對每個路口「自告奮勇指揮交通」的同胞也不理不睬，即使替他準備小額鈔票，也少見他像利基那樣，將車窗搖下給份賞錢，寒喧招呼。他這樣開車花在路上的時間不見得比利基長，但你知道他對這份工作或對增進僱傭情誼完全不感興趣。其實這也無所謂。搬家不到兩週，史提夫便被雅加達的交通打敗，雖然

我們家和公司之間直線距離僅一公里，最快行車路線為 5.3 公里，但城裡不論大小道路，一到尖峰時段便全部癱瘓，5 公里的路有時一個小時也無法出陣。於是史提夫決定用走的。最短路線，走出巷子，穿越大馬路後，得穿越一片低窪地內沿河搭建的市內「村落」（Kampong）──即貧民區。從此，除非他生病或天降豪雨，每天他在公事包裡揣一把雨傘（趕狗用的！）和一雙夾腳拖鞋（貧民區經常淹水！）走路上下班。平日我只需出門買菜，週末偶爾全家進城，陸克曼和我們相處的時間並不多。

陸克曼這個人沒問題，可是他開車有問題，會撞車，常出意外。

頭一次是接史提夫回家，在十字路口上和別的車子擦撞，車頭撞凹一塊，頭燈也撞裂了。史提夫氣得七竅冒煙，隔天便差遣陸克曼送廠修理，自掏腰包付錢。人間有幾件事史提夫無法忍受，其中 3 項：他的車子太髒、烤漆被擦壞、或板金被撞凹。

第二次是送我去買菜，才出家門，轉第一個彎，算陸克曼倒楣，沒看見鄰居大門前有根被剪斷的鐵椿，撞上了，把才重新烤過漆的車頭底盤戳個洞。

史提夫走路回家，剛進大門就聽到壞消息，半晌說不出話來。他低頭檢視車頭損傷，不理會站在一旁的陸克曼，進門喪氣地對我說：

「我沒辦法留他！他會把我們的命都送掉！」

老實說，我無法想像有誰在雅加達開車能夠不磕不碰，保住車身完美無缺，但留住陸克曼對史提夫的健康威脅太大，史提夫已經高血壓了，陸克曼會讓他腦溢血！

「他非走不可！」史提夫說罷便打算推門出去。

我制止他。「你不能現在就開除他。我們從沒警告過他，你得再給他一次機會。」

「那妳去，我不想跟他講話，」史提夫疲憊地說。「再撞一次，就炒他魷魚！」

幸好史提夫沒再急著送廠修車。隔兩天是周末，陸克曼載我們全家上街購物，回程在十字路口又去「親吻」前方車尾。隨身體被前後猛甩一下，那金屬撞擊聲彷彿一塊巨石砸進我胸膛，沈入肚腸。站在路中央的「交通義警」像披著襤褸衣裳的稻草人，興高采烈跳到兩車之間低頭查看，很快抬起頭先對陸克曼咧嘴，伸伸大拇指，再蹦到前車駕駛座車窗旁，再伸出大拇指，前面那輛車居然就往前開走了。陸克曼立刻跟進，但這次搖下車窗，賞了「義警」3千盧比！

從頭到尾，坐在中排座位的我和史提夫沒吭聲，甚至沒看對方一眼。回家之後，我先帶孩子進屋，史提夫檢查車頭，發現才修好的左側又撞凹一塊，漆也掉了。史提夫言簡意賅，先感謝陸克曼過去兩個月來的服務，再表示為必須解僱他感到遺憾，請我拿一個月薪水給他，便進屋去了。我等警衛蘇卡諾老爸來敲門後才出去。門外一景似曾相識，陸克曼站在警衛身旁，揹著整理好的背包，但這一次站在後面的狄娜眼睛紅了。我把薪水袋遞給陸克曼，謝謝他，並祝福他未來一切順利。這時他突然開口，彷彿理所當然地請我幫他介紹新僱主！我愕然地不知如何作答，想了一下才決定直說：

「我們是因為你撞車才開除你，我怎麼可能推薦你去替別人開車呢？！」

陸克曼聽後一言不發，表情訕訕地步出大門。我不記得他對我

說了謝字，可能感覺自己受到不公平待遇吧。

晚上史提夫躺在床上睜大眼睛瞪著天花板，沈默半响才開口說：「我懷疑陸克曼的視力有問題，根本看不清楚。」

我們家南邊大馬路進來的巷口裡有家跌打診所，只是間普通民宅，門前有塊空地，搭了間木棚賣草藥膏（架上有我認得的雲南白藥！），再擺些破爛板凳、涼椅和一張印尼室外隨處可見的竹製坐臥兩用長椅。無論何時經過，這家診所外總是人滿為患，滿到路上和附近鄰居家門口、甚至滿進鄰居院內，無數看起來怵目驚心的重傷患或坐或躺，輕傷患及陪同家屬就靠牆倚柱歪站著，造成一個交通瓶頸。尤其是每天早晨，交通特別忙亂，私家轎車、計程車、機動三輪車（Bajaj）、叫客摩托車（ojek）、加上賣菜的小貨車…，全塞在這個巷口裡。

「本地人有他們自己的想法和生活方式，不見得會聽你的，」我說。「我看陸克曼是因為怕你，你坐在車上，讓他神經緊張。」

「他才讓我神經緊張！」史提夫說完便翻過身去，不跟我講話了。

伊桓離開後，我打電話給史提夫部門裡的祕書緹娥，請她指點。她想起一個人，據說替一對加拿大夫婦做了 10 年，而且是 House Boy，屋裡屋外一手包，連帶下廚。這對夫婦已離開一年多，此人不知去向。緹娥替我向人事室要來電話，約在公司見面。

那天我先進祕書室，跟緹娥聊了一會兒，我們倆比約見時間遲 5 分鐘才下樓進會客廳，結果看不見人。等了一刻鐘，緹娥打電話找他，原來此人等不到我們，準時離開公司，正在回家路上。我和緹娥又等了一刻鐘，此人才走路回來。他叫塔民，長相憨厚，不講話，儘笑。塔民說他這一年來都在工地打工，沒再替外國人做事。

我請他儘快來上班。

家裡多了個塔民，搬家後我才第一次覺得可以喘口氣，生活終於開始步上軌道。沈默寡言的塔民動作慢條斯理，但有效率。頭幾天他先砍除了巫婆芋叢林，時不時提兩袋裝滿蝸牛的塑膠袋消失在門外，偶爾打碎一兩隻餵雞吃。維護游泳池、修剪草坪、雜草防除，他全駕輕就熟。狄娜也明顯地開心許多，因為塔民幫她做很多事，拖地、擦窗、清洗戶外廚房和廁所…。狄娜的兩個孩子還小，我們第一次出門度假，只請塔民每天過來餵雞看看房子，回家那天發現塔民居然替我們準備了晚餐。雖然簡單，就一個菜，素咖哩扁豆配白飯，但難得他有心，我很感動。

我對狄娜一直很滿意。狄娜 17 歲離開爪哇島西部萬隆鄉下來雅加達，一直在外國人家裡工作。她年輕力壯，願意學習，也學得快；自修英文，溝通沒問題，個性直爽，敢發言。狄娜早告訴我她老公替車行開車，專跑市外，常需在外過夜，很辛苦。陸克曼離職後，我跟史提夫商量，不如試用他，若大家都能適應，他們夫妻倆可以一起工作，彼此照應，多點時間照顧自己的小孩，豈不挺好？

狄娜的老公「基諾」也很年輕，個子比狄娜稍矮，皮膚很黑，眼睛又圓又亮，喜歡逗狄娜，笑聲宏亮。他開車沒問題，史提夫不緊張，但英文不靈光，剛開始溝通有點麻煩，在家需要狄娜翻譯，在路上還得打手機三方通話。但司馬家生活簡單，只去幾個地方，過一段時間也就習慣了。基諾是虔誠回教徒，每天祈禱時戴的無邊小圓帽是白色的，表示他是名「哈只」（hajji），曾經完成去麥加朝觀，難怪能娶到像狄娜這樣既漂亮又能幹的老婆。星期五下午我們盡量避免用車，讓他安心去清真寺做禮拜。

從年初搬家，折騰近半年，家裡員工才終於各就其位，塵埃落定，我也才能夠安心享受在家的時間。

印尼因為生產香料，中世紀成為歐洲列強覬覦爭奪的對象，自16世紀初淪為荷蘭的禁臠，殖民期長達三個半世紀。史提夫在台北的美國同事娶了一位金髮碧眼的荷蘭太太，當她告訴我她祖母是印尼人，她在爪哇島仍有許多親戚時，我簡直不敢相信。為了證明，她給我看老照片，果然有位道道地地的東方臉孔，夾在一群西方人裡。那是我首次意識到印尼與荷蘭特殊的淵源。雅加達一直是荷蘭殖民地的首都，舊名巴達維亞（Batavia）。二次大戰後印尼獨立，但國內動亂不安，荷蘭幾次乘機發兵，企圖重新占領，直到1960年代才死心。1968年，掌兵權的蘇哈托藉肅清共產黨，將開國國父蘇卡諾拱下台，蘇哈托在美國全力支持下，開放外商直接投資，國門大開，外國企業團湧入。

總之，雅加達蓋洋房源遠流長、經驗老道，不但房子蓋得好，而且印尼人是藝術天份極高的民族，房子也蓋得美。就算有問題，也是整個城市的問題。像是雅加達嚴重缺電，突然停電時便啟動公司配給的巨大發電機。馬達聲震耳欲聾，坐在家裡彷彿置身火車頭內，但至少不用耽心冰箱裡食物壞掉。每年大概會發生一兩次飛白蟻離巢集體自殺事件，若沒警覺到打頭陣的幾隻已飛進屋裡，不立刻關燈、塞住門縫，那天晚上別想睡好。隔天蟻屍覆蓋地面和游泳池面，厚厚一層、密密麻麻，不少白蟻仍在臨終的痛苦中抽搐。

但我們住的這棟房子沒有白蟻！也從不淹水或漏水！水管、電線和無線網絡不出差錯，一切運作正常，我感激得想掉眼淚。

奇蘭達與拉古南

　　海倫和弟弟很快適應新學校。無論在世界哪個城市，國際學校的課程皆直接採用、或類似國際文憑組織項目（IB），學生雖來自全世界各國，不管在家講哪種語言，承襲何種文化，一進學校，人人一口美式英語，思想作風跟隨迪斯奈電影和美國電視節目指導，大家調調兒都差不多。司馬家兩姊弟悶不吭聲察言觀色一兩週，姊姊便開始邀請小女生回家玩，也熱衷受邀去別人家玩，穿衣打扮戴配件，全以新朋友的意見馬首是瞻。弟弟注意到小學部最風行的運動是足球，下課和午休時間，男生全聚集在草地上踢足球，所有他想結交成為朋友的小男生全是足球校隊選手。國際學校不穿制服，進不了足球隊的小男生也每天罩一件足球運動上衣。校隊選拔競爭激烈，選不上沒關係，學校每週有兩個下午的課外活動時間，男孩幾乎全選足球，女生也不少。由學校分隊，拜託爸爸們當義務教練，週二週四下午各隊自行練習，週日早晨抽籤全校分齡比賽。和弟弟同隊的角色跟他半斤八兩，比賽時只有挨明星隊痛宰的份。史提夫旋即受召，百忙之中也得從公事中抽身，提早下班，與雅加達壅塞交通抗爭，趕來學校作孺子牛，辛苦訓練一群手腳協調不甚靈光的七歲小男生，努力將足球是團隊運動、應協助隊友得分的觀念灌輸進這幾顆一心夢想著如梅西等職業足球明星獨領風騷的小腦袋。

　　我跟新校各部門稍作接觸後，發現或許因為校史悠久，不可避免地形成權力核心，雖然此校師資足與京西抗衡，行政部門的作風

卻十分保守，甚至官僚。總之，我感覺志願服務的父母在此並未受到普遍的歡迎及感謝，從此避免出入辦公室，只支援海倫和弟弟兩個班級的活動，也幫史提夫抬抬足球袋、搬運練球小道具，充任從不卜場踢球的副教練。

早晨孩子坐校車上學，我不用出門忍受塞車之苦，但他們放學後的課外活動不斷增加，不久我每天下午都在學校度過，送點心、陪做功課、做活動、或接他們去校外學習。從黃昏到入夜，臉貼著車窗，凝望南區街景的時間，漫漫悠悠，無邊無際。雅加達學校教室嚴重短缺，學生分批上學，任何時間都看得見穿制服的孩子成群在街上遊蕩。家裡太小，外面沒公園，甚至沒有人行道，孩子們無處可去，有些坐在馬路邊看車，有些擠在路旁賣香煙的小店舖裡聊天打撲克牌，這些景象看了讓我難受。

在北京，給孩子請家教非常方便，也不昂貴。每週姊弟倆在會所游泳池上三次游泳課，教畫畫的老師是從中關村退休的美術教授。透過京西學校請的兩位鋼琴老師，教海倫的在北京爵士樂即興演奏界活躍多年，能唱能彈；教弟弟的是電影作曲配樂，特別愛小孩。除了畫畫老師已進入老僧入定的祖母層級，所有家教都年輕，對小孩親切友善，從不疾聲厲色地施壓。但中國人基本上是個認真的民族，每一位上課都不馬虎。海倫厭惡讀樂譜、數豆芽菜，聽老師示範彈幾遍之後，乾脆用背的；素描課坐半個鐘頭便如坐針氈，老師會哄她幫她畫完。弟弟反正年紀小，跟著比劃比劃，消磨時間。就這樣，我與眾家教合作，軟硬兼施，幫姊弟倆打下一點基礎。

搬到雅加達，請家教突然變得十分困難。第一大挑戰是交通；

給孩子請的畫畫家教，沒上幾堂課便打退堂鼓，因為花費在路上時間太長，受不了。家裡游泳池小，全家入美國俱樂部會籍，游泳健身，讓孩子參加俱樂部的游泳隊。儘管俱樂部不遠，但放學後僅在路上塞車便需三小時，再加上游泳、吃簡餐，等終於到家，已經該上床睡覺了。

第二個挑戰是語言和民族性差異。印尼人性格太溫和，管不住學生。拿國際學校教當地語言來說，同樣是小學部的必修課程，北京的孩子一提起學校中文老師，各個咬牙切齒，中文功課讀聽說寫，一樣不少，若是調皮偷懶，管你哪個國籍、什麼膚色，老師一律照罵──用中文罵！雅加達國際學校的巴哈薩語老師欠缺威嚴，學生不怕他們，他們反倒怕學生，在課堂上不敢管教，也不敢規定回家功課。難怪海倫一句印尼語也沒學會。

最後一項挑戰，也最難克服，是自己的孩子。兒女長到一定年齡，特別是女兒，便生出自己的想法、發展出自己的日程安排及優先順序，再想強迫孩子聽你的，好比兩軍對峙，動輒兩敗俱傷。

我最在乎孩子的音樂課。開學不久，便和學校推薦的鋼琴女老師約在音樂教室見面，此時姊弟倆都已三個月沒碰琴了。老師想知道學生程度，請他們各彈兩首熟悉的曲子。本來就賭氣不想來的海倫先坐上琴椅，幾個月前會背的曲子早已忘記，非讀譜不可，疙疙瘩瘩，愈彈愈氣，眼淚簌簌流得滿臉。等終於彈完，只聽她用英語對琴譜大罵：

「我恨彈鋼琴！」

嬌小的印尼女老師坐在海倫身旁，看這小女生一張臭臉，邊彈邊哭，早已顯得極度不安，再聽她大聲詛咒，更是手足無措，只能

陪笑臉，柔聲安慰，並一再讚賞，說海倫彈得不錯，不要難過。

海倫不願意來見鋼琴老師，在家要了幾天性子，我已經憋了一肚子氣，再聽她撒潑斥罵，頓時怒氣上衝，彷彿頭蓋骨都要掀了。接著只覺得一陣心涼，疲憊不堪。我也用英文對海倫說：

「媽媽已經很老了。妳不想學鋼琴，我不會再勉強妳！」

我停頓數秒，讓空氣中的激波強度稍微沈降，接著並非完全不抱希望地問她：

「妳真的決定不學了？」

「我再也不要學鋼琴！」她忿忿地收起琴譜，霍地從琴椅上站起來，走到教室最遠的角落坐下。

我轉頭問坐在身旁七歲的弟弟：

「那你呢，弟弟？如果你也不想學，媽媽不會生氣。你不想學就別學了，我不再勉強。」

結果完全出乎我意料，弟弟居然很鎮靜地說：

「我還想學。」

「你真的想學？」我驚訝地問他。「不是為了怕我難過？」

「我真的想學。」說完他大概怕我會錯意，進一步把所有希望都轉嫁到他身上，立刻補充道：「可是我並不想每天花很多時間練琴，也不想變得很棒。我只覺得會一種樂器蠻好的。」

弟弟講完便拿著他的琴譜，走到噤聲不語、瞪著大眼看家庭鬧劇的女老師身旁坐下，開始彈他選的兩條小曲…。

多麼簡單樸素的兩首兒童練習曲，卻讓我聽了百感交集、泫然淚下。

孩子總讓你驚奇不已！

那位鋼琴老師後來推諉排不出時間，介紹我們去找另一位女老師，瓦娣女士。瓦娣女士是獨立的印尼現代女性，年逾五十，未婚，穿著打扮西化優雅，最棒的是她開車，願意到學生家裡上課。弟弟果然言出必行，規矩學琴，但每天只彈 5 ～ 10 分鐘，絕不多練。

　　海倫才 10 歲，任她輕易將過去打下的基礎棄如敝屣，做母親的有怠忽職責之嫌。我與海倫多次溝通，她決定嘗試爵士鼓。我們一同勘察南區幾個音樂工作室，最後選擇學校南邊 15 公里外的馬爾魯琶舞蹈學校，在頂樓的錄音室裡跟一位年輕樂手學打鼓。每週跑一趟，又耗時三小時。

　　幸好，學校最重視、投注最大資源的兩項課外活動，體操和足球，姊弟倆喜歡。他們自動自發努力表現，不久海倫加入體操隊，弟弟也歡欣鼓舞地被選入足球隊。

　　體操隊每週一、三、五練習三次，每次 3 小時。學校聘請印尼國手教練團及搬運工大隊，每次上課前浩浩蕩蕩以軍隊般的效速將小學部體育館徹底改頭換面，舖上各型體操地墊、蹦床，架設各種鞍馬、平衡木、雙槓、單槓、高低槓…。教練們全是女性，身材一個比一個矮小，全不諳英語，卻多半不怒而威，訓練學員一板一眼。頭一個小時讓孩子們跑操場、做暖身運動，接著分四組輪流操練，最後半個鐘頭拉筋。海倫 4 歲就開始在休士頓的「小健身房」裡混。到了北京，我帶兩個孩子去什剎海體育學校見識體操及武術班，見小女孩劈腿時將兩隻腳搭在分開的兩張桌緣上，老師再爬到她們身上使勁兒往下坐，豆大的淚珠從女孩眼眶裡滾下來，下課時她卻笑得燦爛。我們母子三人驚嚇過度，決定讓海倫在京西學校裡

跟著體育男老師跳馬翻筋斗，玩了兩年。印尼式的訓練沒中國那麼殘酷，但也夠嗆，海倫卻甘之若飴。

足球隊也每週訓練三次，弟弟如魚得水，樂在其中。

每週在學校訓練三次嫌不夠，姊弟倆還去校外練。姊姊週六早晨去拉古南體育學校跟一群當地小孩和兩位極出色的印尼體操小國手一起訓練；弟弟週二傍晚去奇蘭達市廣場的室內足球場參加專門加強個人控球及截球技巧訓練班。

拉古南離家較遠，在雅加達南區的最南端。陪海倫去拉古南體育學校練體操的時光，總令我感到愉悅。這個學校占地遼闊，有大型田徑場、露天球場和幾座訓練特殊項目的室內館，專門培養印尼國手，也借場地給中小學進行體育活動。儘管校內建築物年久失修，殘破老舊，但植物茂密，綠意盎然，最難得的是殘留的十幾株參天巨樹，提醒大家雅加達一度也曾被雨林覆蓋，並為如今燠熱擁擠骯髒的城市，帶來一絲清涼。

體操館相當大，屋頂約三層樓高，館內無空調，館外只有一小間蹲式廁所，用瓢從水桶裡舀水沖洗，對外國人、本地人、國手或幼童，一視同仁。館內總有好幾組運動員同時訓練，互相包容，各不侵擾。海倫在前面上課，我就坐在最後面的大鐵窗旁看書，窗外便是田徑場。我常聽見急促鳥鳴，抬頭盯見又誤闖進館的麻雀，在高聳的破屋頂下，在無數翳蔽斜射陽光微微飄搖的白堊粉末中四處撲飛。有對穿運動背心短褲的國手經常出現，男女身高都在六呎上下（印尼人長這麼高簡直是奇觀！）。他們倆會先做些令人目瞪口呆的暖身運動，諸如只用雙手、雙腳懸空地在竹竿上爬上爬下，或用單手做伏地挺身等等，接著便專攻架在我面前高得快碰到屋頂的雙

環及高低槓，像兩隻鷂子在空中完全靜止或連續翻滾，劃出一道道筆直的線條，身上輪廓分明的肌肉因用力而微微顫抖，因沁汗而閃爍發光。還有一次，我看見一群外國田徑選手在窗外練習跳高和跳遠，無論男女，皮膚漆黑或慘白，只見這群人的腰臀在本地助手的頭上移動，大腿比普通人的腰還粗⋯。

能近距離觀看達到國際競賽水準的運動員練習，對我而言好比視覺饗宴，因為這種人不像人類，卻像完美的動物原型，身體強壯、柔軟、美麗，能執行各種令人難以置信、神奇曼妙的動作⋯。

奇蘭達市廣場離家很近，我陪弟弟騎腳踏車去。儘管路況爛，廢氣難聞（又稱「嘟嘟車」的機動三輪車是頭號烏賊！），穿梭在亂糟糟的車陣間頗驚險，但比坐車快、又自由。奇蘭達市廣場也成為司馬家週末出門散步的中途休息站，史提夫和我常帶孩子在家附近散步，看形形色色的房子、人和動物。雅加達少見流浪狗，流浪貓卻無處不在，一隻隻羸弱不堪、爛眉爛眼。真正在市內稱霸的動物是老鼠，有些比貓還大，住在明溝裡或大街上，不怕貓，也不怕人。大白天常見老鼠坐在路上吃垃圾，你停下來瞅牠，牠會抬頭回瞪你，看誰先眨眼睛，認輸走開。

週日下午司馬家常走路去奇蘭達市廣場逛逛超商，吃個冰淇淋，再回家。出家門後左轉，斜對面便是漆成水藻綠的清真寺，從牆外往裡瞧，不掛任何裝飾品的祈禱廳一覽無遺，總有幾名男子坐在花俏的磁磚地板上。左鄰右舍是寬裕的獨立平房，院裡種著紅毛丹、波蘿蜜或百香果。抄平房後的迂迴窄巷，兩旁聳起連排樓房，密密扎扎，向下壓迫。巷裡有人養鳥，有人養雞。其中一家養了三

隻超級可愛的塞拉瑪袖珍短腳雞，一公兩母。色彩絢爛的迷你公雞常在家門外踱方步，雄糾糾、氣昂昂！完全不在意自己還沒別的雞腳高。但看雞看鳥不可分神，巷裡路窄，明溝卻寬，大小雞隻在巷內閒逛，到處大便，隨時可能一腳踩到人便或踩進水溝裡。窄巷盡頭有片小廣場，周邊圍著幾家小吃店和三棵麵包樹，廣場同時充作市公車停車場。雅加達除了在市中心行駛的公車屬於 21 世紀，其餘全像從廢車場拖出來的。若湊巧一輛公車從外面馬路轉進來，便可觀賞到雅加達式的手剎車表演：查票員（通常是長髮蓬亂、穿短褲夾腳拖鞋的年輕男孩）會拎著兩塊磚頭跳下沒有車門的公車，隨車快步奔至停車點，及時準確地將磚頭塞在後輪底下。

史提夫還帶我們走過他上班穿越貧民窟的那條捷徑，沿路一灘灘積水發綠長孑孓，房屋外牆上的水痕漫過二樓。雅加達為熱帶季風氣候，只分雨旱兩季；雨季裡幾乎天天閃電打雷，暴雨傾盆，一下雨河必氾濫，村裡老淹水，水來時大人小孩拎著鍋碗瓢盆在污水裡邁大步，水退了便把大水帶來的活禮物關進籠裡兜售——蟒蛇、眼鏡蛇、雞、鴨…。

流過雅加達市區的這條河名叫「庫魯庫特河」（Kali Krukut），旱季裡水淺，潺潺流經亂石鋪陳的河床。總有人站在水中，俯身篩泥或撥弄石頭，我不懂他們在做什麼，撈魚蝦蛤蚌嗎？哪有呢？後來一位印尼媽媽替我解惑，原來他們指望撿到戒指首飾，或任何從上游沖下來、能值點錢的小玩意兒。

拉古南還藏了一塊瑰寶，即拉古南動物園。每當史提夫出差或加班，我一定帶孩子進園消磨大半日。我們會先租三輛腳踏車，因為徒步根本不可能逛完占地 14 公頃的園區。拉古南動物園早於 1864

年荷蘭殖民期間,由一個愛好研究動植物的組織創設,是世界上第三老的動物園,而且所擁有的動植物種類,高居全球動物園第二名。然而真正吸引我的,是它的叢林與野性,還有遊客與動物之間模糊且經常可以跨越的界線。

拉古南動物園的性質介於動物園、遊樂場與公園綠地之間,設施包羅萬象,有外資捐建「世界一流」的施穆策靈長類館(Schmutzer Primate Center),但絕大多數是大鐵籠裡罩著無數簡陋小鐵籠的老式展示廳;有噪音震天價響的兒童遊樂場、遊船湖、還有雜貨舖小吃街。

譬如同樣是英俊的銀背大猩猩,有的可以在靈長類館裡最大的花園裡遊蕩,有的卻關在館後的水泥監牢裡面壁。又譬如東北角有個蛇坑,距離展示其他蛇類的蛇館很遠。蛇坑四周圍牆矮短,坑內雜草茂密,隔離網拉得很低,在我看來,遊客大可以跳進蛇坑裡,蛇也可以爬出來;但我們從來沒見過蛇坑裡有蛇。有一次,在蛇坑旁的涼亭裡,赫然見到一位男士脖子上掛了一條大蟒蛇,正和幾位年輕女孩談天說笑。我帶著兩個孩子趕去湊熱鬧,男士非常大方,任我們觸摸蛇身涼爽的皮膚和堅韌滑溜的肌肉。

通常逛完靈長類館,我們便直奔偏僻的東北角。蛇坑之後地勢陡降,沿紅磚步道有幾道穿越密林的石階,推著腳踏車登登登拾階而下,就像下了城堡,來到護城河旁。幾片人工牛軛湖貼近坡底柏油路旁,湖中植被茂盛,湖間接駁地帶狀似泥淖沼澤,整體看來就像一條在熱帶叢林中蜿蜒的黑泥河。每次騎過那片渺無人跡的野地,海倫和弟弟興高采烈在前方蛇行,我在後面追趕,生怕他們騎出我的視線範圍。我怕不知何時會從水中或林子裡竄出某種野獸,

或是遭到歹徒襲擊打劫，就算我扯開喉嚨大喊，也沒人聽得見；就算有人聽見，趕來搭救時襲擊事件早已結束…。幸好，唯一在那條路上襲擊我的，是我自己過份活躍的想像力，黑泥河區既無出柙猛獸，也無亡命之徒。

繞過東北牆角，便是每次我們必去拜訪的河馬家庭。牠們和幾頭侏儒河馬一起住在牛軛湖旁。初識時，河馬媽媽妲妮雅剛生下么女兒多娜，帶著小寶寶住在圍欄後的水泥房裡；水泥房一邊是空室，另一邊鑿了個澡盆，中間是穿堂，出了穿堂便可涉入分隔成幾區的牛軛湖。每次我們去串門子，總看見友善的管理員坐在穿堂裡和同事擺龍門陣吃零嘴抽丁香煙，巨大的妲妮雅若不帶著小不點兒多娜在一旁踱來踱去，就會躺在空房角落裡或澡盆裡餵奶，河馬爸爸傑基和兩個兒子雷諾和索馬爾泡在水裡納涼打盹兒，在水面上轉動牠們突出的小耳朵小眼睛和大鼻孔，彷彿從潛水艇伸出來的潛望鏡。

管理員看見我們，會用皮欽英語熱情寒喧，妲妮雅若心情好，也會走到欄干旁查看，管理員會抱來一大綑草讓我們餵她吃。妲妮雅看見食物，就會張開巨嘴，讓我們一覽她那一口髒黃牙及長滿白斑的上下顎，和秤秤十幾斤、黏乎乎，軟搭搭的口腔內頰肉。管理員會用力搖扯她那幾根看起來嵯岈猙獰的大尖牙，或伸手進去拍她的巨舌；據說這是河馬最愛的馬殺雞。妲妮雅頭往後仰，把已經張開的巨嘴張得更大、更大…，直到上下顎呈一直線，只見她那張巨嘴，看不見她身體其他部分。

看過河馬寶寶，檢查過妲妮雅的口腔之後，母子三人心滿意足，還了腳踏車後出園。孩子一人選一個當地人自製的小玩具，我買些當地水果，找到吉諾，坐車回家。

萬島之國

　　印尼最重要的節日，是根據陰曆計算的齋戒月，及齋戒月的最後一天，萬眾歡騰、開懷大吃的開齋日。開齋日好比中國春節，一般人通常從這天開始休年假，回鄉拜見長輩，造成國內人口大遷徙。假期結束，人潮回流，許多人還拖親帶眷，又把一批想來大城市討生活、試試運氣的親友一起帶回住處。雅加達在這段期間交通狀況異常，假期前後尤其紊亂。

　　回教徒在齋戒月裡每天日出到日落之間禁飲禁食，而且戒的不只是飲食，理想中還得戒絕性事及所有惡語惡習惡行，因此開齋日的阿拉伯語 Idu Fitri，即意謂著「再次變得聖潔」。老早聽人警告，齋戒月裡警衛司機伊布都會餓得精神恍惚，而且每天禱告、休息時間加長⋯但我們家的員工從未表現出任何異狀。警衛輪班由公司負責，我們不管。另外三人天亮後才來上班、天黑前回家，他們是否早起煮大餐，或日落後得猛吃一頓，不得而知；至於午睡，他們一向把竹床擺在院裡通風蔭涼處，時常躺在那兒午睡打盹兒，齋戒月裡午睡並不稀奇。反正那個月我發雙薪、送他們蜜棗和甜點。塔民一家住雅加達，給他假期他也不見得要，沒事他會過來餵雞整院子。狄娜和吉諾一定會拿兩週假期回鄉探親，回來時總帶些老家生產的農作物給我，再告訴我一些聽了讓人難過的家鄉新聞。我吃過最好吃的波蘿蜜，就是狄娜送我的。從她那兒，我才知道原來印尼稻田裡三步五十搭建的高蹺棚，是稻穀收成期間給農夫日夜守望用

的。印尼城裡老鼠為患，鄉下情況更嚴重，老鼠大軍常在稻子即將收成時，出其不意地發動攻擊，一夜之間就把整片稻穗啃咬精光，農民敲鑼打鼓用火燒棒打都沒用。若不遭鼠患，就是稻穀發育不良，空空如也。總之，關於狄娜老家的農事，我沒聽過好消息。

不過齋戒月仍對我們的日常生活造成極大影響。首先，塞車時間加長；天快黑、也就是齋戒大眾終於可以進食的那段時間，商場餐廳前總是大排長龍，每天回家必須經過的奇蘭達市廣場，周圍堵得水泄不通，我和孩子鎖在車裡，身陷車海，前後左右，盡是各式各樣猛冒煙的廢氣管。數不清的摩托車和嘟嘟車一見空隙便到處猛竄，空中不停閃爍公路廣告屏投射出的幻化霓彩，重複播放的全是美國香煙廣告：Marlboro、Salem…，英俊粗獷的西部牛仔在荒山野地裡騎駿馬，肌肉虯結身手矯健的極限運動員表演高空跳傘滑雪潛水…，強迫你看一遍又一遍！把我們和其他數百萬有家歸不得的人，軟禁在影片與現實強烈反差的超現實荒謬劇裡。

另外，是噪音。

平常日子，清真寺會用擴音器播放領禱者伊瑪目的清唱，或遠或近，此起彼落；聲音最大的當然是我們家斜對面那間。剛搬來那個月，一點噪音都無法忍受的史提夫發現架在寺外的四個播音器，其中兩個突然轉過來正對我們家，播音分貝驟增。經公司同事及年紀最長的警衛慕路克指點，史提夫拿出捐獻金，請慕路克送去，果然隔天播音器分兩邊轉開。從此慕路克便成為司馬家和清真寺之間的聯絡官及捐獻金信使。

即使如此，就在對面，每次播音仍如雷貫耳。不過這房子是史提夫選的，我們早有心理準備，而且播音器每天只唱幾回，每回只

持續十幾分鐘，聽聽也就習慣了。齋戒月期間可不同，清真寺成了社區活動中心，活動的每一個細節，都要播放出來讓缺席的居民聽清楚。每晚七點不到，幾批小男生開始在巷子裡敲鑼打鼓，一邊嬉笑吆喝，來回走幾大圈。接著播音器便以最大音量開播，不是祈禱吟唱，而是唱作俱佳的演講，演講的男士不時做戲劇化的停頓，引起現場觀眾一陣陣絕非罐頭笑聲的熱烈反響。擴音播放的巴哈薩語快如機關槍掃射，我像隻聽雷的鴨子，只覺得演講者的語氣介於嚴厲老師教訓學生及擺地攤賣膏藥插科打諢之間，完全無跡可尋。演講一個鐘頭後，接著是沒有音樂伴奏的卡拉OK時間，搶麥克風的多半是小孩，輪流又唱又叫，氣氛火熱，直到九點多才散場。巷內又一陣人聲雜沓、語笑喧闐。漸行漸遠，終歸寂靜。

夜夜如此。坐在家中，依然被軟禁在噪音的荒謬劇裡！

印尼的另一個重要節慶是宰牲節。頭一年，我萬分驚異地目睹馬路邊或巷弄裡大大小小的空地，一夜間全圍成畜欄。無數搭拉一對長耳、頭蓋骨中央有道縱行凹陷的印度混種山羊，擠在麻繩後面爭看行人車輛，偶爾多一兩頭瘦成皮包骨的牛，倒臥地上。同時，份外壅塞的車陣中尚夾雜許多破爛農車，持續將更多的牛羊載入城中。接下來一週，這些陌生的外鄉客便不得不站在烈日下，興味索然地嚼著枯黃乾草。

宰牲節是國定假日，一早斜對面的清真寺再度成為社區中心，鄰居攜老扶幼，拎著大鍋，聚集寺內，巷裡也站滿了。人聲逐漸鼎沸，顯然活動已進入高潮，史提夫決定出去觀看，我敬謝不敏，也沒讓兩個孩子跟去。結果不到半個鐘頭，他就臉色慘白地回來。

史提夫描述寺周邊的樑柱栓滿牛羊，水泥前庭的地上原來有四大塊下水道蓋板，全部打開，牛羊輪流牽到地洞邊，四隻腳用繩捆緊按倒，下刀後便直接放血到洞裡。已經死絕的犧牲，在一旁大卸八塊，再切成小塊分發給等著用鍋接的人群。一直忙到下午禱告後，清真寺的人群才散光。

隔天我出門時忍不住往寺裡瞄，卻看不見前庭水泥地上有明顯的血跡，想必宰牲分肉清洗年年演練，執行人員已駕輕就熟。一切恢復原樣，彷彿牛羊從未進城似的。

因為宰牲節，我方知印尼一般人吃不起肉，這個節日的重要性可想而知。牛羊由地方政府購買，加上善心人士捐贈，分配給登記了戶口的居民。往後，宰牲節來臨以前，我會帶狄娜一起去市場，買些牛羊肉送給家裡的工作人員。養的雞孵出的小公雞，長大長肥了，也送給他們打打牙祭。

經歷過這兩個重要節慶，每逢假日司馬家便往城外跑。

印尼的自然資源豐饒，蘊藏多種珍貴礦產，諸如金、銀、銅、鐵、錫、鉛、鎳⋯等等。印尼也是世界第一大島國，大小島嶼有一萬七千多個。倘若你想遊遍印尼，每天遊一個島，得花 46 年的時間才能完成心願。加上海洋面積，印尼便是世上第七大國；更重要的是，印尼海域裡富含石油與天然氣！

條件如此優渥，為什麼人民這麼窮、生活這麼苦？技術落後，做事沒章法，只是表面，骨子裡最致命的，是根深柢固的貪污文化，導致長久以來國家資源多讓外國公司開發利用，政府應得利潤再落入一層層私人口袋，最後通通不見，沒錢沒權的平頭百姓一點

好處都得不到，只能繼續蹲在金礦裡當乞丐。

幸好，印尼畢竟已開始民主化，而且印尼的資源尚包括被視為世界共同遺產的生物多樣性——其地貌主要由火山、海洋、及熱帶雨林這三種孕育地球生命的溫床所構成——因此聯合國與國際上各重要非營利組織，經常撥款來印尼推行專案，並派遣各種專家前來支援，感覺上印尼極富國際色彩，充滿生機，一團混亂的生機！

我們聽說爪哇島西北角安雅爾市的海灘不錯，便開車去度個周末假期，卻發現整片西北海岸污染嚴重，除了人潮，看不見別的生物。不過觀察印尼中產階級去海灘嬉水的方式也挺有意思。多數人將沙龍鋪在沙灘上，闊氣一點的，花 5 萬印尼盾租個中央有張方桌的竹亭，全家老小十幾口圍坐一圈，將帶來的食物水果堆滿了，便開始大吃，不時再輪流買零食加餐。停車場旁的小店賣整顆椰子、整根帶皮的紅甘蔗和整顆西瓜，但最受歡迎的是流動小販用繩串起來一根根帶莢的臭豆和現煮的肉丸（bakso）粉。賣臭豆的安步當車，在人堆裡穿梭；賣肉丸的推著用腳踏車改裝、台灣六十年代才看得見的木板車，上方用塑膠紙糊的透明小櫃裡分別堆著大小肉丸、各種粉條、油、醬、調味料，和幾個扁碗；下方木櫃台面架個小瓦斯爐，爐上擺個小鍋，櫃子裡塞一小桶瓦斯、一只水桶，再加上兩片抹布，便是所有營生家當；一桶水可以洗一個鐘頭的碗，洗完用抹布一揩，再裝下一碗。

下水的只有年輕人和小孩，他們穿著各式各樣的衣服，從 T 恤短褲、長袖牛仔褲、甚至從頭包到腳的黑罩袍加頭巾，就是沒人穿泳衣。下海游泳的，一個也沒有。

再碰到長周末，我和史提夫決定走遠些，去看爪哇與蘇門答臘兩大島之間巽他海峽中的喀拉喀陶火山。

　　喀拉喀陶火山在人類紀錄史中爆發頻仍，引發數次大海嘯，甚至影響全球氣候，我和史提夫早已久仰大名。最近一次大噴發發生於 1883 年，把原來三座火山峰和三分之二的火山島炸個粉碎，留下一個在海面底下深達 250 公尺的破火山口。噴發巨響，4800 公里外的島嶼都聽得見，所引發的火山岩流及大海嘯，造成蘇門答臘南部及爪哇西部數萬島民死亡，爆發後，全球氣溫下降，氣候持續亂套，五年後才恢復正常。

　　沈入海中的破火山口持續噴出火山浮石及火山灰，1927 年，從海裡冒出一個新的小火山島，很快遭海水侵蝕消融，接著又冒出另一個小島，如此一而再、再而三，直到 1930 年第四個新生小島出現，因噴發岩灰的速度超過海水侵蝕的速度，便開始快速成長，平均每年長高 6.8 公尺，印尼人稱之為「喀拉喀陶之子」（Anak Krakatau）；司馬家 2010 年 5 月去拜訪時，小火山的高度已超過 300 公尺。

　　兩大一夜的假期由附屬世界自然保護基金（WWF）的「爪哇犀牛生態旅遊」安排。印尼的公路不可靠，我們提前一天前往安雅爾南方出海碼頭所在的恰瑞卡海濱。果然，150 公里的路程，耗時 5 小時才開完。

　　恰瑞卡和安雅爾一樣，富鄉土氣息，步調懶散，不同的是沿著早已被污染破壞的海灘，建築風格及樓宇狀況皆已陳腐的私人度假豪宅，一棟緊連一棟，和發黑的沙灘與崩壞的水泥堤岸遙相呼應，都在訴說著蘇卡諾當道時，雞犬升天；曾幾何時，風光不再。站在

黑呼呼的海灘上，面朝西方，肉眼可見在遙遠的海平線上，突出兩個肩併肩、一大一小的正三角型，大的是被炸殘缺的喀拉喀陶火山島，小的即是快高長大的喀拉喀陶之子。

隔天一早登上「爪哇犀牛」裝了兩具二衝程 40 匹馬力引擎的快艇，本以為一出海便可飛快疾駛，豈知不斷遭遇綿延數公里的帶狀垃圾堆，船長放慢速度，小心穿梭其間，但引擎仍不斷咳嗽熄火。機長時不時將引擎往上扳，伸手下去撈扯，通常會扯出一兩個破塑膠袋，扔回海裡，再重新啟動。就這麼開開停停，一個半小時後才抵達約 50 公里外的喀拉喀陶。

靠岸之前，先緩緩繞島一周，讓我們看清楚原來老島裂成了 4 瓣，圍繞中央的新島。每瓣都有一邊是突巖，突巖盡頭即是呈 90° 直角的巨大斷崖，熔岩墜海之處。被圍在中間的小火山，呈完整圓錐形，通體覆蓋灰色火山岩灰，從海上看不見任何植被。滑溜溜的陡坡上披著一塊塊「熱帶雪」——硫磺！像個一身補丁、充滿惡意的小孩，除山頂及山背各有一個主要火山口，正在噴出兩道巨大的煙柱，全身還冒白色蒸氣，嘶嘶作響。山上唯一的一條步道在半山腰戛然終止，再往上毒霧瀰漫，去不得了！

老島炸開後的四個島嶼，如今皆已休眠，新島卻噴發不絕。通常每休息兩三年，就會發作一陣子。2009 年它連續噴發了半年，許多遊客聞風趕來，卻無法靠近，必須留在一公里外的大島或船上。即使如此，還是有不少倒楣的遊客被噴射出來的岩石砸中；恰瑞卡的居民受魚池之殃，得忍受每隔五分鐘便如雷鳴般的噴發巨響，晝夜不停。

繞新島一周後，登上一小片極細軟的黑沙灘，沙灘後即是舉世

聞名喀拉喀陶國家公園的入口：一間破茅屋，搭建雜樹林中；一片簡陋的手寫木牌釘在樹幹上，簡單陳述喀拉喀陶之子的來龍去脈。

　　隨木牌箭頭指示，穿越一片茂密的熱帶叢林，開始登山。步道很快由林間紅土路，轉變成光禿、又鬆又滑的碎石路。烈日炙烤，燠悶不堪，煙塵飛揚，時濃時稀，一股臭蛋味混雜刺鼻的金屬味充塞空中，令人呼吸困難，舉步維艱。幸好很快抵達步道盡頭，一段突出山腰上的制高點，四周盡是鐵灰色火山岩礫形成的陡坡，往上可見略呈凹陷、正在冒煙的山頂，往下可鳥瞰蔚藍海洋環繞幾個綠茸茸的島嶼。

　　美景看夠，照片拍完，循原路返回入口那片林中空地午餐，吃導遊分發一人一包用黃油紙包裹的印尼素食蛋炒飯。有人在破茅草亭裡燒垃圾，仍在冒煙，沒人敢接近，大家就地站著吃將起來。這時冷不防從樹林裡踱出一隻巨蜥，以爬蟲類特有的能喚醒人類潛意識中莫名恐懼、搖擺貼地的步態走到茅草亭旁，先嗅嗅那堆冒煙的垃圾，再對著我們以閃電般的速度吐收牠那根像極了末端分叉的蛇信、卻比蛇信更長、且發出藍色磷光的細舌頭。雖然這頭巨蜥長不足一米，又瘦，但頭一次在野外遭遇，突如其來，我們全嚇僵了。

　　導遊蠻不在乎地抓起自己飯包裡一小塊煎蛋，用力往巨蜥的方向一扔，正好打中牠的尖頭，蛋滾到地上，巨蜥忙不迭一口咬起，囫圇吞下，萬分期待地望著導遊，那模樣又變得滑稽極了。

　　當地人叫巨蜥「小科莫多龍」，但牠無毒，也不具攻擊性，這隻還是個小寶寶。已經把蛋吃光的弟弟開始丟炒飯給小巨蜥吃，同時慢慢朝牠走過去。巨蜥吃了幾口炒飯，不太滿意，又看見弟弟朝自己逼近，決定走為上策，轉身貼著地搖搖擺擺消失在樹林裡了。

告別喀拉喀陶之子，接下來彷彿魯賓遜漂流，完全投入原始自然。我們先去最大那塊島東方海域浮潛；海水溫暖，珊瑚五光十色，雖不見大型海洋動物，但各式各樣的熱帶魚繁不勝數，尤其是小丑魚和與牠們共生的海葵，數目之多、族群集中面積之廣，讓在埃及紅海、澳洲大礁堡、開曼群島與馬爾地夫都潛過水的史提夫也嘆為觀止。這些小丑魚和海葵全呈肉桂色，小丑魚有白條紋，海葵肥如花瓣的觸手背部及基盤則為艷藍色。司馬一家在水中徜徉一個小時，徹底同意導遊對這片海域的評語：「這裡的水很乾淨！」

　　導遊與船員替我們在大島與小火山島隔海相望、長約一公里的黑沙灘上搭起兩座小帳篷。熱帶荒島上，除了我們，沒有別人。無數巨樹的屍體七橫八豎堆在沙灘上，部份淹在海裡。沙灘後方雄峙一片覆蓋峭壁的叢林，嚴絲合縫，固若金湯，有些樹特別高，超過百呎，戳出樹冠層，如鶴立雞群；那片峭壁便是 1883 年被炸開的噴火口內緣。我們一家四口各自為政，海倫坐在淺水裡唱歌，弟弟圍著臨時廚房打轉，和船員搭訕，史提夫把握機會在平靜的海灣內游泳，我沿著沙灘散步，在成千上萬的灰白浮石裡挑選形狀特別圓潤的，堆疊成塔。許多巨蜥相繼自林中露面，多半不怕人，和我們井水不犯河水。有一隻特別龐大，近兩米，反而特別神經質，一見我立刻衝過沙灘，沒入海中，波紋不興，再也不見蹤影。導遊說巨蜥是游泳好手，跨島輕而易舉，這是喀拉喀陶群島上巨蜥不計其數，猴子卻一隻也沒有的原因。另外一批訪客更不畏人，一大群身體圓胖的野鼠！牠們跟弟弟一樣喜歡在臨時廚桌下徘徊，聽說牠們可是蘇門答臘島上的美食呢！

　　晚餐主食是一水桶的肥魚，每隻看來至少都有半斤重，放進大

油鍋裡炸酥。向來對海鮮興趣不大的弟弟才吃了一口便愛上了，堅持要我也試試。我嚐了一口，猜測這所謂的「糖魚」，可能就是秋刀魚。船員還炒了素麵，弟弟卻只吃炸魚，大啖五、六條。

夜幕低垂，沙灘上升起篝火，明月映照，躲避掠食者的小飛魚不時奮力躍出海面，用自己的身體打水漂兒，劃出一個接一個的弧形，閃爍微光，瞬間即逝。帳篷搭在沙灘上，躺進去方知朝海裡傾斜得厲害，人彷彿隨時會從濕漉漉的空氣中，滑入濕漉漉的大海裡。帳外細浪舔舐海岸，貌似史前動物的巨蜥在暗影中移動，一夜不停地窸窣作響。

清晨五點，天空還像昨夜桶中糖魚的顏色，大家便如釋負重鑽出帳篷活動，各自走入海中辦完大事，圍坐沙灘吃船員準備的西式早餐。告別喀拉喀陶這個伊甸園之前，導遊再帶我們回到昨天浮潛的地點，可惜兩艘從蘇門答臘開過來的大船，滿載四、五十位全副武裝，穿著潛水服、蛙鞋和橘色救生衣的年輕人早已捷足先登，占據了那片肉桂色小丑魚及海葵的領地。那群遊客們非常呱噪，許多人不守規矩，踩在珊瑚上。史提夫決定直接回港，早點返回雅加達。

喀拉喀陶火山群島之行出乎意料地美好，堅定了我們想探索萬島之國的意願。史提夫的英國同事建議去千島群島試試，說他們十年前駐派雅加達期間，經常去那兒度周末。千島群島位於爪哇島西北方雅加達灣內，由上百個迷你小島組成，每次坐飛機飛抵雅加達之前，必定經過。從空中俯看，蔚藍海洋裡一連串錯落有致緊密排列的翠綠小島，彷彿一堆大大小小的祖母綠，擺在藍絲絨上等待設

計師將它們串成價值連城的首飾。

　　我趁家人來訪，訂了三天兩夜的千島群島假期，特別交待旅行社安排停留較偏遠、自然環境未遭污染的小島，請史提夫帶哥哥姊姊就近淺嚐印尼最具代表性的海濱假期，自己陪犯關節炎周身疼的媽媽留守家中。

　　他們一行人週五一早赴北雅加達的安秋港搭船出海，週日下午返家，一個個面帶倦容，全無盡興而返、餘味無窮的飛揚神采。海倫和弟弟一回家便打開電視看卡通，問他們這趟好玩嗎，通常喜歡鉅細靡遺，重複描述細節的留聲機弟弟沒反應，雙眼緊盯螢光幕，又進入魂魄被影像吸走的狀態；海倫只漫不經心地說她覺得坐船最好玩。姊姊和哥嫂禮貌地表示「還不錯」之後，不再提供進一步消息。我只好去問忙著拆包、臭著一張臉的史提夫。

　　「那島不好嗎？我們被騙了嗎？」

　　他莫可奈何地答道：「還可以啦！…就是怪！整趟旅程都怪！妳知道嗎？我們是去那個島唯一的客人！那個島是空的！」

　　史提夫的話匣不容易打開，一打開卻很難關上。弟弟鉅細靡遺的留聲機遺傳基因毫無疑問得自父方。

　　「接我們去島上的專船把所有工作人員一起帶去、再一起帶回來，十多個人，扛著瓦斯筒、食物、水果、舖蓋、還有你想像不到的東西…，下船之後第一件事是開鎖進門，把整個渡假中心打開。」

　　「旅館很爛嗎？」

　　「也不會！房間還過得去！旅館不大，但餐廳好大！可以坐幾百個人！每天晚上就為我們一桌開飯，吃完立刻打開卡拉 OK 和迪斯可閃光燈，工作人員輪流上台唱。吵死了！」

「海灘呢？大家都下海浮潛了嗎？」

「海看起來蠻正常，淡黃色的沙灘，就是個島嘛！我們只浮潛了一下下，水裡有魚，魚都住在垃圾裡。海裡塑膠垃圾多的嚇人，浮的、沈的、各式各樣，漂來漂去，浮潛面鏡老被塑膠袋蓋住，一下子什麼都看不見。最可怕是針筒，一大堆醫療廢物，太恐怖了！」

史提夫一臉厭惡的表情，我聽了也覺得可怕，但想像他們幾個人在垃圾堆裡浮潛，忙不迭地把不斷貼上面鏡的髒塑膠袋扯掉，又忍不住發笑。走過來加入談話的姊姊，心中大概浮現更逼真的畫面，也開始苦笑，並補充說：

「最怪是白天我們出去散步，發現樹林裡還蓋了好多建築，有樓房、有渡假小屋，全空著！有些門都沒鎖，房間裡的窗簾、床單、被褥、枕頭舖得好好的，不髒也不舊，有些還像新的…，好奇怪！像個鬼城！」

「也許都是十年前你同事常去的時候蓋的，」我對史提夫說，「現在那裡垃圾堆滿了，遊客往更遠的小島去繼續堆垃圾。」

「安秋港的垃圾才驚人！」史提夫突然冒出一句。「可惜妳沒去！妳應該去見識一下！」

我一點都不覺得可惜，真慶幸沒跟他們去，陪媽媽留在家裡。

印尼最出名的小島，非峇里島莫屬，它不僅是世界旅遊熱點，更難得地成為東西方追逐不同夢想的人心目中公認的新世外桃源；司馬家當然該去瞧瞧。島南端最熱鬧的庫塔，原本是個小漁村，六、七十年代先被美澳的衝浪浪子發現，接著各國藝術家湧入定居，如今已發展成燈紅酒綠，聲色犬馬聚集之處。2002 年庫塔發生

大爆炸案，死了 200 多人，史提夫有位美國同事當時坐在旅館大廳裡，雖沒被炸傷，事後卻發現一邊耳朵被震聾，而且因為在混亂中被帶血的碎玻璃割傷，居然感染了 B 型肝炎，對他餘生造成重大影響。也因為那次事件，從此雅加達各營運場所入口，一律加蓋安檢設備，防堵車輛直接逼近建築，並僱用大批警衛，檢查車身和個人攜帶物件；像史提夫的公司和孩子們的學校，便常被調侃儼如美國金庫諾克斯堡，一般購物商場旅館，只按照流程步驟比劃一番，敷衍了事。

史提夫的公司禁止職員進入庫塔，給我們倆一個避開鬧區的正當理由。我們先在以雲雨瀑布聞名的孟都克（Munduk）山區裡溜躂幾天，接著轉往東南部海岸，並請負責機場接送的在地人牛門先生，花一天時間帶我們環島，進入西端的國家公園參觀極度瀕危的峇里八哥復育計劃。

峇里島的確美，美得獨特，明艷照人，不可方物；我覺得這是豐饒的自然環境與島民篤信印度教兩者結合的意外後果。印度教是多神教，多神教欣然接納孔老夫子所謂「食色性也」，無意壓抑、馴化或滅度之；一神教傾力想把人性昇華為神性，多神教的眾神卻把人性沈溺於愛恨情仇的傾向無限擴大。印度教尤其謳歌和擁抱多樣性及複雜性，無論是眾神的數量或形貌，神話故事，神廟神龕設計，禮拜儀式或祭品花樣，皆如萬花筒裡的鏡像，繽紛斑斕。把這樣一個宗教，放在一個由海洋、活火山及雨林統御的熱帶島嶼上，難怪化育出一群特別注重美感，多才多藝的島民，隨時隨地體現出一種濃烈絢爛、充滿活力與張力的獨特美學，豐盛到令人饜足的地步。

山中密林蓊鬱，空氣濕潤得令人透不過氣；赤裸裸的巨大火山平地拔起，壓迫著柔順躺在山腳底下的田野聚落；油漆鮮麗的峇里雙懸臂木舟，停泊或擺盪在藍天碧海與白沙灘之間，每樣東西都在反射艷陽，鞭打人的眼睛；黑色火山岩砌成的村莊，屋窄門窄路窄，但每家都把庭院獻給不一而足、雕刻玲瓏的黑色神龕；身裹俗艷沙籠、手扶頭頂祭籃的女人，搖擺臀部踩進這一幅由茅草屋頂、木雕與石刻剪貼成的幾何圖案裡，何其婀娜！何其妖嬈！

　　峇里人特別有本事化「簡單」為神奇。峇里式建築完全採用自然材質，卻風格獨具、清爽俐落；峇里的樂器基本上只有金屬製的甘美朗及竹製的打擊樂器及管樂器兩大類，音樂的曲調也很單純，營造空靈氛圍的效果卻奇佳；峇里的舞蹈並不困難或複雜，只強調有稜有角的身體姿勢，以及手腕、手指、頭頸與眼珠的誇張扭轉，但加上華麗鮮亮的化妝與服裝，立刻散發出一種特別的魅力，靈精古怪，幽默感十足，讓人一看便印象深刻，永遠難忘。我們住的山中生態旅館，聘請當地小學生來表演舞蹈，由村裡的老樂師伴奏，海倫和弟弟看得入迷，往後一提起峇里島，立刻跳起峇里舞，有模有樣，得其精髓。

　　峇里島最令我佩服的，一是雕刻工藝，二是種稻技術。這兩樣和台灣或中國相比，前者過之而無不及，後者雖稍遜色，但比起爪哇島上癩痢頭似的稻田，那可強太多了。

　　司機牛門先生[1]臨別時送給史提夫一份禮物，原來是常見擺在辦

---

[1]　這又是一個峇里人行事簡單俐落的好例子：峇里人沒有姓氏，取名字按照出生順序，牛門 Nyoman 即「老三」！

公桌上、挺大一座木頭雕花名牌，中間刻上史提夫的英文名字，塗金漆，雕工整齊精美，比起擺在高級手工藝品店販售的商品，毫不遜色。我非常驚訝，大大稱讚牛門先生一番，問他是不是業餘的雕刻家。牛門先生答他自小經常雕刻，而且村裡每一個男孩、每一個男人都自己動手雕刻；為寧靜日前夕舉行的大怪獸巡遊（Ogoh Ogoh parade）製作巨型怪獸，更是全家和全村共同參與的盛事。

　　儘管峇里島文化內涵豐富，可惜文化能夠吸引司馬家這兩個不到 10 歲孩子的注意力，讓他們倆身心完全投入的時間有限。山中旅館沒有游泳池，令兩個孩子遺憾；海濱旅館需走下一片山坡才抵達海邊，且沿岸已遭污染破壞，雖無成堆垃圾，也無啥海洋生物可看，兩個孩子寧願整天泡在人工游泳池裡。我因此得到一個結論：若想讓一家老小都體驗到純粹的喜悅與真正的享受，必須走得更遠，遠離人群。

科莫多國家公園

　　峇里島與其東龍目島（Lombak）之間的海洋中，有一道隱形的地球動植物分界線。往西，是我們所熟悉的舊世界生物相；往東，趨近新幾內亞、為新世界生物相。發現這條分界線的人是 19 世紀英國重要的探險家、博物學家、地理學家、人類學家及生物學家華萊士（Alfred Russel Wallace）。他在亞馬遜盆地及馬來群島採集生物標本及做田野調查超過 10 年，根據自己的觀察經驗，獨立發展出天擇理論，並寫信告知標本買主與筆友達爾文，給後者一記當頭棒喝。華萊士不知道達爾文思索演化論已超過 20 年，寫下萬卷論文，卻因顧慮太多，遲遲不敢發表。若非華萊士將達爾文逼上梁山，決定兩人共同發表論文，達爾文還不知會再窮蘑菇多少年哪！

　　我們去過紐澳，那兒的動植物長相之古怪，彷彿愛麗思夢遊的仙境。客居雅加達，自然應把握機會，跨越華萊士線。

　　史提夫有位娶了印尼老婆的澳籍同事艾略特，他和小巽他群島中花島（Flores）上一位漁民轉生態旅遊業的印尼人丹尼合作經營一艘休閒潛水船。史提夫跟他們去科莫多國家公園周邊水域潛水，回來後讚不絕口，建議我上潛水課，拿到證照，好帶我去看巨大的蝠鱝（giant manta ray）。我們在龍目島西北方的吉利三小島（Gili）訂了 5 天旅館。出發前一個月，我每天晚上等孩子上床後，在家研習理論課程，上網通過筆試。抵達吉利後，一大早我去上潛水課，史提夫當保姆；等我下課，換我陪小孩，史提夫去潛水。

去吉利三小島的交通並不方便，得先飛到龍目島西部的機場，接著坐車穿越獼猴當道的山區，抵達西北部荒涼簡陋的渡船港。到了之後，得先和警察議付賄金（他們倒不貪心，一輛車只收 5000 印尼盾，折合美金 4 毛！），然後得堅定地漠視頭髮挑金染紫的黑道青年（他們想強迫你去搭「朋友」的船和「搶著」幫你提行李！），與一窩蜂突然出現、笑容可掬的小乞丐，最後在混亂場面中狼狽涉水上下船。也該感謝交通險阻，吉利三小島海域仍保持原始，生機勃勃，遠看彷彿三塊鑲白邊（白沙灘）的圓形綠絨繡貼，浮在一大碗檸檬果凍裡（周邊珊瑚礁淺海），既美又可愛。三個小島上都沒舖馬路，禁行機動車輛，而且面積都小得可以在幾小時內徒步環島。我第一次潛水就看見許多獅子魚、石魚、圓滾滾的大四齒魨、有稜有角的粒突箱魨、肥大的黑點鱘、輕盈的扁尾海蛇、像一片竹葉的楊枝魚、像鯊魚的大鯖、龍蝦、蝦、和吃起珊瑚咔嗞咔嗞響的綠海龜…，當然還有數不清色彩斑斕、不知名的珊瑚礁魚。

海倫和弟弟像到了海角一樂園。旅館房間內沒有冷氣、電視或電腦網絡，但走出房間便是沙灘與海。姊弟倆不是在沙灘上玩，便下海坐船或浮潛看魚看海龜，閒蕩累了，隨意選一座海邊涼亭坐下喝飲料吃東西，自由自在，沒人嘮叨沒人管。他們當野孩子的快樂假期結束，我也領到了潛水證照，一石二鳥。

下一站，便是科莫多國家公園。

史提夫認為出海兩天兩夜，孩子們不能跟隨大人潛水，又住在設備簡單的小船上，有玩伴才不會無聊，於是大力推銷，說動另外兩個康納和外派家庭加入，每家都有兩個孩子，年齡都跟海倫差不

多，或大一兩歲。

想去小異他群島，挑選航空公司和訂機票不但費時勞神，還是一場高風險的賭博。旅客必須先飛到峇里島轉機，接下來大航空公司不飛小島，飛小島的航空公司規模全都極小，飛機狀況可疑，經營方式散漫，沒一家可靠，而且許多家一個點一週才出兩三班飛機。印尼海島上的火山輪番爆發，爆發時煙塵瀰漫空中，影響飛航；小航空公司明文警告旅客應預留 24 小時轉機時間之後，便理直氣壯，即便沒發生天災，動輒無故遲飛或取消航班。選錯航空公司、下錯了賭注，就得滯留小島。三位父親為買機票大費周章，旅途中又怕錯過轉乘航班，飽受精神虐待。

幸好此行一路有驚無險。出發當晚三家在雅加達 3 號新航站碰面，一同搭機飛抵峇里島，在艾略特推薦的旅館過夜，隔天早晨搭乘小飛機，中午在花島的拉布灣巴久（Labuan Bajo）機場落地。拉布灣巴久位於花島西北角，原本是個小漁村，因是進入科莫多國家公園的跳板，發展為觀光小城。當地機場小而凌亂，讓我想起小時候的中壢客運站，牆上亂糊的海報，印刷品質與剝落程度，似乎也屬於那個遙遠的年代。

另外半個船主兼潛水長丹尼，派遣三輛看不出是啥牌子的小汽車來接機，其中一輛前後左右所有車窗全掛滿各式吸盤毛絨玩具，唯獨擋風玻璃駕駛座前方留個小洞。孩子們爭先恐後都想坐那輛馬戲車，6 個小孩全擠了進去。大人搞半天才把行李和潛水裝備裝上車，再三交待開馬戲車那位看似尚未成年、穿背心短褲夾腳脫鞋的年輕男孩，必須開在三輛車中間，最後才浩浩蕩蕩出發。

沒想到一離開機場，轉個彎，衝下坡，毛絨玩具全體一致猛烈

搖晃不到 5 分鐘，已抵達碼頭了。原來拉布灣巴久只有那麼一條佈滿坑洞的窄路，路兩旁簡陋木屋密集排列，有住家，也有店家，男男女女村民挨窗挨門坐著看三輛車彈跳經過，若想得個毛絨玩具，一伸手便可從馬戲車車窗裡摘一個。

拉布灣巴久的碼頭倒不小。丹尼的「夕陽號」和另一艘拖著橡皮艇的「二一號」泊在岸邊。夕陽號經過改裝，通舖設於船頂，有遮篷，船艙內隔成船長室、餐廳及廚房，機房在最下層，接下來幾天用餐及所有活動都在這艘船上進行。二一號恰如其名，簡單又酷，只是艘普通漁船，艙內有 3 間船員休息室，窗戶小，空間狹窄，但乘客可將床具拖上空蕩蕩的船頂去睡覺。

一上船 4 位小女生便交頭接耳陰謀策劃，鼓動 2 個小男生和她們聯合占領夕陽號，企圖將父母全趕到二一號上去，但英國媽媽尤娜對她兩個女兒的百般乞求、埋怨、指控，皆充耳不聞，堅持充當保姆，拉著丈夫占了船頭兩個舖位。加拿大男孩不願和同年齡女生夥在一起，決定跟著爸媽。我們家弟弟還小，可能覺得當姊姊的跟屁蟲遠比跟著爸媽刺激，決定留在夕陽號上。住宿安排確定，史提夫和我、加拿大夫婦帶著兒子，把行李送上二一號，兩艘船離港，駛入一望無際的蔚藍大海。

出海不久，即遭遇強大洋流區。海裡彷彿尚有一條大河，無法繞行，必須穿越。跨過一道隱形界線，海面下看不見的洋流急奔似箭，海面上看得見的海浪形狀與海水顏色明顯不同，整片水域好似一大鍋煮開的水，百沸滾騰。密密麻麻的圓形小浪汩汩而出，爭先恐後往上冒、向前衝。每個浪頭都像雙色冰淇淋，上面藍、下面灰，在陽光下不停閃爍晃動。船尾螺旋槳賣力工作，引擎聲震耳欲

聲，我們這批習慣踩在陸地上的遊客各自緊抓欄杆或門框，被催眠似地盯著船外那片不斷移位、巨不可測的能量，可能每個人心裡都在想像萬一跌下船，必須在那片海裡游泳的景況。經過十多分鐘，才完全駛出洋流區，返回平靜海域。花島與科莫多國家公園北邊的太平洋與南邊的印度洋海底實際高度差距甚大，群島間的薩佩海峽（Sape Strait）陡降數百公尺，拉布灣巴久與科莫多島之間的淺水區，每逢潮汐交流，海流之強，居世界之冠。也因如此，薩佩海峽以強浪、淺灘及豐富的海洋生態聞名，然而若無優秀嚮導帶領，在這片海域潛水極危險。

下午丹尼帶我們在仁恰島（Rinca）外緣潛水及浮潛。烈日當頭，晴空萬里，海水能見度佳，水底珊瑚礁與海葵花園廣袤無垠，逡巡其間的大小生物，懸浮的、游的、爬的、軟體的、硬脊的、帶殼的…，熙熙攘攘。目睹這不屬於人類的世界不被人類碰觸地豐足存在著，一種莫名的平靜與喜悅，滿滿填塞我的胸臆。

傍晚我們駛進仁恰島北邊一個平靜無波的小海灣內下錨，一小群海豚在灣外劃過燃燒天空的夕照，令孩子們雀躍；海豚輕盈無憂的跳躍姿態和渾圓閃亮的身體，似乎特別能和孩童的心靈連接。

天黑之前，10 多艘大小漁船陸續進灣停泊，其中有艘彷造古代大帆船、百分之百木造的擎天豪華遊船，用黑漆在船身上橫寫巨大的英文船名：Cheng Ho！鄭和號的船身高數層樓，看不見甲板，遑論人影，它像位蒙面王子，降尊紆貴來到貧民區過夜，十分神祕。所有船隻，無論大小，全將燈火開得通明，馬達聲大作，寧靜海灣突然成了熱鬧夜市，徹底打破白天我在海上自以為與世隔絕的錯覺。

一吃完晚餐，六個小孩立刻消失，全鑽到樓上去，大人圍桌飲酒聊天。聊著聊著，孩子們突然一邊大喊說船旁聚集了許多魚，一邊爭先恐後衝下樓想看得更清楚些，大人跟了出去，圍聚欄干後往下盯。或許是受到燈光吸引，也可能深海裡的生物在夜間升至海面進食，千萬隻袖珍的竹葉魚、魷魚、墨魚和水母，垂直懸浮於海面，還有更多數不清的小生命，正源源不絕自漆黑的海裡往上升，每一隻都發出螢光，透明的小身體裡閃爍著五彩霓虹燈般、極精密細緻的螢光點，勾勒出主人的形狀。千變萬化的奇幻光體，全在舞蹈，跳著那亙古不變、緩緩悸動的海洋之舞，極富韻律感地同步擴張收縮、擴張收縮……。

那一刻，我為鄭和號上的遊客感到遺憾，因為他們離海面太遠，看不見這夜的奇景。

當晚睡不安穩。二一號的小寢室悶熱不堪，鄭和號的強光對著眼睛直射，我決定明晚效法加拿大夫婦和他們的兒子，拖舖蓋上船頂去睡。

隔天一早進入仁恰島國家公園尋訪科莫多龍。

仁恰島的海岸紅樹林綿亙，船慢慢駛向僅一條木棧道的寂寥碼頭，大群食蟹獼猴在樹叢間移動，跟蹤我們的船，最後三三兩兩走到木棧道四周空曠的沙灘坐下，好奇地打量我們。

公園入口矗立三棟水泥建築：辦公室、小店及餐廳，全像是工程進行到一半，卻看不見工人或其他旅客，只有三位穿制服的園警，一位收費，另兩位讓我們等了 10 分鐘，各自手握一根長約 1.7 米、末端分叉的木杖走出來，帶領我們徒步穿越保留區。

首先經過一棟發黑的巨型高腳木屋，由五、六十根超過一層

樓高的粗木椿支撐著，那是公園管理局的廚房及食物儲藏間。走近時，恰巧看見一堆血淋淋的魚廢料被人從地板縫隙間推下來，正下方的地面立刻爆出一陣騷動。在完全沒有心理準備的狀況下，我們已經看到了此行想看的主角：九頭巨大的科莫多龍！

　　猛一看，無論是顏色，或那全身都是肌肉、四隻腳從身體旁邊長出來的體態，或搶食時大口吞嚥、猛烈甩頭甩尾、展示嚇人力量野蠻現前的模樣，都像極了鱷魚。數秒鐘混亂過後，魚廢料搶光，最後一灘血水混著碎石也吞下肚裡，9隻龍登時安靜下來，像一群青少年，優閒和睦地繼續在社區廣場上一起曬太陽，消磨時間。最大的三隻體長超過2米，轉身朝我們走近，竟然擺起姿勢，張開血淋淋的大嘴，彈出末端分叉的長舌頭，讓我們拍照。

　　仔細觀察，我發現科莫多龍和鱷魚最大不同之處，除了牠們顯然對人類感興趣，願意互動之外，主要牠們身上沒有堅硬的鱗甲，全身圓鈍，尤其是口吻部，寬而平；這也是牠們和體型小很多的巨蜥長相不同之處，後者嘴是尖的。眼前這群龍看起來健康強壯，身上泛青帶斑的鱗片細滑光亮。牠們並不臭，也沒生瘡長癬，看起來威風凜凜，十分顯赫！

　　我們花兩個小時徒步穿越園區。先經過叢林，看見兩隻塚雞在牠們堆起的巨大卵丘上忙著理家；懷孕的母科莫多龍常霸占塚雞的卵丘，先將塚雞下的蛋吃光，再產下自己的蛋。叢林邊緣的爛泥溪裡躺著兩頭正在納涼的野水牛；乾季裡溪水淺，裸露的漫灘上散布許多被啃得一乾二淨的牛骨與鹿骨。這裡是科莫多龍重要的獵場和食堂，那兩頭水牛置身同類屍骨間，作何感想呢？

　　科莫多龍的唾液有毒，且挾帶大量細菌，咬了水牛和鹿這類大

型獵物之後會放牠們走，尾隨跟蹤，等獵物流血或感染致死，再上前進食。科莫多龍的嗅覺極靈敏，一旦有一頭龍開始進食，島上其他同類立刻跟進，因此獵物瞬間就會被吃光。科莫多島和仁恰島上都有住民，偶爾也傳出科莫多龍吃人的大新聞。園警告訴我們前幾天科莫多島上才有位十幾歲的男孩喪命。男孩去戶外廁所解手，科莫多龍在門外等著，男孩一走出來，就撲上去一口把他肚子咬個大洞；內臟和肚腸是科莫多龍的最愛，最肥！

抵達小溪之前，我們在叢林裡碰到一隻奇大無比的獨行龍，突然從樹林裡斜穿出來，大剌剌走下坡，明確表示大爺想走林中唯一一條、僅容一人行走的狹窄步道。我們 12 個大人小孩，連帶一前一後 2 位園警，一列縱隊眼看即將被這巨物攔腰截斷，殿後的園警反應極快，把走在後面的幾個人用力往前推，前導的園警則跑到隊伍後面，和他同事併肩站著，雙雙將木杖分叉對準那頭龍。走在前面的人早已嚇得停下腳步，回過頭觀望，後面的人還拼命往前擠，想多讓出些距離，就像鬆散的彈簧猛地受到擠壓，大家前心貼後背，突然變得好親熱、好團結似的。那頭巨龍對我們這串人體彈簧和兩位拿大彈弓瞄準牠的園警不理不睬，低著頭、身體貼地、不慌不忙下了坡，轉到步道上，朝相反方向走了。

過了小溪，林木變稀，叢林逐漸被空曠的乾草原取代，我們在草原裡又差點撞上另一頭巨龍。烈日當頭，孩子們看見小丘上有一方躲在樹蔭下向外伸出的巨石，搶著跑過去，想爬到石頭上乘涼，到石頭下才驚覺有頭巨龍蟠在上面。科莫多龍的顏色和石頭顏色一樣，身上的斑點和石頭上的斑點混成一片，偽裝巧妙，不走近根本看不見牠。牠並不介意我們貼近，拿出相機猛照，仍靜靜趴臥，將

下巴擱在巨石邊緣，繼續在此制高點上雄視自己的王國，享受徐來的微風，鳥瞰棕櫚樹點綴的廣袤草原，和遠處閃爍微光的藍色海洋。

最後一段路穿越一大片棕櫚樹林，許多斷頭枯樹兀自站著，混在林間，正是小科莫多龍最佳棲身處。小龍孵出後，若不迅速找個樹洞躲起來，以吃小蟲為生，暴露在外，天敵環伺，甚至可能被大龍吃掉。小龍通常必須等三、五年，長得夠大了，才有勇氣下地。

走回碼頭，又看見一幅可以登上國家地理雜誌的畫面：木棧道下，平靜無波的湛藍海面上，停泊一葉道道地地、用單根樹幹鑿成的獨木舟，舟長僅 1.5 米，掏空的洞裡坐著一位矮小精瘦、像條人乾似的漁夫。他全身赤裸，只穿條丁字褲，皮膚漆黑如暗夜，臉上的皺紋彷彿田裡犁出的槽溝，前方架一座小爐，爐底用幾根小樹枝燃燒一把小火，四周掛著幾大塊切得整整齊齊的魚肉，最大一塊至少重達 5 公斤，讓人難以想像那條被捕殺的魚到底有多大。還有幾條未經處理的大魚，堆在船頭一灘血水裡。

「你看，海明威的老人與海，」我用手肘頂頂史提夫說。雖然那位漁夫滿臉皺紋，但看得出來他正值壯年。

史提夫凝視他半晌，才答道：「我無法想像過那樣的生活。」

「比起世上其他千千萬萬的人，」我說，「他的生活其實不算太壞。」

我當然明白，對他而言，討海生活既不浪漫，也非英雄史詩。當他終於和我四目相交，我在那對混濁的眼睛裡看不見任何表情或光采。他只掃瞄了我們這群人一眼，便漠然將頭轉開。

剩下一天寶貴時光，只在海中徜徉。丹尼帶我們踏上一片美

得極不真實的粉紅色淺灘;被海浪琢磨如淡粉紅碎鑽的珊瑚砂,反射陽光,令人目盲。然而淺灘上毫無遮蔭,酷日烤曬,根本無法久留。

下午丹尼駛進蝠鱝海峽,海水清澄,表示浮游生物量少,非蝠鱝理想進食日。有人宣稱瞥見蝠鱝在遠方躍出海面,一閃即逝;也有人堅持瞧見黑影從船底掠過,巨大飄忽。男人們輪流跳下海查看,甚至駕橡皮艇追逐,躲迷藏玩了一小時,蝠鱝仍芳蹤杳杳,丹尼只好認輸,帶我們返回科莫多島東邊海域浮潛及潛水。我一再為水底珊瑚礁花園的豐饒而迷醉;海中珍品琳瑯滿目,無論生物或靜物,色澤皆出奇鮮豔亮麗。我不懂是何原因造成這種強烈尖銳的視覺效果,只知道根據經驗,若把任何物體帶出海,只要一離開水,牠們定會在瞬間失去光彩,變得黯淡呆鈍。我退而求其次,為了另一種娓娓訴說時間與陽光海水沖刷力量的潔白與圓潤,數度撿拾沖上岸早已失去生命活力的貝殼與珊瑚殘骸,帶回城市裡的家中,可惜一旦離開熱帶島嶼的烈陽,它們也很快變得灰澀骯髒。海洋的屬民不能離開海,更甚於陸地的子民需要故鄉。

在船上渡過的第二個夜晚,我們是潟湖中唯一的泊客。大家都搬到船頂上去睡,儘管兩艘船的紅色警示燈仍十分扎眼,但至少不再悶熱,且能仰望疏星幾點的夜空。雖和出發前我夢想著能在萬籟俱寂、只聞浪聲的星空下入眠尚有一段距離,至少能夠安睡了。

隔天早晨先到科莫多島北方浮潛及潛水,那兒的海流強猛,史提夫教我貼著海底游,以減少阻力。回船後,丹尼決定再回蝠鱝峽去試試運氣。

選定停船點下錨後,我們入水慢慢下沈,海水明顯比昨天混

濁，懸浮物多，海流則更強更猛、流速更快，海底珊瑚礁不多且分散，但巨石成山，層岩疊峰，稍微平坦處，只見大小碎石在海床上不約而同往同一個方向翻滾而去。

我們幾乎立刻看見一隻中型蝠鱝在一座岩峰旁盤桓，便奮力游過去。丹尼一直緊握我一隻手，用力把我往前拉，但我仍前進遲緩。抵達蝠鱝下方，我胸腹貼地，另一手看見大石頭就抓，但石頭總是很快就被海流連根拔起，我又得忙亂地去抓另一個岩點。丹尼見我游得吃力，掏出不鏽鋼潛水棒，用力插入石縫中，他握住上端，示意要我握住下端。我一手抓緊丹尼的手，另一隻手緊握潛水棒，不敢移動，只能勉強扭頭往上看。

這隻蝠鱝一直在我們上方懸停，偶爾稍稍移動，好用牠巨大的左眼或右眼打量我們。或許牠在同類中個子不大，胸鰭展開僅四公尺左右，但跟我們比起來，不啻巨物。牠的背部為煤黑色，腹面乳白，有幾道黑紋橫過胸部裂鰓下方，胸鰭呈等邊三角形向尾端收窄，尾刺粗短無毒，全身皮膚光滑細膩，嘴為寬扁筒狀，嘴兩旁伸出兩片長而捲的鰭，可以幫著把食物掃進嘴裡，兩片捲鰭上方各嵌一粒既圓又大的眼珠子，靈活透露出牠溫和又好奇的天性。

牠游開了幾次，但總是很快回來，繼續在我們上方徘徊，研究我們。史提夫行動自由些，儘量接近牠，鼓足勇氣用手撫摸牠的腹部。一度史提夫平躺在海床上，蝠鱝用尾刺直指他的額頭，卻沒碰到他。

對望二十分鐘，這隻蝠鱝才終於打定主意，如大鵬般在群山中翩翩然翱翔而去。之後我們還看見好幾隻蝠鱝，包括一隻鰭展超過五公尺、通體漆黑的達斯維達黑暗大帝，但牠們都在較遠處盤旋，

對我們不感興趣。

返回停船處是我最快樂的潛水經驗之一，因為順著海流的方向，任其推送，毫不費力，只需放鬆享受。

上船後，引擎才啟動不久，丹尼便從船長室裡衝出來，大叫道：「蝠鱝！就在後面！」

他縱身跳進海裡，先奮力游了一陣子，接著潛入水中，一兩分鐘後才浮出水面，對船員猛打手勢，指示他們解開橡皮艇。浮潛者全坐進小艇，我留在落日號上，看他們遠遠地一會兒跳進海裡游泳，一會兒又爬回小艇內，一行人無懼水母鞭咬，果然追上了蝠鱝。海倫終於如願，此行和蝠鱝共游。

激昂之後，丹尼在大海中選定一點下錨，讓大家午餐休息。孩子們囫圇吃完，在海倫帶頭下，開始從船上往海裡跳水，弟弟是海倫的義勇小跟班，赴湯蹈火，在所不辭！其他四個孩子就算心生膽怯，有點猶豫，但在同輩壓力及攛掇之下，加上父母鼓勵，也陸續加入。一旦跨出第一步，再跳不難。海倫和年齡比她都大、也練體操的英國兩姊妹暗自較勁，將跳水點不斷拉高，先從甲板往外跳，接著跑到船頂往下跳，最後跑到船頭、抓著旗竿站在欄干上跳，而且想出各種怪姿勢入水，把另外三個孩子逼到心理防線即將崩潰，快哭出來了，三個大女生才滿意，結束這場遊戲，慢慢安靜下來。

起錨前，我獨自下海浮潛。海水在烈陽照射下如藍寶石般晶瑩剔透，數公尺下一座珊瑚礁峰擠滿了海洋生物，歷歷在目，橙色的小丑魚在淡桂皮色的海葵家園裡鑽進鑽出，巴掌大的巨蚌，波浪形的閉殼肌像兩片厚嘴唇，或豔黃、或粉紫撒黑點，華麗炫目。

起航後，兩艘船在璀璨的藍天碧海中朝花島行進，跨越百浪沸

騰的強大洋流區，返抵拉布灣巴久港。

當晚我們入住勾樓山頂旅館。館主是嫁給印尼人的荷蘭女性，旅館大廳兼餐廳眺望島山羅列的港灣，景觀極美，房間整潔舒適。

旅館早餐特別棒，各點各的，由三位西方女士當場烹煮，她們的印尼丈夫在旁邊當助手或帶小孩。我佩服這些為追求夢想、拋離熟悉環境與約定俗成角色規範的能幹女人。

餐廳兩面白牆上巴著 5 隻大壁虎，長約 30 公分，皮膚為粒狀鼓突，全身花紋精密複雜，排列平衡對稱，顏色繁富，極少在其他動物身上看見的暗赭、苔綠、亮橘、灰藍和口腔內怵目的洋紅，搭配起來極具蠱惑力，看久了讓人感覺像吃了迷幻藥似的。整個早餐過程中，5 隻「寵物」沒動也沒叫；但我在峇里和吉利島上聽過大壁虎的叫聲，音量不輸小型哺乳動物。大壁虎是印尼民俗手工藝品中經常出現的重要主題，牠身上的點狀及線狀圖案，從古到今必定賜給印尼藝匠無限靈感，進而影響全世界的藝術創作。近年來研究恐龍的古生物學家認為恐龍的皮毛色彩可能鮮豔得令現代人無法想像，看過大壁虎，我倒覺得完全不難想像。現今大壁虎已列入瀕危動物，倘若牠們也步入恐龍後塵而滅絕，那真是太可惜了。

包括馬戲車的那三輛車比約定時間晚 30 分鐘才到，讓我們望穿了秋水，司機們卻慢條斯理，說他們沒遲到啊！幸好飛機也遲飛了。

我們照例在峇里島機場過境走廊裡檢閱成群結隊專門來印尼海灘住廉價旅館、喝廉價星星啤酒（Bintang Beer）、吃廉價印尼炒飯炒麵、一個個滿身刺青的澳洲紅脖子，再匆匆和餐廳櫃台上的老鼠蟑螂打過招呼，順利轉機，返回雅加達。

龐達因達

　　返家不久，接到房東先生突如其來的通知：租約兩年到期，請搬家！聖陶沙先生是做房地產的生意人，這棟房子找到了買主，沒有商量餘地。

　　這個逐客令好比晴天霹靂，攪亂我們平靜規律的生活，令史提夫血壓驟升。儘管住在奇蘭達西區深巷裡出入不便，每天在路上塞車時間冗長，又得忍受對面清真寺播放的噪音，但雅加達人口多達千萬，豈非人人如此？而且全家、包括 3 位員工和 4 名警衛，都喜歡這棟房子，它就像一部潤滑良好的機器，讓每個人的生活輕鬆愉快；我們不想搬家！

　　搬家還引發許多問題，讓史提夫不得不提早面對。印尼政府發給外國人工作簽證有年齡上限，史提夫距離不遠，公司會繼續讓他待在雅加達嗎？他應該爭取留下嗎？兩個孩子都讀完小學了，現在大人的動向必須以孩子的教育為考量前題，該讓他們繼續留在國際學校裡讀完中學嗎？還是應該讓他們返回英國教育系統？倘若公司調他回休士頓，回不回去呢？

　　太多懸而未決的問題，他無法主控，徒增煩惱，我看了難受，卻愛莫能助。無論未來如何發展，我們必須先找房子搬家。

　　房東先生請我們搬去住他另一棟更大的房子，可惜那房子本身條件雖好，卻位在塞車最嚴重的法馬瓦蒂路小巷內。基於前途未卜，這一次我和史提夫決定在我們能控制的範圍內，盡量減少生活

壓力，於是對公司表示只考慮搬去學校附近。

公司在龐達因達區內保留多棟長期續租的房子，目前租約未到期卻已空出的房子有三棟，史提夫的職位等級並不太高，符合他住屋預算的只有一棟，而且正在重新裝修，兩個月後才能遷入。我和史提夫一咬牙，還是選它。

等待期間，公司安排我們去住日本財團建設的龐達因達高爾夫公寓大廈（PIGA），那個門控大廈社區環境設施佳，有校車接送孩子，我們不該抱怨。然而安定不滿兩年，又得為搬家辛苦，整理打包，送庫儲藏，拎著皮箱，適應過渡期。孩子們覺得新鮮好玩，我和史提夫卻感到氣結。

搬去附帶傢俱的公寓，我只有一個要求：把鋼琴搬去。公寓小，我請狄娜、基諾和塔民各自回家待著，除非必要別來，反正他們都有小摩托車，來往方便。我一個人躲在公寓裡彈琴，這輩子從沒這麼勤練過。

住公寓兩個月，入住龐達因達區內離學校後門走路只需 3 分鐘的房子。再次重複搬運、拆包、整理、擺設、掛窗簾、適應新環境……

那棟房子歷史悠久，建材包含大量昂貴硬木，但設計老舊。客廳主臥特大，廚浴及其他房間又特憋。一樓挑高的天花板、牆和所有內建式展示櫃，全貼上柚木護板，或用實心柚木打造；二樓陽台屋簷加長，簷底也貼柚木板，在無冷氣的時代，達到降低室內溫度的效果，不過卻讓屋內變得陰暗，再掛上兩盞巨大的歐洲宮廷式銅製吊燈（坐輪椅的房東老太太特別強調需好好愛護，那可是她已經去世的先生建屋時特別遠赴歐洲捷克訂購的），讓人彷彿回到 19 世

紀。至於庭院，龐達因達區的房東傾全力增加室內面積，加蓋花招百出，占據庭院。蓋了游泳池之後，能種花草樹木的地方，所剩無幾。

剛開始我很不習慣，常對著柚木展示櫃和大吊燈發愣，不知如何把我們的家當擺進來，才不顯得突兀不搭調。一旦入住，每天走路接送孩子上下學、做課外活動，傍晚或周末假日看他們和同學約好在校園裡一起騎單車、溜滑板，我立刻對這棟房子產生好感，喜歡上它。我和史提夫都不後悔前兩年選擇去住奇蘭達，但這時才深切體會住學校附近的好處，不必整天出門塞車，不聞惡聲，生活壓力頓時減輕，換來悠閒與寧靜的時光。

就在我對搬進龐達因達區感到滿足的同時，受夠了無法掌控自己的生活、且十數年來窮於應付英美兩國政府移民及財稅部門官僚制度的史提夫，突然痛下決心，為收回自主權，做出一連串重大決定。

他打算夏天退休，從此自己決定去留，再也不必擔心印尼政府突然取消他的工作簽證，或公司強迫他回休士頓。

史提夫 1980 年便加入康納和石油公司，老老實實努力工作 32 年，目睹石油業繁榮蕭條交替循環 3 次，整個世界、各大洲經歷巨變。當他開始工作時，全球人口總計 45 億，如今已激增為 72 億；一般輿論對他獻身的探油專業，也從褒揚崇拜變成譴責污蔑。

他決定舉家遷回英國，趁司馬家這兩位「第三文化小孩」（又稱為「文化混血兒」、「文化變色龍」或「游牧全球的背包客」）仍處於青少年階段，送他們返回英國讀中學；或許認同祖國與紮根故鄉仍不嫌晚。

為了準備 15 歲的大考，通常駐外子女返回英國就讀的年齡上限為 14 歲，我們還有兩年時間。因稅務問題，史提夫希望能在境外再待一年。這些年來獵人頭公司不斷與史提夫聯絡，他本來對跳槽從不感興趣，聽說最近英國一家小型的第一石油公司新加坡分公司欲召募專業人材，覺得還算理想，打算進一步洽談這個可能性。

　　我想到幾個月後又得重新整理打包、拎起皮箱繼續流浪，往後還得再搬幾次家，仍是未知數，只覺得全身乏力，不想發表任何意見。

　　搬家之前，代表公司的經紀人告訴我上一任房客是個美國家庭，有三個小孩，在雅加達待了五年多，一直住在這棟房子裡。入住後打掃房子，我在房東留下不准我們移動的一張舊書桌抽屜裡發現一本摩門教聖經，揣測那對美國夫婦應是虔誠的好摩門教徒，才能蒙主恩賜，悠閒寧靜地在雅加達生活五年，做滿印尼政府規定的單次外派年限，存一筆錢返鄉回國。我尋求庇護的諸佛菩薩也很慈悲，保佑司馬家健康和樂，沒讓任何人感染登革熱、或得怪病。至於這些年來像猴子搬家動盪不停，玄機何在，但願終有一天能獲解答。

　　龐達因達區絕非十全十美的綠洲，也會堵車，也有人隨地燃燒垃圾廢料，製造戴奧辛污染；就像孩子們學校裡的學生，並非個個純真可愛。有位和弟弟同年級的本地男孩，隨時有兩名保鑣跟著，保鑣大熱天穿著黑夾克長褲，站在樹蔭下或餐廳門邊守候，據說黑夾克裡揣著真槍。學校周邊也有不少怎麼看怎麼不對勁的大房子，籠罩神祕不祥的氛圍，散發出權力與金錢的腐味。

孩子們似乎對社會陰暗面渾然不覺，平常日子放學後成群結黨，在校園裡運動閒蕩，周末忙於到朋友家過夜或參加生日派對。海倫有一小群死黨，五個女孩總是躲在家裡喊喊喳喳，看電影、吃零嘴、打扮照相。男孩的生日派對依照公式舉辦，去龐達因達室內足球場租兩個小時場地，把同年級所有男生全請來分組比賽，踢完球吃比薩蛋糕，一人發一件英國或歐洲足球聯賽明星隊的印尼製山寨版制服，一身臭汗回家。

轉眼之間，學期已步入尾聲，史提夫透過幾次長途電話與第一石油倫敦總公司達成初步共識，正巧他們的副總裁來亞洲出差，停留雅加達期間，約史提夫見面喝杯酒。石油界其實是個小世界、大家庭，全球產油氣或有油氣藏的地方就那幾處，藉合作開發計劃、各國相關學會及定期舉辦的國際性大型商會，一談起某某人，彷彿每個人都認識或聽說過似的。史提夫與那位副總裁也不例外，兩人早有數面之緣，在克芒區酒吧見面後，聊幾句便知是否符合彼此條件、能否合作。雙方意願確定後，杯酒間便決定所有聘用條件。公司不想聘請正式僱員，史提夫不願受到束縛，雙方僅簽連續性合約。

那天晚上史提夫難得深夜返家，孩子們和我早已上床就寢。他進臥室劈頭第一句話就說：

「司馬太太，妳覺得搬去新加坡住如何？」再加上一個醺醺然的手勢。結婚多年，這是我第一次看見保守內向的老公，嘗試 007 情報員的動作。

我說好極了，恭禧恭禧！心裡卻一則以喜，一則以憂。喜的是塵埃落定，至少知道下一站去哪裡；憂的是海倫和弟弟在雅加達國

際學校才安定兩年半，又得和朋友和熟悉的環境揮別；而我，又得開始打包裝箱了。

準備搬家之前，必須先辦妥兩項要務：一是申請學校，二是處理長物。

新公司只負責繳學費，其他申請學校大小事務自行負責。新加坡是國際大港，國策以鼓勵外商直接投資為前提，外籍人士占人口總數40%，包括永久居民、高端的外派人員及低端的外籍勞工，國際學校因此多得不勝枚舉。好學校申請費用高昂且不退費，我和史提夫決定只申請東南亞聯合世界書院（UWCSEA）。該校將轉學生入學測驗的考卷傳給雅加達國際學校教務處，由海倫與弟弟的導師擔任監考官，放學後分兩次考完，連帶導師推薦函，傳回聯合世界書院評分定奪。

收到兩個孩子都順利通過測試的通知後，真正的問題來了。新加坡著名的大型國際學校學生人數間間爆滿，候補人數成千上百，於是大校再立分校，擴大經營。聯合世界書院也有兩個校區，舊校區在島南方的杜佛，新校建於島東角的淡濱尼。書院招生部門告知，海倫的年齡層、即讀中學的小孩，返回祖國就讀人數多，因此兩個校區都有名額，但弟弟的年齡層仍屬小學，長遠的升學問題還沒燒到父母眉毛，轉學人數少，安插進舊校區都有點困難，新校區沒有空位，不可能收他。經歷過在北京讓兩個孩子分開上兩個學校的經驗，我和史提夫非得已，不想重蹈覆轍。但孩子大了，又要硬生生讓他們轉學，我和史提夫想盡量尊重他們，於是專程帶他倆飛一趟新加坡，讓他們自己去看學校，聽他們的意見。

早上我們先去參觀獲得新加坡都市重建局綠色環保設計獎殊榮的新東校區，在他們設備現代化的巨型體育館裡巧遇幾位從前在京西國際學校教過海倫和弟弟的老師。他鄉遇故知，兩個孩子臉上露出笑容，但對轉學一事仍不做任何評語。下午去杜佛校區，帶我們參觀的女士即負責處理招生事務的負責人。舊校區尚未繞行一半，海倫已當她的面擺出一張臭臉，令我和史提夫萬分尷尬，顯然小姐她心意已決，絕不願來杜佛。幸好那位女士修養極佳，想必熟諳兒童心理，仍和顏悅色與姊弟倆對談交流，並且對弟弟不知有意還是無意坐到鋼琴前表演一曲大加讚揚。握手道別時，她拉住我低聲說了一席話，告訴我其實東校區除了招生與杜佛校區合作之外，完全獨立，建議我和史提夫親自寫一封信，將重點擺在弟弟身上，並遞給我一張名片，要我直接寄給名片上那位東校區行政部門主管。

　　返回雅加達家中，我立刻著手寫信，把我那位嘔吐大王兒子吹捧一番，並附上他一張近照，是他身穿足球隊服，站在學校將他戴付眼鏡、專心看書的照片放大製成的海報前，再度強調弟弟「靜如處子，動如脫兔」的特性。

　　寫信寄照片果然有效，五月份終於收到東校區同時錄取姊弟兩人的通知，一家人奔去不做豬肉的回教式鼎泰豐餐廳大吃一頓，以茲慶祝。

　　搬離奇蘭達之前，我已將所養的雞，一公四母，和雞舍，一併送給巴哈薩語老師，烏秋女士。烏秋是退休的前外交官夫人，年近 70，端莊嫻雅，總是一身纖塵不染的印尼傳統衣裙，看起來清涼卻不失高貴。烏秋也是虔誠回教徒，下課後經常借用員工休息室

禱告，再去下一站上課，我和她都不懂為何愈來愈多印尼女性穿著包裹全身的黑袍、戴頭巾和面紗，只露出兩隻眼睛。烏秋住「雷雨之城」茂物市郊，有院落，但她老實告訴我不會留下兩隻已經很少下蛋的老母雞。我心中雖難過，仍表示那就算我請她喝雞湯補身體吧。我帶著海倫與弟弟目睹塔民幫烏秋和她兒子將雞舍塞入後車箱用繩綁穩，再將五隻一旦雙腳被縛、立刻變得異常溫馴的雞，輕輕放入厚紙箱裡蓋上，置於後座。望著烏秋和兒子駕車揚長而去，送走那幾隻早已成為司馬家生活一部分、蠢得可愛的印尼長腿雞，也揮手告別金運當令的 2011 庚寅年和 2012 辛卯年[1]。

搬家有個好處，連我也不能否認，即盤點所有，清除垃圾；尤其是不再適合孩子用的玩具用品。暫住大廈公寓一個多月，我和史提夫意識到家中屯積長物過多，只帶幾個皮箱搬出來，日子也過得去。預期遷往新加坡，還得和大部分人一樣，住坪數有限的高樓公寓。於是，住龐達因達最後兩個月，便在忙於處理長物中度過。

我聽說美國俱樂部每年為會員舉辦一次對外開放的家庭式舊物賤賣，差史提大分兩次將些小腳踏車、運動器材和過人或華而不實的廚具及裝飾品載去賣，結果出乎意料，非常成功。賣場攤位極多，來逛的本地客人更多，熙熙攘攘，好不熱鬧。印尼新崛起的中產階級對舶來品的需求似乎到了飢不擇食的地步，反映出產業斷層現象。印尼雖有數不清的大型購物中心，卻只見高端奢侈品或廉價

---

[1]　雞的五行也屬金

垃圾，缺乏像宜家家居（IKEA）或迪卡儂（Decathlon）這類銷售價格合理、品質優良的生活實用品大型賣場。

最後一批必須捨的東西，每一件我都捨不得。我在北京買了一個重三百斤的長方形雕花大理石石槽，用來養金魚。又蒐集大批青花磁盆，種了許多黃椰子、萬年青，擺在室內和院裡，塔民幫我照顧得極好，盆盆綠意盎然。史提夫提醒我，從此必須自付運費，而且不論去新加坡或回英國，都不可能再住大房子，盆啊缸的，非捨不可，否則自討苦吃。

我把大理石槽送給一位台灣太太，因為她先生年輕，應該還會待在埃克森美孚工作多年。另外在雅加達外籍人士社區網站登廣告，連盆出售植物。零零星星地，也陸續為那些植物找到新家。

坐在少了綠意的家中，我還有最後一項任務：替狄娜、基諾和塔民找到新東家。

我替他們在英文社區網站上貼告示，周而復始，拖了很久。原因是基諾不諳英語，園丁比比皆是，加之開價太高，儘管我賣力推銷，基諾與塔民仍乏人問津。狄娜的情況正好相反，像她這樣英文流利、擅西式烹飪、又有嬰兒褓姆經驗的伊布，在外籍社區裡炙手可熱，找我和找她的詢問電話此起彼落，狄娜忙著面試，選擇太多，反而變得舉棋不定，無法抉擇。

直到搬家前幾天，狄娜才終於選定一位剛生第一胎的美國太太。基諾仍然工作無著，但似乎並不在意，每天還是笑嘻嘻。印尼失業率很高，街上坐滿各種年齡的男人，聚在一起抽煙扯淡，無所事事，每個人看起來都挺隨遇而安，樂天知命。我也只好任基諾和塔民去了。

萬事放下，等待飛往另一個國度，翻開司馬家流浪記的另一章。

　　「多樣性」，每個國家都愛自詡擁有。也許大家說的都是真話。地球本來就是個多彩多姿的神奇星球，任何一個角落，只要細心觀察，必能發現多樣性。然而，論及生物多樣性和原始自然景觀，萬島之國的印度尼西亞，的的確確，難出其右。這個國家所擁有、可賜予的美景奇觀包羅萬有，客居不滿三載的我們，弱水三千只能取飲一瓢。崙邦岸島外冷暖洋流互相沖激的海裡，長 3 公尺、重一噸的曼波魚[2]如一輪銀盤靜懸水中，讓一群黑白縱紋、尾鰭鮮黃的多棘馬夫魚（schooling bannerfish）如鳳蝶般忙碌地啄食清除身上的寄生蟲。牠的巨嘴緩緩開闔，嘴內白色骨膜時隱時現，彷彿在用嘴沈沈呼吸。僅僅存在著，牠便能傳達無比的鎮靜力量；看牠 10 分鐘，那一整天我內心都感到份外平和安祥。曼波魚如此大，侏儒海馬（pygmy seahorse）和英雄蟹（orangutan crab）卻又如此小，身長不及 2 公分，前者偽裝巧妙，後者卻如火焰般鮮橘發亮；這般袖珍但構造精巧的小東西，對人的影響力也不亞於龐然巨物，當你發現牠們、觀察牠們，心中所感受到的驚奇與赤子的喜悅，同樣地無與倫比。

　　英雄蟹的英文名叫作「紅毛猩猩蟹」，因為牠周身赤橘，長手長腳，毛茸茸的。離開印尼之前，還有一個地方得去；我們想去看真正的紅毛猩猩。

2　Mola mola，世上最大的硬骨魚。

丹戎普廷國家公園

　　經弟弟澳籍女導師推薦，史提夫幾個月前便開始與導遊雅尼連絡，計劃赴加里曼丹（Kalimantan）的丹戎普廷（Tanjung Putting）國家公園，看紅毛猩猩和長鼻猴（proboscis monkey）。我們寄出的電子信件破紀錄，神祕的雅尼先生若非支吾其詞，否則乾脆相應不理。訂金早已轉帳，他也不是我們遭遇過頭一個從不做正面答覆的印尼人，直到臨行前，他才替我們確定來回班機，並擅自將五天行程縮短成四天三夜，而且仍避而不談尾款數目。

　　從雅加達飛到加里曼丹的小城龐卡蘭朋（Pangkalanbun），搭乘的是我從沒聽說過、只擁有幾架雙螺旋槳民航機的「卡爾星空」航空公司[1]，結果出乎意料，飛機座位寬敞，午餐美味可口。

　　飛機平安落地，史提夫鬆了口氣。來接機的人自稱是雅尼的朋友，遞給史提夫一個白信封，說是旅遊團費尾款帳單，請史提夫先結帳。史提夫打開一看，和原先五天行程的報價尾款相同！史提夫不肯付錢，來人英語不通，雞同鴨講一陣，對方走到遠處拿出手機打電話，講完後走回來請史提夫將所有護照準備好，將帶我們去找複印機，辦入園證。

　　我們分乘兩輛老舊計程車，駛出灰撲撲的小城，來到一個大

---

[1]　Kal Star，2017年應印尼新政府勒令改善技術及財務管理，已全面停飛。

圓環邊上的小店前。圓環大得突兀，交通流量卻出奇冷清，它是此城著名的「景點」！我們還站在店外觀「光」，難得一輛摩托車出現了，居然在我們前面停下。騎士向我們問好，原來是雅尼親自來收尾款。

史提夫早有準備，收到帳單後他已稍加計算。雅尼的朋友和店老闆忙著影印文件，他便在一旁和雅尼講價。史提夫把他認為合理的價錢寫在帳單上，雅尼不滿意，也寫了個數字。史提夫以為雅尼是嚮導，不想把關係搞僵，同意雅尼的數字，但強調約 1.2 百萬盾（約 100 美金）的差額，是給導遊及船員的小費。

雅尼居然爽快答應了，拿到錢數清之後，跳上摩托車再度消失。

雅尼的朋友領我們繼續走一條路況介於差與奇差之間的公路，顛簸半小時，抵達庫麥（Kumai）港。庫麥港位於河水呈泥黃色的庫麥河旁，河面寬廣，水勢浩壯，往來船隻頻繁。市集泥路兩旁擠滿倉庫、菜舖、小店、民房。河邊停靠各種船隻，包括矗立在建築物後方的龐大貨運海輪。街上人潮熙來攘往，每個人都忙得很，為這亂糟糟的港村營造出一股生機盎然的魅力。

在所有人聲、引擎聲與馬達聲背後，尚有一大片持續不斷的尖銳鳥鳴。雅尼的朋友消失又出現後，領我們來到河邊堤岸，登上一艘木船。他看見我和史提夫東張西望找鳥，抿嘴一笑，回頭指指岸邊一棟巨大無窗、只有牆上戳一排排洞的方形水泥建築，然後比手劃腳告訴我，鳥鳴聲是擴音器播放的錄音帶，吸引雨燕飛進那狀似監獄的燕屋裡築巢，好採收販賣。我想那肯定又是太聰明的中國人在上游出主意、投資，最後在下游消費燕窩的大型國際企業。這麼

做唯一的好處，是可以減少幾位窮苦印尼人賣命去懸崖峭壁上採收野生燕窩而摔死的慘劇！不過最倒楣的永遠是雨燕。

木船順流而下，對岸水椰（pandanus）密生成林，幾分鐘後船引擎在河中心熄滅，迎面開過來另一艘木船，待兩艘船肩並肩，站在那艘船船首的男人突然跳到我們船上。雅尼的朋友和他握手寒暄幾句，便跳到那艘船上，回頭跟我們招招手告別。我們的船再度啟動引擎，兩艘船擦肩而過，各自朝相反方向駛去。

跳上船的那位陌生人帶副眼鏡，慈眉善目，體格壯碩，五官明顯像是馬來人。他先用流利的英語自我介紹，說他叫洛斯提，再下船艙把跟船廚師伊布米拉請上來，跟我們見面。矮胖的米拉整個人幾乎呈四方柱型，但笑容可愛，而且笑個不停。抵達加里曼丹後，我和史提夫一直處在困惑與混亂的狀態中，洛斯提是第一位能夠、也願意和我們溝通的人，確定他才是此行真正的嚮導，令我高興，卻在史提夫心頭蒙上一層陰影，怕雅尼和那 1.2 百萬印尼盾從此將如泡影消失無蹤。

離港 10 分鐘後，河幅愈寬，彷彿即將航入大海，這時遙遠的東岸出現一條支流入口，河口樹立一面大招牌，一頭假紅毛猩猩站在招牌上，顏色鮮豔，非常醒目。駛近才看清招牌上寫著：「歡迎光臨丹戎普廷國家公園」。

這條支流是塞控耶（Sekonyer）河，駛入它即正式進入國家公園。塞控耶河亦是公園的自然界線，河的東南面為公園地，西北面為私有地；私有地內原始林早已砍伐殆盡，改種油棕單一經濟作物。加里曼丹其實指的是舊名婆羅洲島上約四分之三的印尼屬地；婆羅洲為全世界第三大島，迄 20 世紀前半葉仍為年齡達 1.4 億年、地球

最古老的雨林所覆蓋，號稱地球的右肺，與左肺亞馬遜雨林合作，為整個地球淨化空氣。1970 年以降，國際市場對原木的需求若飢似渴，收購不擇手段，印尼政府執法無力，加上迫於爪哇島上人口飽和的壓力，大舉將貧苦農民遷入加里曼丹，島上的雨林從此以駭人速度遭砍伐清除，改闢為油棕種植園或農耕地。未被全面清除的林地，一旦道路接近，立即被掏空，所有稍具商業價值的大樹全被盜走。丹戎普廷國家公園早被聯合國教科文組織劃定為生物圈保護區，照理應受印尼政府與國際合作嚴格保護，然而連國家公園內原始林遭破壞的面積都高達 65%，公園外雨林的景況，可想而知。

當然，像我們這樣進園遊玩三、四天的觀光客，是看不見那些黑暗面的。

駛入塞控耶河後，頭半個小時，只見河道兩旁長滿水椰，一望無際。幾葉小舟停泊外圍的椰葉底下，漁翁各個形單影隻，每個人都同時使用數根釣竿。其中一位老者，正巧在我們經過時拉起一對比巴掌還大，通體烏黑的大蝦，牠們在空中掄動多付細長堅硬的黑腳，以慢動作做張牙舞爪狀。再航行一段距離，看不見漁舟了，獼猴、紅毛猩猩和長鼻猴便開始現身。

我們乘坐的這種木船因航行時所發出的聲響而得名，叫「喀拉拖克」（klotok）。婆羅洲島上至今多處不乘船到不了，喀拉拖克是常見的多用途交通工具。它和我們去科莫多海域乘坐的漁船構造相似，引擎設在船內，船艙封閉，船頂平廣，搭有遮篷，可供夜宿。但喀拉拖克比海船小，長僅六公尺左右，船頭小，船頂的遮篷高，建材結實，乘客所有活動都在船頂上進行，居高臨下，視野開闊，非常適合做野外觀察。

繼續深入塞控耶河，林相漸次變化，長得像鳳梨的露兜樹混入水椰的比例愈來愈高，水生植物後方聳起的雨林愈來愈密。雨林樹冠層參差不齊，又出許多高瘦喬木，樹幹從上到下掛滿各種附生植物，像層層疊疊的空中花園。樹與樹之間又懸垂粗壯扭曲的藤蔓，龐雜輳輵。獮猴與長鼻猴在樹間飛躍，風馳電掣，所經處斷枝殘葉如疾雨驟下；紅毛猩猩卻慢吞吞利用自己身體的重量將瘦伶伶的喬木樹梢 360 度隨意往下彎，直到選定下一根藤條，再不急不徐易手易腳，鞦韆一盪，便橫渡數十公尺，行進速度和急吼吼的猴子相比，毫不遜色。

　　以前只看過長鼻猴的照片，覺得牠們長相滑稽得不可思議，如今親眼得見，方知長鼻猴毛色鮮豔，魅力十足，尤其是地位最高的雄猴，體型比雌猴大一倍，總是坐在河畔位置最顯眼的枝幹上，炫耀牠臉上吊著的那根紅蕃薯似的大鼻子，還有身上穿的褚紅皮襖，細白丁字褲，柔毛灰藍的修長四肢，一雙大黑腳，和他胯下那根細細小小、亮粉紅色的陰莖。

　　下午三點，我們下船、上岸、穿越叢林趕赴公園內第一個紅毛猩猩研究暨餵食站，結果遲到了，發現餵食站圍觀的人群比前來加餐的紅毛猩猩還多！不勝其擾的紅毛猩猩不是背對觀眾坐在餵食台上狼吞虎嚥，便爬上周圍大樹頂，朝觀眾丟擲軟軟黏黏綠綠的臭大便。

　　返回船上，我們繼續「拖克、拖克、拖克」地朝上流航行，數艘快艇擦身而過，往下游咆嘯而去。洛斯提說上游有許多非法礦區，排放污水，所以塞控耶河的河水才如此混濁。

　　傍晚時分，我們在河道轉彎處幾艘已停泊的喀拉拖克船後靠

岸。我問洛斯提為何此處特別受船家青睞，他說因為只有這裡才收得到手機訊號！這時船長「托里」和大副「路易」，兩位眉清目秀的青春少年郎，終於露臉，身手矯捷地從樓下船艙鑽出來，繫緊纜繩。托里矮壯，路易才 17 歲，剪了一個賈斯汀比柏頭。他指指船旁露兜樹叢葉尖上一條十多公分長、細得像根黑絲帶的小蛇，蛇頭從葉尖垂下，在水面上微微晃動，等待著下一餐游過──牠等的不是小魚，而是大魚！我無法想像這麼細小的蛇能夠獵捕、吞嚥大魚，但托里斬釘截鐵地說：

「牠捕得到大魚！」

我看見樹梢上停了一隻五色鳥，脫口叫道：「翠鳥！」

托里看了一眼，不屑地說：「那才不是翠鳥！我們的翠鳥比那隻漂亮太多了！」

從那一刻開始，托里兼任我們的隨船博物學者。

船剛繫好，海倫和弟弟便迫不及待拿出爹地在搬家時無意找到的休士頓時期兒童釣竿。海倫居然很快釣到兩隻小鯰魚，對這項早已丟棄的活動又生出高度興趣，伊布米拉準備了簡單可口的印尼式晚餐，她隨便扒幾口，立即返回崗位去看守魚漂。餐後史提大也拿出新買的折疊式釣竿加入釣翁行列，可惜他和弟弟運氣欠佳，一直沒有魚兒上鉤。

船停靠的這邊河岸水生植物少，叢林逼近水畔，對岸的水草茂密，長長的葉子被壓平幾大片，那些全是兩棲類，如鱷魚、長吻鱷和巨蜥為做日光浴自製的日曬床。夕照將天空染紅，刷上金絲，隨天色漸暗，一層白霧自河面升起，悄悄地由稀轉濃，由薄變厚，徐徐滲入兩岸聳起如黑色翦影的叢林罅隙，再從四面八方將泊船裹

住。當我們意識到身在霧中，呼吸變得不太順暢時，空氣裡已掛滿無數靜止的微細水珠，周圍的雨林悄然消失，唯剩一片白濛濛的靜夜。

托里和路易收了殘肴和餐桌，替我們鋪好被褥、掛好蚊帳。沒人進廁所淋浴，一家四口用瓶裝水刷牙漱口後，十點不到，各自躺下就寢。

白霧沒遮住繁星點點的清明夜空，在河中行駛的船早早便將燈光和引擎全部熄滅。我躺在星空下，十分滿足，赴科莫多海域未圓的夢，終得實現。

第一個晚上，大家都睡不好。史提夫和我覺得床墊太薄太硬，睡得骨頭疼，而且夜裡溫度驟降，濕氣在遮篷天花板上凝結成水珠，整晚滴個不停，穿透蚊帳，滴到我們臉上。

天未亮我已醒轉，凝望白霧緊裹的叢林逐漸露出形狀，然後在柔和的晨曦裡注意到三兩隻黑影在對岸的樹上跳躍。解纜啟航後，才看清楚牠們不是猴子，而是黑白兩色的冠斑犀鳥，在前方飛飛停停好一陣子，總和船保持一定的距離。

海倫和弟弟起床後第一件事，便是繼續釣魚，史提夫也等不及想開張，生怕他那付大釣竿被女兒的粉紅色芭比釣竿比下去，但三人皆無斬獲。托里在下艙前努力想告訴他們，魚從不在早晨進食！

早早抵達第二站，洛斯提先領我們在叢林裡步行一小時，觀賞長在樹上和地上的巨型豬籠草，再去看九點鐘的餵食。他說那個地區的紅毛猩猩老大最近每天都來加餐，希望我們能見識到牠的雄姿。可惜牠今天缺席，別的猩猩來了 12 位，加上 2 隻灰松鼠，靈活

地在圍坐的紅毛猩猩之間穿梭，偷果子吃。

這一次觀望人數少，而且我們從頭看到尾，較清楚餵食程序。現今公園內的紅毛猩猩，多是被拯救的孤兒或受虐寵物，以及牠們所繁殖的後代，經研究中心照料並通過隔檢後野放，無法完全自立，仍得仰賴人類。公園內設有三處餵食站，即在叢林中開闢空地，搭蓋一座木製平臺，臺前再為觀光客架設幾排彷彿戲臺前觀眾席的長椅。每天三次，餓了的紅毛猩猩準時自四面八方集合到平臺周圍的樹上，等候揹著滿滿幾袋水果及牛奶的護林員來，把食物全攤在臺上。各方英雄便從高高的樹頂下來，圍聚臺上，爭先恐後搶食物，拼命往嘴裡塞，吃相邋遢誇張，彷彿諧星在表演鬧劇。等吃飽了、或沒東西可吃了，便各自散會，也許下一餐再見。

離開第二站，再往上游航行一小段距離，便到了更小一條支流的岔口，我們在此右轉進入當地人口中的「右河」或「小塞控耶河」。洛斯提和托里不斷向孩子保證，一定會在這一段看到鱷魚，還有乾淨的水沖涼。每次提起，他們對這條「乾淨又安靜的小河」深深嚮往與熟稔的愛戀，溢於言表。終於航入，我立刻心領神會；我們進入的是一個全然不同的世界。河水迅疾變成深琥珀色，清澈見底，此為泥炭（peat）地層地表水的特色，我記得蘇格蘭的河流就是這個顏色，蘇格蘭人不僅用泥炭作燃料烘烤發芽大麥，更用這種琥珀色的水，釀造出各式各樣風格獨具的單一純大麥芽威士忌酒；中國人也強調用好水方能泡出好茶。小塞控耶河保留原始狀態，水底下形狀完整的枯木槎枒交錯，歷歷在目，彷彿許多鬼魂躺在水裡。河道狹窄多彎曲，茂盛的水生植物覆蓋兩岸，倒向河心，莖葉在水

中漂搖，彷彿無數細長柔軟的手指，對船上的旅人召喚、催眠。許多隱晦難辨的獸跡自河畔草叢與矮樹叢中伸出，一路深入潮濕幽暗的沼澤樹林。林中喬木高瘦，間距遠，藤蔓、覆地或底層植物顯著減少，清楚可見每棵樹都有高壯龐大的板根或支柱根系統。

這裡是泥炭沼澤森林的世界，介於排水良好的雨林與半海水紅樹林之間，由於土壤長期浸水，枯葉枯木無法完全腐爛分解，逐漸形成海綿般酸性的泥炭層，儲存有機碳的量遠大於一般森林。此地區泥炭層厚達 10 ～ 12 公尺，護衛著兩種不同的生態，生長在它上方的是多樣化的熱帶叢林，包括多種生長速度極緩慢、高度可達 70 公尺的珍貴良木；下方則覆蓋保護貧瘠的雨林土壤。

1996 年，印尼政府斥資啟動「超級種稻專案」（Mega Rice Project），接下來 3 年共挖掘超過長 4000 公里的排水及灌溉渠，將超過一百萬公頃的沼澤水排乾，改成稻田。政府建造的水渠、道路及鐵路使得原始叢林門戶洞開，方便了合法及非法的伐木作業；本來原始沼澤森林整個雨季都浸泡在 2 公尺深的水裡，人工渠排水迅速，灌溉功能卻不奏效，任泥炭層受熱帶烈陽烤曬，變得整年乾枯。泥炭一旦乾燥，便開始分解，極易起火燃燒，將硫酸排放到河裡，令河水酸化，將巨量二氧化碳釋放到大氣中，造成東南亞嚴重空氣污染，並加速全球暖化。滿目瘡痍之後，印尼政府宣布放棄該專案。然而，一般森林可在數十年內重生，想令泥炭沼澤森林起死回生，卻需要幾百年！和泥炭沼澤森林一起演化數百萬年的特種生物，如紅毛猩猩、蘇門答臘虎、或長鼻猴⋯等等，只好退居如丹戎普廷這般愈來愈小的破碎家園。

一進入小塞控耶河，便看見許多珍禽，包括令托里驕傲自豪、

有付鮮紅巨喙的鸛嘴翠鳥。我們還驚動了一隻停在前方樹梢的巨鷹，愕然目擊牠展開彷彿比橫躺成人還長還寬的雙翼，僅搏翅三、四下，已飛進對岸林中，消失於樹幹之間。近距離感受到牠拍擊空氣所造成的強力震波與脈衝，令我久久不能言語。很可惜，我們只看見牠的背面，不能確定牠到底是哪種鷹，公園內常見的是蛇鵰，但牠體型如此巨大，獵殺長臂猿應該都不成問題。

接著陸續目擊三隻專門吃魚的長吻鱷（gharial），驚訝地發現牠們跟普通鱷魚一般肥大，身長至少兩公尺，只不過嘴是尖的。

中午剛過，抵達李奇營地（Camp Leakey），即園內第三餵食站和此次河流之旅的終點。路易斯‧李奇（Louis S.B. Leakey）是考古學及人類學界的巨擘，由於李奇家族在非洲挖掘出許多早期人類的化石，人類演化理論得以肇基。李奇的另一項重要貢獻，是他認為欲解開人類演化之謎，必須對其他靈長類進行深入的田野調查，因此他運用個人影響力，親自指派三位女性分別去研究三種大型類人猿，後來這三名女子成為「靈長類研究三傑」，不但領導個人專業領域，也帶領全球的保育工作。

研究黑猩猩的珍‧古德（Jane Goodall）與研究大猩猩的戴安‧佛西（Dian Fossey）年輕時都是美女，氣質超凡，極具個人魅力。前者如今已八十餘高齡，仍馬不停蹄巡迴全球演講；後者於 1985 年在營地內慘遭謀殺，至今行兇的人與動機仍是個謎，她的死仍籠罩在神祕黑暗中。無論如何，她們倆的領袖光環燁然炫目，堪稱動物學界的名流。

相較之下，研究紅毛猩猩的碧露緹‧高蒂卡斯（Birute Galdikas）一直未受到相當的矚目。高蒂卡斯的父母是二次世界大

戰的立陶宛難民，逃到加拿大後從東岸流浪到西岸，再南下美國加州。年輕時碧露緹成為國家地理雜誌報導珍古德與戴安佛西的忠實讀者，赴南加大修人類學碩士後，積極向李奇毛遂自薦。當初珍古德和戴安佛西未受丁點專業訓練，卻被李奇一眼相中，努力說服，百分之百支持。李奇對科班出身的高蒂卡斯卻諸多保留，經後者鍥而不捨地遊說，才終於答應指派她赴婆羅洲研究當時鮮為人知的紅毛猩猩。25 歲的高蒂卡斯住進爪哇海濱叢林裡一間用樹皮茅草蓋的棚屋內，與蚊蟲共處。她將這簡陋的棲身所命名為「李奇營地」。

我們抵達的便是 40 年後的李奇營地。維修良好的碼頭周圍早已停滿十幾艘喀拉拖克船，非常熱鬧。

我們先在船上午餐，一邊觀看許多尾巴上環紋清晰的幼小巨蜥在河畔爭食，無視周遭喧嘩的遊客與船伕。午餐後，我們逐一踩過別的船，跳上棧道，繞過一隻坐在棧道上發呆的大紅毛猩猩。營地裡蓋了許多永久性建築物，分成若干小區，還種了些花草樹木。遊客中心兼小博物館是幢簡陋的木板屋，展示內容有限，倒是門外地板上有隻黃蜂踉踉蹌蹌想拖走一隻比牠大數倍的狼蛛，讓我們看了很久。接著便跟隨洛斯提穿越叢林，走到餵食台旁。

怪的是，這一次林中空地悄然無聲，只有一隻紅毛猩猩坐在遠遠的大樹頂上瞄我們，四下無人也無其他動物。

十分鐘後，就連洛斯提也開始懷疑是否下午的餵食已被取消，他聽說營地裡的香蕉昨天已吃完，或許沒食物可餵了？然而叢林深處的安靜絕不是死寂，而是一種充滿生命各種可能性的和諧與寧謐，涼風習習，難得餵食台旁沒有別的遊客，就我們一家人，我們繼續坐著，享受被大樹與藤葛圍繞的感覺。

「野豬來了！我聽見了！」洛斯提突然說。

不一會兒，果然有兩隻精瘦的野豬鑽出觀眾席後方的矮樹叢，小跑步穿過兩排座位中間的走道，擠進餵食區的圍欄。同時，好幾對帶著嬰兒或小猩猩的母猩猩也突然從四面八方的高空出現，在我們頭頂上方安靜靈活地移近餵食台，選定某棵樹頂由樹枝與樹葉堆出的「巢」後，一對對母子坐定，只偶爾從巢的邊緣往下瞅我們。

終於，年輕的護林員來了，後面跟著一群遊客，遊客撿了空位坐下，護林員跳上餵食台，從背包和手提袋裡掏出煉乳、牛奶、香蕉和紅毛丹，散在臺上，再拿出錫碗、錫罐，開始分倒牛奶。說時遲、那時快，所有動物全集中過來，包括不知又從哪裡鑽出來的 3 隻松鼠、1 隻超大野豬和 1 隻臉上有一大圈黑色肉墊的雄猩猩！剎那間，臺上亂成一團：大野豬不斷想把另外兩隻瘦野豬拱走，公猩猩除了容忍嬰兒猩猩之外，不准其他猩猩或松鼠碰食物，猩猩媽媽拿起裝奶的錫碗猛敲野豬[2]，搞得奶水四濺，噴得所有動物身上都是白點點。在亂軍中坐鎮的護林員忙著維持秩序，一邊想把霸占牛奶罐的公猩猩推開（牛奶是給嬰兒和猩猩媽媽喝的），一邊用力把輪流想爬回臺上的 3 隻野豬再推下臺去。

這當兒，臺下也十分熱鬧：幾隻小猩猩鬼鬼祟祟上前牽走護林員的背包和手提袋，分頭拖進矮樹叢裡，稍大一點的青少年猩猩立刻跟進，引起樹叢內一陣騷動，小猩猩哭叫哀號聲四起，斷枝殘葉齊飛；同時間，被趕下臺的野豬和猩猩不時竄進觀眾席間，人類的

2　因為野豬是造成嬰兒猩猩早夭的最主要兇手！

尖叫聲笑聲也不斷…。

總之，這場秀太精采了！

走回船上，湊巧碰見高蒂卡斯帶領一群男士下船往營區裡走，她和洛斯提相互頷首打了招呼，洛斯提低聲說：「那就是碧露緹！」。洛斯提本來是政府官員，後來辭職出來當導遊。我問他為什麼，他沒多說。我感覺得出來，錢，絕非唯一的問題。洛斯提看見一頭可憐兮兮的小紅毛猩猩獨自坐在岸邊一根木樁上，下艙拿出一根香蕉，特准海倫和弟弟餵給牠吃。

離開營地後，托里在下游不遠處一個小河灣內停船過夜。史提夫和孩子們繼續釣魚，弟弟終於開張，釣上一隻超小鯰魚，所有人都為他喝采鼓掌。

那晚我睡得香甜。路易為史提夫和我鋪了兩層睡墊，空氣不那麼潮濕，也不那麼冷。寐寐之間，我聽見各種窸窣聲響，想像頭似蛇、性情兇猛如虎的線鱧獵蛙獵小魚，長吻鱷伏擊大魚，而不挑剔的巨蜥捕到什麼就吃什麼…。無論何種動物在發出聲音，牠們數目很多，各自在又一個星光璀璨的夜裡忙活著。

曙光乍現，我被總待在叢林深處，極少到林緣冒險的長臂猿的長嘯喚醒；音量如此強大、唱腔如此複雜，一波接一波，空谷迴盪，震撼林野。我記起李白的詩：

朝辭白帝彩雲間，千里江陵一日還，兩岸猿聲啼不住，輕舟已過萬重山。

1300年前，長江兩岸森林裡仍住著許多長臂猿！1300年後，將深深鑴刻在我記憶中的小塞控耶河，還能聽見這驚心動魄的猿嘯嗎？

若搭乘對河裡生物殺傷力極大的快艇，從庫麥港到李奇營地只需一個半小時。我們的旅程遭雅尼擅自刪短一天後，還有一天可自由活動。洛斯提覺得沒讓我們見到那位位階最高的雄紅毛猩猩老大實在可惜，建議回第二站去看早上九點的餵食。我問托里旅遊淡季裡他如何打發時間，他說都在水椰林裡釣蝦。伊布米拉也覺得這個主意好，答應做海鮮湯給大家吃。

　　我們「拖克、拖克」緩緩駛出小塞控耶河，再次目擊翠鳥與巨鷹，可惜沒再瞧見鱷魚或長吻鱷。

　　那天紅毛猩猩老大「多虬客」果然大駕光臨第二餵食站，可是我們遲到了，牠早已爬回五、六十公呎高的樹頂，和一隻懷抱嬰兒的愛妾一起坐在一個大巢裡。我們等候半响，他老大沒有下地的意思。史提夫冷不防走到臺前，跨過欄干，伸手在殘食堆中撈出一串吃剩的香蕉，舉高晃了晃，再拔下兩三根擺在顯眼處。這招奏效，多虬客溜下樹幹，攀藤橫渡，連續表演幾次可笑的空中劈腿，旋踵降臨臺上，不慌不忙把香蕉一根根塞進嘴裡，一面若有所思地凝視我們。我們立刻將視線移開，因為與類人猿四目相投意謂著挑釁！只敢趁牠不注意時偷偷欣賞。多虬客的確壯觀，全身上下無處不人：臉上那圈黑色肉墊、背上一束束肌肉、壯碩的身軀、烏黑巨大的手腳、和那一身赤褐色閃閃發亮的長毛、如此濃密、如此整潔！沒有打一個結，也看不見一塊頭皮屑，就像剛從美容院裡走出來似的，令人驚異！

　　多虬客對我們掂掇夠了，一個跨步下臺，單刀直入朝我們走過來，把每個人都嚇一跳，直覺地往後退。多虬客稍一側身，幾步就消失在矮樹叢後，頭都沒回。

兩天前老釣翁輕鬆拉起一對黑河蝦的那一幕，原來是個誤導，釣蝦並不容易。托里指揮大家上岸挖出一把營養不良的蚯蚓後，將船駛回靠近河口的水椰林，教導司馬家三位釣翁裝餌垂釣，無奈蝦兒不願上鉤，兩個孩子很快失去耐性，到船頭和托里、路易排排坐聽流行歌曲、納涼，摘水椰葉編手鍊，留下史提夫一人顧三根釣竿，堅守崗位。消磨一個慵懶的下午，只釣起兩隻小蝦，貢獻給沒有冰箱、沒有自來水，卻餐餐提供美食的偉大廚師伊布米拉。

　　當晚入住塞控河畔乏人照管、生意清淡的「叢林」（Rimba）生態旅館。館內除了我們一家四口，不見別的客人。經營生態旅館雖是高貴理想，但必將經歷多方考驗。再往下游一兩公里，另一家較小型的「生態旅館」已經倒閉，變成河邊大垃圾場了。

　　「叢林」旅館只提供早餐，晚上托里將船泊在旅館碼頭前，伊布米拉最後一次為我們精心準備燭光晚餐（燈光吸引蚊蟲，火焰卻能驅蟲）。米拉為我和海倫煮了蔬菜湯，再把兩隻小蝦加在史提夫和弟弟的湯裡。席間，岸邊樹林裡不斷傳出動物噴鼻息，清喉嚨，似哼似吠，唧唧咕咕，加上扯枝斷葉的聲響。我以為是一群狗，不知在爭議些什麼，總之聽起來不太高興。

　　餐後大家移師碼頭棧道，托里指給我們看他剛發現的三隻蛇。這三隻比頭一晚看見的小黑蛇大許多，淡金色的身體比我的大拇指粗，從頭到尾佈滿由極細的黑點勾勒出的菱形圖案，蛇頭三角得厲害，昭告天下，牠們毒性很強。蛇的身體捲住伸入棧道底下的樹枝，蛇頭垂在水面上，文風不動，像是樹枝的延伸，蛇頭上一對淡金色鼓凸的大眼，聚精會神凝視著水面、等待著…。

　　我絕對相信這三個傢伙可以捕到、並吞下非常大的魚！

碼頭前只停泊我們這一條船，海倫、弟弟、托里和路易這四個小孩開始打鬧，大聲嘻笑，我又聽見同樣的唧唧咕咕的聲響，而且這次距離更近。我趕緊問托里是什麼動物在叫，托里朝上指指，我抬頭看，赫然發現頭頂上有一頭雄長鼻猴帶著一大家子坐在大樹枝枒裡，正面帶慍色地往下瞪我。

　　「牠們住在這棵樹上，現在想睡覺了，」托里說。「牠們不喜歡我們這麼吵。雄猴很不高興！」

　　托里用手電筒照雄猴老大，惹得牠更不高興，發出一連串短吠斥罵聲。坐在牠後方三兩隻小猴開始哭鬧，聽起來像極了人類嬰兒的哭聲，令我心頭一震。猴老大先回頭喝斥小猴一頓，再低頭繼續責罵我們。

　　臨別，托里送給海倫和弟弟一人一只編得極巧的水椰手鍊，史提夫請洛斯提幫忙一起向雅尼討回應該給他和船員的小費，但兩人心知肚明，希望不大。

　　返回雅加達後，入住克麗絲汀旅館的服務公寓，等待登機，像是畫一個圓，又回到遷居印尼的起始點，但這次入住，海倫和弟弟可以利用最後幾天時間，盡量和朋友相聚。有一天我在電子信箱裡發現一封陌生的來信，對方是一對加拿大老夫婦，不知透過何種身份，回到雅加達，打算定居一段時間。他們輾轉聽說我在網站上登過的告示，想詢問我們家的塔民，是否即是幾年前替他們工作的塔民。一經對照，果然沒錯。我立刻轉告塔民的手機號碼。

　　登機前的晚上，基諾、狄娜和塔民一起來道別。塔民笑得開心，說他即將開始上班。我覺得自己做了件好事，心裡特別舒坦。

漂流之四 新加坡

Drifting On Route ————
the Smalley's Roaming Career

(2012-2014)

烏節路

　　整個暑假待在英國。駕運河船一週，深入英國中部斯塔福德郡鄉村，溯特倫特河之源頭。接著前往英格蘭西北角坎布里亞郡，在朋友俯望莫肯姆灣的九洞小高爾夫球場內叨擾數日。其餘時間，閒坐倫敦郊區家中，盡量與親友聚會，或趁天氣難得放晴，去海邊曬太陽。

　　2012 年的英國夏天似乎特別濕冷，陰雨綿綿。記得飛抵倫敦的清晨，立在租車場等候取車那番徹骨之寒，哪像初夏？然而就因那漫天罩地的濕冷，湖區苔原覆蓋的青山，莫肯姆灣鐵灰色遙迢的潮間帶泥灘，才得以浸漬荒涼，流淌孤絕，濕漉漉地遺世獨立；中部連綿起伏、綴飾小片林地、灌木籬牆與教堂尖塔的丘陵田園，方能兀自潤澤，止步於中世紀的安詳。若非濕冷日子沒完沒了，一旦陰霾散盡，碧空如洗，暖陽普照，英國終於露出她最美好、明豔欲滴的一面，也不會顯得如此珍貴稀罕。

　　沈浸於英格蘭鄉間的冷寂兩個月，司馬一家四口揹著背包，拖四口大皮箱，飛抵新加坡，入住烏節路底的翠峰園服務公寓。當晚想找家餐廳果腹，一踏出旅館大廳，好比投身熱氣蒸騰的三溫暖，只不過蒸氣主要來自汽車與空調排出的廢氣。路旁酒吧、餐廳、咖啡廳、小食車、路邊攤、貨幣兌換中心、廉價商場、奢華商場、精品專賣店…，鱗次櫛比，各家揚聲器傳出的低音震動牴牾雜沓，

正適合替投射進夜空撩亂的霓虹燈彩配樂。馬路上塞滿車，挨挨蹭蹭，刺耳的煞車及引擎啟動聲到處伏擊，明顯傳達駕駛焦慮煩躁的情緒。人行道上擠滿人，排山倒海迎面壓來，男男女女一個個濃妝豔抹，打扮得花枝招展，突顯俗俚野蠻和強烈的性暗示。哪裡來這麼多奇形怪狀的人，跳這場駭人的死神舞？我自問；然後自答。今天是周末，外籍勞工休假日，愛玩的統統來血拼聖地狂歡了。

瞥見像太空船的「愛雍」（ION）購物商場，隨人流搭乘自動扶梯降至地下街，加入大隊遁地動物，在地道內摩肩擦踵，經過數不清亮晃晃的商店，掃瞄看不盡誘人的商品，地鐵站萬頭鑽動，視屏牆瞬息萬變；太多人、太多聲音、太多顏色、太多東西、太多訊息…，什麼都太多了！

正式遷居新加坡的第一個晚上，我感覺頭暈心悸，像患了砲彈休克症的鼴鼠，受困烏節路地底下。

幸好，人是習慣性的動物，沒過兩天我就覺得住翠峰園挺好、挺方便；只要避開尖峰時間，在烏節路寬廣的人行道上安步當車挺愜意。新加坡城市綠化成功，熱帶雨林氣候鼓勵植物蓬勃生長，到處大樹成蔭，樹上總棲息許多鳥，鴿子、爪哇八哥、椋鳥…，偶爾可見稀有的巨嘴鳥及鳳頭鸚鵡。鳥兒都不怕人，在地上走來走去找東西吃，或在樹冠裡吱吱喳喳鬧，隨時往下拋灑鳥糞炸彈。

過完第一個周末，週一早上史提夫帶全家去加冷河畔的就業通行證服務處辦理他的工作證及全家居留證。從拿到號碼，到面談結束，所有證件 20 分鐘辦完，史提夫當天下午便開始上班；新加坡的高效率，令人讚嘆。這個經濟掛帥的城市國家，最高前提是吸收外

資和方便大家做生意。凡關市場經濟，法令規章的自由度與彈性，高居世界第一；至於其他方面，可以嚴刑峻法、犧牲民主。

史提夫的新辦公室在高島屋旁威士馬廣場大廈頂樓，他每天走路上下班，完全沒有壓力。孩子們等開學，來新加坡繼續度假，閒散過日子。打從嬰兒期便開始對家人表現出各種青少年性格特徵裡爭強好鬥、而非自卑抑鬱那一面的海倫，這次搬家，公主病變本加厲，成天對家人擺張臭臉，拒絕溝通，卻和北京及雅加達的朋友有說有笑，整日閉鎖在社群媒體內，只要醒著，必定戴耳機聽流行歌，就像雙手黏住電腦鍵盤，耳洞裡長出兩根電線似的。可憐的弟弟，再無聊也不敢去招惹姊姊，學著自己找樂子，泡泡游泳池、在花園裡踢踢足球，不然只好看電視。

回到華語世界，本令我興奮，磨拳擦掌想安排他倆去學中文，無奈新加坡校外中文教育等同台灣補習班，逼得緊，程度高。找家教？花這筆錢說不過去！自己教？弟弟還願意讀兒童書或做北京時期留下來的練習本，但興趣缺缺，不可過量。若指望海倫跟媽媽學中文，母女不翻臉，痴人說夢，所以我提都不提。何況我有要務在身，得趕快找房了！

新加坡是全世界生活費最昂貴的城市之一，獨棟平房租不起，尤其是外派英國人最鍾愛的「黑白屋」[1]，於是我們決定跟大多數新加坡人一樣，住高樓公寓。接下來兩週，房地產經紀人溫蒂帶我看

---

[1] 19世紀末至20世紀中葉由英國殖民政府所建造的「熱帶都鐸風」二層樓花園洋房，現已全部收為國有財產，列為古蹟，公開投標租賃。

了不知多少烏節路周邊的門控大廈社區。以前在雅加達，我發現房東全是印尼華人；到了新加坡，大多數房東仍是印尼華人。我又注意到老舊的大廈使用傳統鋼筋水泥建材，新一點的卻全用玻璃，據說因為新加坡仰賴馬來西亞進口砂石，但近年中國買砂石買得兇，馬來西亞不斷抬價，新加坡不願受到箝制，改用玻璃。再者，玻璃摩天大樓線條流暢，閃閃發光，適合尖端科技國家的新潮形象。不過，在全年烈日烤曬的熱帶，一個普通家庭住在玻璃屋裡，許多實務值得商榷。比方說，僅訂做窗簾一項，就得花多少錢？

另有兩件事，令人憂心：整個新加坡都在發燒建設，舊屋拆除重建，新樓不斷湧現，烏節路周邊樓房密度最高，無論我去哪裡，永遠遭工地圍繞，不管公寓在哪層樓，施工噪音永遠撼窗動地。溫蒂向我保證，新加坡法規嚴，除了早九晚五，其他時間及周末假日，絕對禁止施工。但那不正是我一個人待在家中，享受清靜的時段嗎？每天坐在家裡聽工地噪音，我受得了嗎？另外是安全問題。新加坡樓層蓋得高，二、三十層小意思，五、六十層不稀奇。陽臺若用鐵窗圍住，像監獄；不圍起來，成了死亡陷阱。新加坡每年都傳出外勞到陽臺上曬衣服不慎跌下樓摔死的新聞，我想到老愛在家裡踢足球的好動兒子，心臟突然少跳了幾下。

考慮歸考慮，我的確看到一間非常喜歡的玻璃屋，令我有不顧一切，搬進去再說的衝動。

這個社區叫「河門」，位在新加坡河上游羅伯遜碼頭旁，和聯合世界學院東校區一樣，獲頒都市重建局地標。社區內三棟玻璃大樓都有內建空中花園，戶外公共設施占地廣，並與圍牆外的新加坡河濱步道公園連成一氣。最重要的是景觀美，我看的那一間，新加坡

海峽的海景、濱海灣金沙酒店雄峙的灣景、新加坡河的河景、及金融商業中心的城市景，盡收眼底，給人一種「世界在我腳下」輕飄飄的奇異感覺。

很不幸，房租比公司給我們的預算高！

我在心裡盤算如何說服史提夫自掏腰包補足房租，心旌搖惑地下樓去看花園及公共設施。花園裡不但有成人游泳池、兒童戲水池、還有水上樂園式的陣雨池及環繞整個社區的懶人河，我心中浮現海倫和弟弟眉開眼笑、喜不自禁的模樣，沿著懶人河慢慢踱到社區最南端。我的視線透過圍牆，穿越河濱公園整潔的紅磚步道，修剪扶疏的草木，被整治得安靜規矩的新加坡河，落在對岸一棟灰白色樓房上。猛然地，我整個人僵住，腦袋一片空白⋯。

每個人都會在一生中經歷幾個突如其來「似曾相識」的剎那，讓你冷不防地和現實脫節，墜入時光隧道，不知前生，還是今世，身在夢中，還是人間；我就凍結在那樣一個剎那裡。

慢慢回神，我用力把腦袋裡的結扳開，定睛看見灰樓上豎寫幾個大字：「濠景大酒店」。沒錯！就是它！

30年前，姊夫在濠景大酒店當總經理，我來新加坡，在姊姊家住了一個月，周末常跟媽媽和姊姊，帶著兩個姪子，一起去找姊夫，坐在酒店一樓戶外餐廳吃肉骨茶；30年後，人事已非，想起二十出頭的自己，恍如隔世，很多記憶都已模糊，只記得那一個月的天氣千篇一律，每天早晨醒來，窗外必定晴空萬里，接著溫度和濕度節節攀升，等到下午快悶得透不過氣時，就會下一場雷陣暴雨。下完空氣清新一陣子，一切重來。新加坡嚴禁嚼口香糖、闖紅燈，動不動公開播放鞭刑實況，讓年輕的我覺得新加坡是個乏味無

趣的地方。

30 年前，新加坡河兩岸野草叢生、又髒又臭，顯得酒店 21 層高的白樓特別高級氣派。如今白樓變灰變舊，蹲在亮閃閃的玻璃摩天大樓陣中，顯得如此扎眼，如此委曲可憐。滄海桑田，我站在那兒為時間的力量、為新加坡過去幾十年來的巨變、為我自己已經老到足以親睹這場巨變而唏噓不已。

回到翠峰園，我迫不及待地想把參觀河門社區及看見濱景大酒店的種種感慨說給史提夫聽。結果還沒開口，史提夫突然堅決地說：

「我改變主意了。我不想住高樓，也不想住烏節路附近。下班前我已經打電話給溫蒂，請她幫我們找樓層在 8 樓以下的公寓，最好能找到 2、3 層樓的連排房子。離辦公室遠點沒關係，我可以坐捷運。」

這個變化突如其來，令我一時語塞，決定聽他進一步說明。

原來他的辦公室在 22 層樓，往下正好可以看見烏節路上最新、最昂貴的公寓大廈「卓錦豪庭」的游泳池。看了幾天之後，「加入那群超級富翁囚犯行列」的想法，愈來愈令他感到反胃。湊巧有位調回英國的同事來新加坡出差，史提夫跟他聊找房一事，那人說了一句話，深得史提夫的心，回家重複給我聽：

「我太英國了，晚上我想上樓去睡覺！」

我心想：你太英國是真的，可是住高樓大廈裡的樓中樓也可以上樓睡覺啊！我看你是怕火災、怕死、怕吵、想保持低調。

幸好，我可以找很多有科學根據的理由打消自己想搬進河門的念頭。譬如：住高樓離地氣太遠，人的心裡會不踏實，容易得精神

病！

　　週六，溫蒂帶我和史提夫一起去看她重新蒐集到少得可憐的幾個選擇：八層樓高的公寓，太老舊；學校附近新蓋的公寓大廈，太小；有一家把頂樓改成黑漆漆的卡拉 OK 兼家庭電影院，安裝許多彩色情調燈；另一家在屋頂放置一台渦旋按摩熱澡缸、一台冰水池和一座吧台。最後溫蒂帶我們去看碧山老社區裡一棟二層樓房。這棟房子是史提夫自己上網找到的，他覺得那裡的環境最符合我們的需求，離烏節路不太遠，坐地鐵 5 站就到；又是純住宅區，沒有高樓大廈，面對一個小公園。到了之後，發現小公園其實很大，有五棵巨樹，像個巨大的正三角型中庭，被三排二至三層樓的聯排房子夾在中間。顯然這裡不會太吵，我們心中生出無限希望。可惜找到房子，站在鐵門外，立刻洩氣；進屋看過後更是相對無語。那是一棟典型的老華僑屋，所有門窗加裝鐵欄鐵門，室內陰暗，貼磁磚，浴室裡貼小的，院子地上貼大塊帶花兒的…。

　　上車之後，溫蒂繞公園一周，正打算從進來的路口拐出去，史提夫突然大叫：「停車！停車！」

　　路邊有棟被夾在中間的二層樓連排房了，鐵欄門外拉了人布條，寫著「吉屋出租」，下面是聯絡電話號碼。史提夫下車在鐵欄門外朝裡面張望，溫蒂開始打電話。過了一會兒，隔壁靠邊那棟房子的實心厚鐵門打開小縫，側身走出一位中年男士。他迅速將鐵門掩上，站在牆外擺滿一排盆景植物中間，一臉狐疑上下打量我們。

　　溫蒂上前用福建話跟那位男士交談了 5 分鐘，後者轉身又消失在鐵門內。溫蒂對我們擠擠眼睛，說那就是房東先生，他認為現在就讓我們進去看房子不妥，請溫蒂打電話給經紀人，明天再過來。

史提夫要求溫蒂再帶我們仔細看看附近環境，於是我們又繞了一大圈。原來這排房子後面，還有一片顯得更僻靜、更翠綠的公園。碧山住宅區被兩條主要幹道包夾，一條是碧山街，新加坡最老、名氣最響的私立中學、李光耀的母校「萊佛士書院」，就在馬路對面；另一條是碧山路，交通繁忙，想過馬路得上下天橋，橋那一頭即是大型購物商場 Junction 8 及地鐵站。溫蒂這才透露，原來她從小在碧山長大，以前這裡除了工廠，主要是墳地。新加坡地窄人稠，寸土是金，除了不斷填海造地，也不斷有系統地大規模起墳，骸骨有人認領的，轉而安置靈骨塔，墳地另改他用。溫蒂又對我擠擠眼睛說：「這麼多墳，表示風水好！」

隔天週日我們把兩個孩子也帶上。史提夫進屋後樓下樓上走一圈，十分鐘不到就走出去，對溫蒂說：「行了！就這間！」

海倫也很快看完，似乎完全不感興趣，臉上帶點不屑地坐回車上看小說去了。弟弟找到我，很興奮地指給我看房子後面的公園，問可不可以去玩。我說當然可以。

這棟房子沒什麼特別，但很實用。一樓除客、飯、廚三廳，還有一間可以當佣人房或祖母房的小套房；二樓、三樓各有兩個房間，因為兩邊牆壁和鄰居共用，一樓很暗，幸好樓上四個臥房不是對著前面馬路，就是朝後面公園，都有很大的玻璃窗，採光不差。

我最喜歡的是後院裝了頂棚、舖了地磚，改成戶外廚房，可以盡量熱炒，不怕油煙味熏得滿屋子都是。我站在戶外廚房，看弟弟逐一試用公園裡的健身和遊戲器材，想像以後我把晚飯做好，可以扯著嗓子叫他回家吃飯。

想像我們一家住在這棟房子裡，一點都不難。

碧山

搬入碧山新家，史提夫和我照例忙得暈頭轉向。這是棟三層樓的房子，樓梯窄，搬傢俱重物上上下下，份外辛苦；而且我們已降格恢復平民身份，沒有家佣，一切必須自己動手。海倫顯然認為媽媽和她的品味已相距遙遠，決定自己動手整理佈置房間，弟弟跟進；我歡迎這項改變。

爸媽忙，沒時間陪小孩。周末海倫有同學隨家人從雅加達來新加坡，約她在烏節路上見面。從小渴望獨立，不願受制於人的海倫，要求自己坐地鐵進城，玩個半日再自己回家；我答應了。海倫前腳踏出家門，把附近兩個公園玩遍了的弟弟，緊接著要求讓他一個人騎腳踏車去探勘遠一點的安茂橋‧碧山大公園；我想想，也答應了。

讓孩子們單獨出門，史提夫沒意見，似乎也沒放在心上，繼續埋頭做工，我心裡卻惴惴不安。從小到大，他們倆除了坐校車和到同學家玩，沒離開過我的視線。住休士頓，我自己開車接送；住北京和雅加達，雖有司機，但我一向坐在車裡陪著。來新加坡我們常坐地鐵，但總有爸媽帶領，他們倆從未獨自搭乘過大眾交通工具，或去離家遠一點的地方。

我擔心、難受，因為我不習慣。我反覆告訴自己，孩子不小了，我該放手了，還有什麼地方比新加坡更安全、方便、更適合他們學習自由行動、隨機應變？

結果兩個孩子都安全返家，顯得快樂滿足，興奮地敘述他們的新發現，就連海倫也變得多話，沒急著鑽回小說或電腦裡。可沒人注意到，媽媽成長了！

　　新加坡本島面積極小，長僅 42 公里、寬 23 公里，形狀有點像隻沒尾巴的黃貂魚。碧山幾乎位於島嶼中央，去哪裡都不遠。從 1990 年開始，在新加坡想買車，必須先購買一張「擁車證」。政府每年發售定量新證，有效期限 10 年，買新車的人得上網投標買新證，舊車狀況再好，擁車證年限若低於 5 年，也乏人問津，政府等於藉此淘汰舊車，防治空氣污染。擁車證的價格有低到 1 元新幣的紀錄，但那是摩托車及巴士貨車證。汽缸容量超過 1600cc 的私家轎車擁車證，這幾年行情都在 5 ～ 10 萬新幣之間，再加上進口車稅金高，史提夫老早決定不買車。新國政府治理交通擁堵最成功的一個環節，即設立便捷廉價的大眾運輸網。只要史提夫每天早晨 7：15 以前走到地鐵車站，避開最擁擠時段，只需 15 分鐘便到烏節路，通常還有座位。通車一週後，他買了一副好耳機，坐在家裡花半天時間把喜歡的音樂光盤全下載到手機裡，從此加入人人耳朵裡都長出兩根電線的新加坡通車族。坐地鐵時不用手機打電話聊天、聽音樂、看韓劇、或玩視頻遊戲的人，已經絕跡了。

　　開學後，剛開始孩子們固定坐校車上下學，很快地海倫加入體操隊，經常晚歸。弟弟發現新學校的主要運動項目為游泳，毫不注重足球，居然連足球校隊都沒有，大失所望。他加入新加坡退休職業足球明星芬迪·阿瑪德（Fendi Almad）的青少年足球俱樂部 F17，繼續心甘情願犧牲每個周末，練球及參加聯賽比賽，認識許多本地

馬來、印度及華裔球友，學會一口「印度英語」和「星式英語」[1]，同時參加學校游泳隊，不僅常晚歸，還得經常早出門，每週兩次晨泳訓練，6：15就得報到。淡濱尼是新開發區，沒有地鐵和直達公車，姊弟倆從此經常獨自搭計程車，後來我也習慣了，視為平常。各交新朋友之後，他們常和同學約好，一群小孩搭地鐵深入新加坡各個角落，就跟我在台北唸中學時一樣，常和同學一起去西門町、衡陽路晃蕩。

聯合世界書院也收住校生，因此校方提供「拉出音樂課程」（pull-out music program），由學校音樂部門負責找老師及排課，讓學生輪流利用不同課程或午休時間去音樂室學樂器，這項安排替通學生家長省去許多麻煩。海倫在雅加達學了兩年爵士鼓之後，發覺打鼓也得讀譜，練習起來同樣枯燥乏味，正好藉搬家換環境洗手不幹。我建議她學聲樂吧，她不置可否。沒想到幾堂課下來，居然提起興趣，總是開開心心準備，回家偶爾還打開金口對我報告一番。她的聲樂老師是新加坡國家歌劇院的男高音，經常請假，不是排練，就是感冒。我常得利用周末帶海倫去他家補課。這位中青聲樂家在蘇格蘭格拉斯哥大學拿到學位，並在蘇格蘭歌劇院駐唱一段時間後才回國。他的教法活潑，聲音極美，人又風趣，難怪壓得住我們家自封的公主。但最令我折服的是他的語言天才。有一次坐計程車回家，順路載他一程，發現他跟我們講話時說一口標準英文，一坐上計程車跟司機對話，立刻換成「星式英語」，連音質都變了。當

---

[1] Singlish 以英文為主，但夾雜馬來語、福建話、廣東話及巴哈薩語，而且語尾助詞「啦」用得特別頻繁。

時我才恍然大悟，原來新加坡這麼多人口音如此滑稽，可能是刻意裝出來的。

海倫本來就愛唱歌，從此只要在家，尤其是做功課的時候，必定戴上耳機聽流行歌，一邊跟著大聲唱和，但她唱得不是主旋律，而是即興自配的和聲。缺少配樂及熟悉的曲調，外人——即公主的爸媽及弟弟——只聽得到殺雞般的怪腔怪調，不是享受，而是折磨。史提夫幾次提出抱怨，但我這不遺餘力培養孩子音樂興趣的母親，能出面制止嗎？不能！只能忍受！

弟弟的鋼琴老師是一位少年維特般的纖細青年，自己有音樂工作室，旨在提供學習障礙的孩童音樂教育。舉辦學生演奏會時，他會表演自己創作的鋼琴曲，我覺得水準很高、很動人。

離開北京，少了道友，住雅加達期間，我只能自己讀佛經和自修八字命理。我在網路上找到一位台灣的命理老師，跟他聯絡。因緣際會，湊巧有位師兄請這位黃老師來新加坡開課，我不但又可以拜師學藝，還結交了一群志同道合的新加坡華人同修。從每個月上一個周末的課，變成每週固定聚會拜懺頌經做佛事，成為我家庭以外的生活重心。

新加坡是徹頭徹尾的人種、文化及語言大融爐，但華人最多，約占總人口的 75%。即便新加坡善用尖端科技，在許多方面領先世界其他先進城市，即便新加坡華人無論長幼，無論社會階層及工作領域，每個人都講英語，其中包括許多在歐美紐澳受教育、已經不會讀說寫中文的社會菁英，有趣的是，我發現整體而言，新加坡華人在某些方面，比大陸、台灣、香港的華人更傳統、更中國。比方說：敬畏鬼神、祖先崇拜、愛算命、信風水…。

新加坡一黨獨大狀態常為人垢病，其中包括它不公平的選區劃分制度，以及執政黨獨占行政資源，苛扣刻薄反對黨當選的區建設經費，厚待執政黨的死忠選區；碧山區即後者代表。沒搬進碧山之前便聽說李顯龍的兒子全家住在附近，可惜一直到搬走，我們還沒發現到底哪一家是李家。每值黃昏或夜晚出外散步，沿路樹影婆娑，面對公園的各家連排別墅燈光柔和，人影晃動，每每傳出悠揚的鋼琴、吉他或中國笛、簫聲，周末再加上搓麻將聲，以及宴客歡笑聲，總讓我想起住溫州街台大師大文教區的感覺。然而每逢除、清、盂、九等中國傳統祭祖祭神祭鬼節日，整條檳強街，附近每塊公園綠地，全插滿香、擺滿祭品。到了鬼月，馬路對面搭棚辦桌演野臺戲的盛況和天數，絕不遜於台灣鄉下，和周遭極端西化的現代大都會景觀形成強烈對比。

　　也許在這唯錢是命、競爭激烈、而且到處充滿物質誘惑的社會裡，對很多人來說，任何允諾通向無形無相精神世界的媒介，都可能成為生活中唯一的生命線、庇護所。至少對我的幫助即不可斗量。

　　我的少奶奶生涯如曇華一現，如今終日被塵勞占據、切割，日復一日。本來我挺喜歡烹飪，但每天非我下廚不可，就會煩；遑論其他我討厭做的家事。尤其是買菜，剛開始真難適應，得頂著毒辣的大太陽走路出去、爬樓梯過天橋到碧山路對面的超級市場，買完了再提幾大袋爬樓梯、過天橋、走路回家。大凡碰到考驗自己耐心與耐力的時刻，我就默唸聖號，一方面用那規律的節奏給自己加油打氣，一方面驅逐不斷湧現心中反反覆覆、絮絮叨叨、挾帶巨大負面能量、卻對現狀毫無助益的各種負面聲音；結果我發現自己每天

默唸聖號的時間還真多。

所幸我不是一下子就從天堂掉入地獄。新加坡是我的緩衝地帶，我保留了一項特權，請人來打掃清潔，一週兩次。房產經紀人溫蒂說她有兩位最佳人選，一位是菲律賓人，英文好；一位是她從福建來的遠房親戚，不會講英文。我選擇後者。

國英是福清人，跟隨先生移民來新加坡十多年，現在兒子就讀工專，女兒在我們搬離之前，剛考上護專；她辛苦一輩子，總算快熬出頭了。國英第一次來，我帶她整個家走一遍，討論工作範圍。一樓看完，國英沒意見；上了二樓，她看見佛桌，面露難色。

「太太，妳拜佛啊？」她帶著斥責的語氣問我，我立刻覺得這個女人挺可愛的。

「是的，我是佛教徒，」我答。

「我是基督徒，我相信耶穌是唯一的真主！」國英正義凜然地說。

我們看完二樓，上三樓，國英一直顯得心不在焉，繼續面帶難色。

回到二樓，她忍不住了，氣急敗壞地表示：

「太太，我是虔誠的基督徒，我不能去碰偶像的，如果妳要我打掃妳的佛堂，那我不能替妳工作！」

我趕緊對她說：「我了解。妳不用管我的佛桌，我自己會整理。」

國英欲言又止瞪我一眼，氣鼓鼓地走了。

接下來幾週，國英隱忍著不發作，而且她需要適應新環境，發展出一套程序，在4小時內完成她的工作項目。不出我所料，國英工作認真，不打馬虎眼。

除了買菜，通常我都待在家裡，坐在電腦前面。幾週過去，國英在工作上已駕輕就熟，跟我也不再那麼生疏，拯救我的時機來臨。她一邊在我旁邊拖地，一邊問我，為什麼我看起來像個知識份子，卻崇拜偶像？然後她把教會牧師對她說的一席話，複述給我聽。

　　我聽完了，老實告訴她，我的父母都是基督徒，我從小上主日學，也讀聖經，但是我覺得釋迦牟尼佛的教義比較適合我。我說我認為正統的宗教殊途同歸，都在勸人向善，我感覺她是個好基督徒，為她找到真主而高興；希望我也能成為一名過得去的佛教徒。

　　國英聽罷，雖不甚滿意，但看我冥頑不化，只好不再追究。一旦心裡的大疙瘩開誠布公披露後，國英每次來都會跟我聊聊。

　　福建省，被險峻的武夷山三面環抱，惟東南面向開闊海洋，福清市濱海，隔海峽與台灣相望。「八山一水一分田」的福建人在心態上夙來與山背後「安土重遷」的內陸人隔得遠，反而像島民，習慣討海流浪，擅長對外貿易，出國潮自古以來從未間斷過。明末清初大批福清人跟隨國姓爺鄭成功移居台灣，或下南洋，在印尼、馬來西亞、尤其是新加坡，形成勢力，巴哈薩語裡的福建話單字多不勝數，如米粉、麵、碗…等。到了20世紀的八、九十年代，福清的新移民潮卻以「非法偷渡」而臭名遠播，年輕人如同「豬仔」般塞滿一艘艘破爛木船，漂流至世界各個角落，船在海上遇難存活或遭各國海警發現逮捕者，押進各國監獄或拘留所，一關數年，等待遣送回國。遠在英屬哥倫比亞省喬治王子市的大嫂，亦曾受召進牢擔任口譯。沒死在海上或遭拘捕的偷渡者，上岸後潛入各國各行各業當黑工，反正到處都有親戚老鄉和中國老闆，包庇他們在語言不通的陌生環境中面對各種生活困境，辛苦攢錢寄回老家。我們住坎布里亞

郡莫肯姆灣的朋友，對 2004 年 23 名中國非法移民（只有一名來自遼寧，其餘全是福建人）在風高潮險的灣內撿拾鳥蛤，遭海潮圍困溺斃的那則英國頭條新聞，至今記憶猶新。

國英告訴我，本來她的丈夫也想偷渡，一大筆錢都已繳給蛇頭，人也離家抵達海邊偷渡站，等待上船。出發前，國英在夜裡夢見上帝，上帝交待她絕不可讓丈夫偷渡。國英醒來後立刻啟程，連夜趕到海邊，當著蛇頭與鄉親，上演一哭二鬧三上吊的劇碼，硬把丈夫給攔下，雖然一毛錢也要不回來，惹毛了蛇頭，國英的丈夫還去牢裡蹲了幾天，但至少人回家了。

兩夫妻胼手胝足又存了幾年錢，等大陸出國法令放寬，才透過合法途徑來到新加坡，安家落戶。

我問國英是否覺得自己蒙主恩寵，特別幸運？本來說著說著愈形激動的國英，突然噤聲，笑得十分羞赧。

春節期間，國英也加入返鄉人流，回福清探親一個月。我請溫蒂的另外一位最佳人選，菲律賓人「美麗」，來代班。

美麗個性活潑，極愛聊天，讓我有無法招架、無處躲藏之感。因為她英語流利，來新加坡多年，去蕪存菁，累積了許多好主顧，她喜歡一一描述給我聽。最讓我驚訝的，是她本來在菲律賓一所大學裡教數學。我問她從家鄉的大學教師，流浪到異地幫人打掃清潔，作何感想。美麗坦誠回答，她一點都不懷念當老師的日子，現在她賺很多錢，僱用她的人對她都好，她在新加坡生活很快樂。

其實美麗這個人也挺可愛，但她實在不是個好清潔工，打掃每個地方都只蜻蜓點水，把東西擺得整齊好看就交差了，於是隔年國英再回中國，我決定不再另請他人，自己掃掃吧。

金馬崙高原

　　2013 年春假來臨，史提夫決定去馬來西亞的金馬崙高原[1] 度個長周末。金馬崙高原乃英帝國殖民馬來亞時期發展出來的度假勝地，那兒出產兩種聞名世界的平價紅茶：「金馬崙谷茶」（Cameron Valley Tea）及「高地極品茶」（Boh Tea）。隨時隨地能喝到英式紅茶，這個想法令史提夫感到安全自在。

　　我對金馬崙也極感興趣，但原因截然不同。我小時候正值台灣歌星紅遍東南亞的風光年代。對接受洗腦、認為台灣乃華夏中土禮儀之邦的我而言，吉隆坡、星洲／新加坡、雅加達、金馬崙、宜寶…，這些遙遠陌生的地名，全屬蠻夷邊土，和我們唯一的關聯，是白嘉莉、尤雅和鄧麗君。多年以後，真正見識到印尼的華僑巨富，我才了解當年白嘉莉為何嫁去印尼；也較能客觀看待新加坡華人對台灣人複雜的心態。二、三十年前，當新加坡和台灣同為亞洲四小龍，一起站在奮力掙脫未開發國定位的衝刺起跑點上，新加坡華人一遇見台灣人，立刻表現出強烈的優越感，瞧不起台灣人土、沒見過世面、不會講英語… 等等。如今，新加坡在經濟建設上早已遠遠超前，一般華人反而回頭對素來重視鄉土傳統的台灣充滿鄉愁懷舊的渴望——台灣的物價沒有飛漲，夜市小吃仍然可口，不像新

---

[1]　Cameron Highlands；Cameron 通常譯成「喀麥隆」，唯獨拜金的中國人才想得出如此金光閃閃又吉利的譯名！

加坡傳統的大排檔已消失變質…。

金馬崙又是個什麼樣的地方呢？我想去看看。

我們搭乘亞洲航空飛機抵達吉隆坡，租車公司將車子開到機場航站，就地辦理取車手續，服務到位，第一印象佳。

從機場到旅館路程近 300 公里，上 E1 號高速公路之前，我們迷了路，駛進吉隆坡郊區，彷彿進中國城兜一大圈似的，掛的全是中文招牌。幸好史提夫很快找到高速公路入口，只損失了 40 分鐘。

高速公路上交通順暢，行駛 2 小時後即轉入 59 號山路，九彎十八拐地慢慢往上爬。窗外蓊鬱山景漸入佳境，感覺像行駛在新店或宜蘭山路裡，尤其路旁不時瞥見流浪狗悽惶出沒，馬路中央甚至躺了幾具被車輾死、血肉模糊的狗屍，更讓我想起台灣。印尼流浪貓成患，卻無流浪狗；新加坡只見逃脫樊籠的珍禽，流浪貓狗統統被捉走了。

兩個孩子在後座玩「碗裡的果凍」遊戲，左甩右甩一個多鐘頭後，汽車駛進 59 號公路上的第一個市鎮：冷力（Ringlet）。史提夫想找家銀行換錢，但街上只有自動提款機，無靠櫃服務，只好作罷，繼續開上山。冷力居民以馬來人為主，到處灰塵撲撲，市容破舊零亂。

西元 1885 年金馬崙高原被英國探測家金馬崙爵士發現，因而得名，一直等到 1925 年，農業試驗站成立並證實該山區適合種茶，英國人才生出強烈的開發動機，投下大批金錢與人力開路。銜接打巴的這條山路於 1931 年終於開通後，總督之子帶頭上山開闢茶園，接著高官顯要爭相建造避暑別墅，教堂、學校、修道院、醫院、軍營

陸續出現，成為英屬馬來亞規模最大的山站。二次大戰期間，金馬崙高地遭日軍占領，建設停擺。二戰結束，緊跟著馬來亞人民解放游擊隊與英聯邦軍隊鏖戰 12 年。1957 年馬來西亞宣告獨立，英國不得不正式退出。當初被白人茶園莊主一船船運來採茶葉的印度工人，和吃不到綠葉蔬菜活不下去、發現這裡特別適合種菜的中國工人卻留下來。這兩個韌性超強、刻苦耐勞的民族後代繼續在此地開發建設，掌握了這塊高山台地。今天，金馬崙高原不但是大馬歷史最悠久、最重要的旅遊勝地，更成為該國最大的茶葉、蔬果及花卉內外銷集散地。

離開冷力後，再開 20 分鐘，便進入金馬崙高原主要觀光城和縣政府所在地：丹那拉塔[2]。在迂迴狹窄的山路中行駛一個多小時，突然轉入腹地寬廣、層次井然的城郊，頓覺豁然開朗，心情舒暢。城中心大街廉價商店餐廳櫛比鱗次，略嫌擁擠粗野，但散布郊區的殖民時期古蹟、鑲嵌在山腰中的黑白都鐸式老房，以及努力模倣都鐸建築風、悉心護理大花園的各型度假酒店，卻把整個城妝扮得極富情調。

我們訂的小旅館「羊蕨酒店」，還得再往山上開 10 分鐘。午后雲層低垂，地面微濕，可能剛下過局部陣雨，車外溫度不到 20 度，空氣沁涼，綿亙的青山披上一片片絲巾般的雪白山嵐，除了潤澤的雨林，路旁不時可見姹紫嫣紅的花圃，或是溫柔起伏、修剪整齊如刺青刻髮的茶園，的確令每一個感官都愉悅極了。荷蘭人殖民印尼

2　Tanah Rata 是馬來語「平地」之意

期間，選擇將峇里島的孟都克及爪哇島的萬隆發展成避暑地，這幾個地方給我的感覺還真像——清涼濕潤，植被茂密，滿眼的綠。對住在鋼筋水泥叢林的現代人來說，開一、兩個小時車上山，便能暫時逃脫悶熱的天氣和污濁的空氣，不啻身心兩方面一大舒解。

下午三點抵達「羊蕨酒店」，所有經理職員全是印度人。我們放下行李，立刻開車折返山下，去蓋在山路大彎道邊緣、俯看一望無際茶園的「金馬崙谷茶屋餐廳」喝下午茶，一邊欣賞風景，一邊大啖烤鬆餅塗果醬、黃油餅干和其他可口的小點心。外面又開始飄牛毛細雨，雨絲愈下愈綿密。弟弟塞飽食物後，不聽爸媽警告，等不及姊姊陪伴，獨自先跑下山谷，進茶園去遛躂。結果剛剛走入我們的視線，就在我們眼底泥濘濕滑的土埂上滑一大跤，摔個四腳朝天。

5分鐘後，他灰頭土臉、一身爛泥地回來，下午茶被迫草草結束。上車以前，史提夫堅持要弟弟把衣服剝下，免得弄髒出租車，清理起來費工夫，弄不乾淨怕罰錢。到了旅館，弟弟又堅持不願只穿內褲讓外人看見。經過冗長討論、大費周章之後，全家人才陸續回房。這次出遊輕裝簡行，每人只帶一套換洗衣服，當下我必須把弟弟的髒衣褲洗乾淨掛起來，史提夫幫著把他沾滿污泥的球鞋刷洗乾淨，我們倆在心裡祈禱，希望他別在這套衣服晾乾以前，又把另一套弄髒。

清洗工作結束，全家再度出門。這次往山上走，找到一家草莓園。本來寄望讓孩子自己採摘草莓，進去後才發現草莓全關在鐵籠裡，戒備森嚴。印度老闆大概把全家老小和遠房親戚全僱來，鷹瞵鶚視，來回逡巡。也難怪，成熟的草莓一顆顆紅潤飽滿，形狀十全十美，令人垂涎三尺。我們充滿渴望地逛了一圈，最後在櫃台買了

一盒，還沒走出店門就吃得精光。兩個孩子意猶未盡，一人買了一根草莓冰棒，基本上是昂貴的冷凍草莓果醬。金馬崙高原果然是個金礦！

我們繼續開車上山，去看高原上地勢最高、居民多為中國人的重要城鎮：「碧蘭璋」（Brinchang）。城中心火柴盒似的高樓林立，緊密排列，市容符合中國民族特徵：寸土是金，實用至上。一樓是清一色的「海鮮火鍋餐廳」，樓上則是旅館房間，每家招牌都顯得名不副實：「湖畔花園酒店」、「自然美景飯店」……，每家都在騎樓掛幾盆花，擺幾盆綠葉盆景，點到為止。城鎮邊緣的空地及停車場亦是大型露天市場用地，此時攤位已搭好，上百輛貨車停在攤位後方，數不清的攤販像蜜蜂一樣忙著卸貨、上架、準備炊具……，甚至開始烹煮，火舌在大鍋底下嘶嘶往上冒，攤販們高聲笑嚷，好不熱鬧。看來每個周末的夜市，必定人山人海。

晚上我們去丹那拉塔吃簡單的印度餐，然後在城中心閒逛，閱讀各旅行社張貼的活動廣告。那天晚上，雨下了一整夜，雨點打在窗櫺上，滴滴答答，晚間氣溫下降，變得寒冷，躲在被窩裡感覺特舒服，聽著令人感到幸福的雨聲，一夜好眠。

隔天一大早，旅館替我們訂的計程車準時抵達。我們計劃開出租車，跟隨計程車到碧蘭璋山腳下1號步道停車場，把出租車停好後，坐計程車上山，然後下車徒步登頂，再走步道下山，開車回旅館。步行時間預計2～3小時。登碧蘭璋峰是此行的重頭戲，我和史提夫很久沒登山了，非常期待。

一切按計劃進行，直到半山腰三岔路口，幾名跨騎越野摩托車的印度裔青少年擋在路口，通知娶了伊斯蘭老婆便皈依回教的印度

司機，再往上走，山路坍方了。司機說他會載我們到車子無法前進處，或許可以繼續步行上山。

結果沒開 5 分鐘就到該下車的地方。司機把我們放在一個步道幾乎呈 90° 的轉彎處，山坡下茶園迤邐，在晶瑩的晨光輝映下美得令人窒息。我們止步欣賞美景、拍了幾張照片、父子兩人躲進樹叢後解了手，一家人再轉身好整以暇地開始健行登山。先經過幾隻被栓在道旁的可愛小羊，接著看見一位眉頭緊蹙的中國老闆，正在指揮一班工人將一卡車的沙袋卸下，擺在他的農莊入口邊緣。過了一陣子，一位個兒頭矮小、足登一雙大雨鞋、手持一把鐮刀的村夫，從我們後方趕上，對我們極感興趣地上下打量。山路上四下無人，海倫不時偷瞄那把又彎又尖的鐮刀，神情有異，我只好用兩光巴哈薩語和持刀人搭訕，希望能讓女兒安心。

我們很快遭遇第一灘崩落的泥石，沿崖邊繞行而過。再走約莫 10 分鐘，又遭遇第二灘土石流；這一灘巨大多了，混雜石塊、泥漿和斷枝殘葉，濕漉漉地覆蓋整個路面，溢出崖邊，因此無路可繞。就在這裡，弟弟首次嚐到接近死亡的滋味⋯。

兩個孩子都戴著耳機聽 iPod，弟弟一路搶先，緊跟著持刀村夫，海倫和史提夫殿後，我夾在中間。土石流灘高出路面約半公尺，還算平坦的表面斜架一根樹幹，從崖邊通到土石流後方的山坡。個子矮小的村夫毫不猶豫踩上那根樹幹，像表演走鋼索似地小心翼翼往對面走過去，弟弟頭都沒轉，緊跟在後也踩上樹幹。我身後的史提夫立刻扯起嗓門大喊，叫弟弟停下來，退回路面。

弟弟沒停下來。他根本聽不見！他繼續跨了幾步，所有人眼睜睜看著領頭的村夫身體一歪，一隻腳滑下樹幹，噗滋一聲陷入土石

流中，泥漿迅速漫入他的雨鞋邊緣，滾入鞋筒內。弟弟接著也失去平衡，雙腳一前一後踩進泥灘裡，泥漿淹過他膝蓋，他驚惶失措地想跨出土石流，可是每抬一次腳，立刻往後倒，愈陷愈深。情勢頓時大亂，海倫在最後面尖叫，史提夫氣得大吼：「我叫你停下來，弟弟！你想死啊！」

　　弟弟的耳機從一邊耳朵掉出來，這回可聽清楚他爸爸的話了，嚇得哭出來。隨著他的恐懼感愈形高張，他從哭變成嚎，而且愈嚎愈淒厲！我上前想摟住他，立刻也跌進土石流裡。矮小的村夫手腳俐落，早已七手八腳爬出土石流，回頭將鐮刀掉個頭，握住刀鋒，用力想把刀柄遞給弟弟。魂都掉了的弟弟哪反應得過來，對他視而不見，目不轉睛盯著他爸，繼續拔高聲音嚎。村夫自始至終，非常安靜，一聲不吭，我想像在他眼裡，我們四個城市人看起來一定像瘋人一家：弟弟陷在漫過膝頭的泥淖中，動彈不得，扯開嗓子死命地嚎；我自身難保，還歪歪倒倒地低聲想安慰弟弟，勸他不要慌；史提夫站在泥漿邊緣，完全失控地大吼大叫；海倫也在吼，對著她爸爸吼：「你不要再叫啦！你這樣叫只會讓他更害怕！不——要——叫！」

　　等我終於奮力掙扎到弟弟身邊，抓住他，他的嚎聲分貝才慢慢往下降。又等了一、兩分鐘，他才回過神，恢復鎮靜。我握住他沾滿泥漿的手，母子倆在說不出話來的海倫和史提夫注視下，噗滋噗滋踩出黏膠似的土石流。我將他鞋襪脫了，帶他到路邊積水處，再用不斷往山下流的水幫他全身清洗一番。他的兩條腿沾滿泥巴，蓋住大腿，夾克與短褲上也濺滿泥，幸好他宣布內褲沒沾到泥巴、也沒濕透。等我把他清洗乾淨，他也完全恢復正常了。

小個子村夫早已不見蹤影，可能繼續往山上走了。史提夫仍然情緒激動，顯得十分氣惱。他不肯相信計劃好的登山之行就此收場，慘遭滑鐵盧，又走回土石流邊緣往對岸張望，尋找可能的安全橫渡路徑。我心裡也覺得可惜，等他走回來，便對他說，如果他還想嘗試，我不介意。

　　海倫卻發飆了。聽到爸媽討論繼續往山上走的可能令她勃然大怒。

　　「我真不懂你們這兩個傢伙！為什麼你們永遠都要繼續走！繼續走！… 我可不走了！我現在就回頭！… 再見！」

　　說罷她轉個身，氣嘟嘟往山下大踏步離去。

　　我低下身問還在微微抽噎的弟弟，如果爸媽想繼續往上走，他覺得如何？

　　一如既往，個性隨和的弟弟吸吸鼻子說：「我不介意！」

　　這時持刀的小個子村夫回來了，站在土石流彼岸，對我們比手劃腳，想必他發現前面還堵，此路真的不通，叫我們回頭。史提夫和我這才恢復理智，死了心，承認失敗。

　　弟弟把濕短褲和濕球鞋穿回身上，隨爸媽往回走。我們發現海倫等在轉角，仍舊一臉怒容。四人一言不發走了幾步，碰見兩位著登山裝、也決定回頭的年輕人。他們的車停在不遠處，願意載史提夫下山去停車場拿車，三人加快腳程先走，我帶孩子慢慢下山，史提夫應可返回在半路上接我們上車。

　　和孩子們深入討論他們父親的性格之後，海倫心情好轉，開始跟弟弟開玩笑，兩人和著 iPod 卡拉 OK，開懷歌唱，走路下山變得非常愉快。可惜很快碰上一車車上山看風景的遊客，公路稍寬處停

滿了，老老少少、男男女女，站在馬路上拍照、吃東西，堵住其他上下山的車輛。

山下景觀的確嚇人！整個碧蘭璋城變成一個超大市集，59號山路兩旁變成臨時停車場，顯然許多人專程上山來量購，將後車箱和後座塞滿蔬果乾貨日用品。我們開回旅館，盡量把弟弟和他弄髒的衣物再清洗一遍，給他換上昨天才洗好、尚未全乾的101套備用衣服，再度折返上山，去參觀比碧蘭璋地勢更高的蝴蝶園。

我們先選了一家主打素火鍋和西洋菜的農家餐廳，坐下吃午餐。老闆肯定是位佛教徒，各扇門架裡擺了隨喜的勵志小品，如佛經故事、了凡四訓等等，桌椅餐具都十分簡單，感覺像極了台灣的素食餐廳。

金馬崙高原除了產茶及蔬果，尚以蘭花與蝴蝶聞名。飯後我們買票進蝴蝶園參觀。不像早上的登山之行，這項活動很成功；園裡養了成千上百色彩斑斕的蝴蝶和各種奇異的昆蟲小動物，諸如竹節蟲、葉形蟲、狼蛛、巨大的蜈蚣和百足蟲、蛇、烏龜⋯等等，兩個孩子看得興趣盎然。

出園一看，外面又在下豪雨！史提大決定下山，去海拔比冷力還低的「高地極品茶園」參觀紅茶製造過程，品嚐那兒的下午茶。那片茶園面積廣袤，覆蓋整座山，工廠規模卻挺小巧，參觀過程簡短隨性。原來英式紅茶從採收到裝袋完全機械化，茶葉由機器採收後，一簍簍倒入一貫作業的CTC（crush, tear, curl）運輸帶，依序送進圓筒滾子裡輾壓、撕碎、揉捲，最後一步氧化發酵僅兩小時便完成。這種製茶法是1930年代英國人在印度種茶時發明的，適合製作茶袋。

這家下午茶沒這麼豐盛，而且弟弟胃口不佳，面呈菜色，但喝完茶後全家還是一起步行穿越茶園，在漸濃的嵐霧中登上觀景台，耗時 15 分鐘，成為司馬家此行唯一的登頂壯舉！

兩天來就近觀察金馬崙高原的茶樹，我發現它們和種在台灣山裡的親戚長得不大一樣。這裡的茶樹每一株都比台灣茶樹至少大上5、6倍，葉片大而粗糙，枝幹發黑，沈重扭曲且多節瘤，呈水平方向往外伸展，看起來像一頭頭老邁的龍，拖著大肚子在地上匍伏。

下山時胃口不佳的弟弟顯得十分疲倦，回程在車上卻無法闔眼，一副暈車隨時想吐的模樣。本來我們計劃讓孩子嚐試道地的鴛鴦火鍋（葷素各半），沒想到弟弟一回旅館房間，倒上床就再也爬不起來，我們三人只好去隔壁海鮮火鍋餐廳點了最簡單的炸雞腿薯條（因為海倫想吃薯條）和兩份印尼素炒飯。

晚上弟弟開始發燒，夜裡吐了幾次。我有先見之明，抱著垃圾筒陪他睡，幾次嘔吐都被我接個正著。早上他燒就退了，在回家的路上慢慢恢復元氣。想當然爾，我在山上剝了他衣服鞋襪，替他洗身，他一定著了涼，加上身陷「流沙」，受到驚嚇；西洋菜又屬涼性，他吃一大堆，就病了。

史提夫擔心連下幾天豪雨，山路會出問題，早早催促全家動身。果然離高速公路入口不遠處，路旁倒了一棵大樹，正好壓在路面上，雙向車輛堵塞近一小時。但我們仍舊早到機場，順利搭機返回新加坡。

返家路上，四個人心情都很好，聊起弟弟有個奇特的傾向，好像度假時非嘔吐不可。大家使勁兒地想，居然沒人說得出來哪一次假期弟弟沒吐。

尾聲

　　2013 年農曆春節，同修阿文趁黃老師來新加坡上課，請大家去他的新居聚餐，吃素火鍋、撈素魚生。一年多前黃老師受邀從台灣飛到星洲教授初階八字命理，聞風趕來免費算命的人川流不息，繳費上課的卻一直未超出十位。初階上完，中斷數月，經同修努力，找到免費上課場地，黃老師再度飛來講八字中階、易經卜卦及地藏占察木輪相法。隨課程進入尾聲，僅一小撮核心同修持續四分五裂，分道揚鑣，各尋道路。

　　這次阿文請客，準備了豐盛大餐，而且從他抽中全世界最高、最新穎的公營住宅[1]「達士嶺」的購買權利後，聞者無不極感興趣，想來參觀，那天晚上新舊同修，全部到齊。

　　「達士嶺」由七棟 50 層高的摩天大廈組成，一走進社區大門，幾座鋼筋泰山，同時壓頂，令人感覺自己小如螻蟻；新加坡從村落文化，蛻變成組屋文化，人民必須適應巨大的衝擊，在此提綱體現。單身的阿文和老媽住 22 樓邊間，公寓內兩房兩廳，20 坪上下，有心臟病的老媽媽還僱用一位外勞，睡在她床腳邊。屋內地方侷

1　由政府承建、出售及經營的公寓社區，新加坡謂之「組屋」，台灣稱為「國宅」。新加坡都會化發展成就斐然，建屋發展局營造大量組屋，設計周詳，管理公正，功不可沒。每個組屋社區皆如小型衛星城市，內建學校、超商、診所、熟食中心及運動休閒中心。新加坡超過 80% 的人口都住在組屋裡。

促，阿文和左鄰右舍打過招呼，借來桌椅，將筵席擺在門外比屋內居住面積還寬敞的走廊轉角。樓高過堂風強勁，吹得賓客們各個蓬頭散髮，但難得不用吹冷氣還感覺十分涼爽，大家圍住一大盤堆得像座小山似的「發財素魚生」，一人拿一副長筷，一邊將全刨成細絲的七彩食材高高撈起，一邊不敢後人地大喊「發啊！發啊！」交相祝福，升官發財！有些人許久未見，難得重聚，著實賓主盡歡。

撐飽肚子，阿文帶大家上50樓，逛全世界最長、長500米、將7座摩天大樓連成一線的空中花園。頂樓上風更大，行至花園盡頭，倚牆遠眺夜景，手盜汗、腿發軟；極目所見，唯高樓大廈及泯滅黑暗的億萬燈光。都市化即人工化；新加坡的生活空間從橫向變成縱向，自然經過人類馴化、消毒，連海洋也無法倖免。新加坡是全世界最大的貨櫃港，周圍海域成了貨輪停船埠。去聖淘沙人工海灘戲水的人，被圍在上千艘巨大貨輪形成的防波堤內，卻興緻不減，總令我驚訝。或許新加坡正是人類未來的縮影，而且還是個較理想的版本。

認識新加坡同修將近兩年，他們是我家庭以外，社交生活的全部。一開始我便察覺新加坡人和台灣或大陸的中國人大不相同。因人種複雜，以商業立國，且早已徹底國際化，一般人被訓練得世故圓滑，絕不輕易表態、承諾、或信任外地人；然而同修們基本信念及目標一致，都信佛，相信輪迴業力，想做善事，幫助他人，我非常珍惜這千里相會的機緣，只要有空，便跟著幾位師姊參加法會或當義工，去湊熱鬧，看眾生相。

我碰過住新加坡的西方人，多半對地主國評價很高，為自己慶幸。可惜世上也少不了不知好歹、還喜歡大放厥詞的蠢人；新國政

府處置這類人渣的方式值得喝采。比方說，最近某證券財經公司一位英籍經理，在社群媒體上先上傳自家豪華跑車照片，再貼一張自己坐地鐵的照片，大罵後者是多麼令他噁心的經驗。結果隔天就上了報，公司炒他魷魚，新國趕他出境，並聲明永不歡迎他再入境。西方人對新加坡觀感正面是應該的，來新加坡居住是自己的選擇，能做這個選擇的西方人通常收入較高，手頭寬裕。新加坡本地人的情況卻不同，他們普遍受到極大的經濟壓力，卜層階級暴露在奢華世界各種感官誘惑中，覺得自己受到剝削，前途無望；中產階級整天為「不落人後」賣命工作，兼兩三份工作、長期精力透支的年輕人，比比皆是；加之保守的政治氣候箝住人民喉舌，我常聽到怨言。最近我隨師姊去替一場大型法會做準備工作，碰見一位師兄，他的抱怨令我印象最深刻。

我和師姊一進法會場地就分開了，她算是主辦人之一，滿場飛；我先幫忙準備花材，再去外場配香材的長桌邊坐下，安靜做不到半點鐘，供養午餐的師姊們扛著大鍋小鍋來了，大家興奮起座，打飯拿菜，坐下大快朵頤，一邊高聲談笑。參加法會或為佛事做義工，吃飯這件事，總令人期待．對家庭主婦而言，有人煮給妳吃便是難得的享受，何況發心供養的師姊們傾注愛心與祝福的能量，做出來的家常素食不但可口，還別出心裁、花樣繁多，每次都讓我大飽口福。

這位師兄大概也屬於滿場飛的台柱型人物，見我這個生面孔旁邊還有個空位，端著菜飯一屁股坐下，先跟在場每位坐著站著的師姊打過招呼，分別交換幾句俏皮話，接著才轉頭針對我開始市場調查。

「師姐，好像沒看過妳哦？」師兄問。

「對！第一次參加，秋雁師姐帶我來的。」我答。

「聽師姐的口音不是新加坡人哦？怎麼會來新加坡呢？」

「我本籍台灣。先生外調來貴寶地工作，就跟來了。」

「台灣啊！好地方！有人情味！」師兄暫時停頓，在座每個人都將目光從飯碗裡移往我們這個方向，充滿興味地等待下文。

「師兄去過台灣？喜歡？」輪我問他，因為覺得有義務繼續這場對話。

「去過！很喜歡！民風淳樸敦厚，還保留我們中國人的傳統美德！師姐覺得新加坡怎樣？」

「很好啊！」我真心地回答。

「新加坡本來也是不錯的，現在完全變了，師姐！都是西化惹的禍！」師兄的話匣子正式打開，我想關也關不上了。

「新加坡本來是個漁港吔，師姐。我們小時候都在村子裡長大，同一村的人，大家都認識，彼此關懷，彼此照顧，感情都很好，每天吃完飯，大家一起坐在外面聊天，我的童年太快樂了！你看現在，變成這樣！爾虞我詐！都是跟西方人學的！」

我看這位師兄挺熱愛中國文化，就是仇外得厲害，忍不住想替老外打個圓場。

「西化也有好處啊，新加坡很現代化、很進步啊！」

「西化只會讓人感到空虛！而且西方人都是賊！來到東方，就是來偷！來搶！」師兄變得非常激動，逗得其他同修十分開心。「師姐妳說嘛，西方人的所作所為，是不是偷？是不是搶？統統都是賊！」

其實這位師兄說的不無道理，英國人也常以此自我揶揄。史提夫移民紐西蘭的朋友就曾經說過，英國人一登陸紐澳，第一件事，先掏出槍，把所有站立的東西先斃了再說，包括樹。樹不肯倒下，拿斧刀鋸子來！我沒把這話說給師兄聽，怕他更加師心自任，只暗自慶幸，幸好他不認識我，不知道我就嫁給一個賊，通敵！

整個二月乾旱，滴雨未落。進入三月，連續幾場大雨，啟動新加坡一場罕見的奇景：所有植物，不論木本、草本、蔓藤類、或園藝品種，一起怒放！尤其是大樹，整樹花開到荼靡，如一擎擎彩色火炬，在風中爆炸，拋撒如彩紙屑般柔弱的花瓣，舖在人行道與馬路上，一圈圈嫩黃、粉紅、淺紫、絳赤、斑白…，不用去濱海灣花園（Garden by the Bay），那年四月，整個島便是花影幻境。

家後面公園綠地種了一片阿勃勒，夏天，我一邊在戶外廚房做飯，一邊欣賞黃金急雨；家前面如中庭的另一片公園，幾乎全被五棵巨樹的樹冠覆蓋，原來它們是我記憶裡宋屋小學前操場上的鳳凰木；鳳凰木、木棉、海紅豆，仿佛含羞草放大千倍的雨豆樹…，這些我在台灣早已熟悉的大樹，又在新加坡重逢。碧山住戶和兒時眷村鄰居一樣，愛在院裡種雞蛋花和仙丹花。從家裡騎單車去貝雅士蓄水庫下段，必經湯姆森路上段巷子裡的藍花楹；烏節路上的芒果樹，東海岸的砲彈樹，植物園裡的蘭花、九重葛、山杜鵑、紫薇、木蘭…，統統是老友。

那年四月我發現另一種樹：媲美日本櫻花的紅花風鈴木。

它們在不遠的碧山·安茂橋大公園裡成群臨風佇立，樹高約

30 米。因為那年久旱逢甘霖，讓紅花風鈴木展現最大潛力，葉先落盡，再開滿整樹一嘟嚕一嘟嚕叢聚的花。在藍天襯托下，像一團團霧，邊際模糊；極淡的粉紅或淺紫，偶見一團白或豔紅、甚至鵝黃。看不清、也不覺得是花，只是一抹抹顏色，籠罩如夢。走近了才看得真切，飄落在地上一朵朵，彷彿皺紋紙折成的小喇叭。

　　海倫的好友從雅加達獨自搭機來住幾天。娜蒂雅是德國印尼混血，以前常看她上台唱歌跳舞，現在還是運動健將，學校籃球校隊。她長高長壯了，一米七出頭，比我還高。兩個大女生，長髮如雲，穿著吊帶上衣、熱褲涼鞋，輪廓分明的臉上再各架一副拉風太陽眼鏡，哪像 14 歲？她們自個兒坐地鐵出去逛街，回家後，我問是否注意到處處春花怒放的景色；女孩相顧愕然。從小習慣整潔美觀、到處有花有樹的環境，這不是她們關切的重點。她們就是正在怒放的春花，注意的是自己、彼此對方、和同年齡的男生。

　　兩個女生其實不太愛出門，更喜歡窩在家裡，絮絮聒聒，說悄悄話。看神情，聽語氣，話題不離妳我她的感情問題。送娜蒂雅去飛機場前，我在早餐桌上問她：「娜蒂雅，妳告訴我，海倫的男朋友是誰？因為她從不對我說。」

　　兩個女生隔桌相覷，頗難為情。娜蒂雅確定海倫眼神中的信號之後，像美國情景喜劇裡的青少年演員，伶牙俐齒，表情生動地說：「哦，不！海倫單身，無牽無掛！海倫是聰明人！」

　　「我知道海倫有男朋友，弟弟也知道。我還知道海倫威脅他，警告他絕不可露口風！」我大度地笑一笑。「妳不肯說，也沒關係。」

　　兩個女孩又對望一眼，不約而同噗哧一聲，笑得東倒西歪。笑

夠了，娜蒂雅對海倫說：「我們總以為父母不知道，其實他們全知道！他們對你一清二楚！」

娜蒂雅的父母之間有些問題，這些年來她一直在看學校的心理醫生。聽她這麼說，我突然感到放心、安慰。

去機場送走娜蒂雅之後，海倫在回家路上向我坦白。原來她不只交了男朋友，現在這位還是第二任；一年一位！

「妳記不記得我們搬來不久，有一天我問妳，妳覺得應該等到幾歲再開始交男朋友？」海倫問我。

我當然記得。我記得最清楚的，是當我回問她「妳覺得過了 18 歲再開始約會、談感情如何？」她臉上的表情。當時她看我一眼，不置可否，眼神裡流露出的不是反對或叛逆，而是同情、可憐和不忍心；彷彿兒女聽見醫生宣判老爸老媽得了失智症似的。

「如果妳認為我太古板，」我問她。「那時妳為什麼不說妳認為 13 歲就該交男朋友呢？」

「妳都已經講出 18 歲了，」海倫聳聳肩表示，「我能再說什麼呢？而且，我們也沒做什麼不正當的事。」

那一剎那，我才領悟到，一年多以前女兒並不是在問我一個問題，也不真的想聽到一個答案。那只是她選擇告訴我的方式，潛意識裡或許希望開始一場對話。我這做媽的，又錯過了和女兒進行溝通的契機。

但我並不後悔。我很確定當時的我不可能客觀持平地跟她討論。我也不想知道她交男朋友的細節；到現在我仍不想知道。阻隔在我們母女之間的，不只是時代的鴻溝，還有語言、文化與國情的差異。我一直深信，有朝一日，我和她將成為彼此關懷、互相尊重

的好朋友。不過看來我們還有的等呢！

朋友都交了，現階段我再說什麼，都嫌多餘。我想了一會兒，告訴她一個大學朋友極不愉快的感情經驗，然後給她一個忠告：

「交男女朋友，小心別變成戰利品，也別變成專門蒐集戰利品的人，那就好了。」

這個話題就此結束，我沒再問，海倫也沒再提。等到學期即將結束，搬家在即，海倫突然宣布她跟男朋友協議分手，從此關係正常化；沒有誰移情別戀，也沒有爭吵。再度面臨移居另一個國度、另一個陸洲，這是孩子們選擇保護自己、保護對方的方式。

絢爛花季尚未結束，新加坡人已開始憂心，不知每年一度的霾害，今年將何時來襲、會多嚴重。形成霧霾的原因是蘇門答臘與加里曼丹（即婆羅洲）島的山火；這兩個大島仍擁有全球絕大部分的熱帶泥炭層，森林遭砍伐後，環境迅速惡質化，沼澤乾涸。六月份乾季來臨，火勢一發不可收拾，到處蔓延，並在地表下的泥炭層內悶燒。泥炭層穩定時是地表重要的碳儲庫，燃燒後釋放出巨量的二氧化碳，形成有毒霧霾，籠罩整個東南亞，衛星照片裡看得很清楚。造成山火，不再只是窮人用最省錢的方式「燒芭」（先砍林再放火燒）墾地，而是合法或非法的財團在叢林中作業，蓄意及惡意的違法行為：政府發放補助金，規定伐林後必須造林，伐林集團不但不造林，反而放火燒林，一方面降低成本又省事，一方面擾亂視聽，躲避偵察。伐林是為了種植短期經濟回收高的棕櫚，淘汰取代生產力低的老棕櫚樹，處理方式也是砍伐焚燒，政府規定必須在混凝土地上燒，防杜山火擴散，大多數持牌公司都不理會，何況非法集團。

六月起山火，造成霧霾，先危害本國人，尤其是印尼人，撤離家園及患呼吸道、皮膚病與其他各種疾病的人數以千萬計；霧霾接著隨風吹往附近國家，到了九月份，殃及鄰國。小小的新加坡緊靠蘇門答臘，離加里曼丹也不遠，無論風從哪個方向吹，霧霾都如天羅地網。2013 年我印象深刻，有這麼幾天，只要一出門，到處煙霧迷濛，最可怕的是一股嗆鼻的惡臭，如影隨形。

眾多直接遭受霾害的國家中，新加坡肯定非霧霾起源地，絕對無辜；因此接受最嚴厲教訓與最殘酷諷刺的，無疑也是新加坡。新加坡政府努力淨化空氣，自詡為花園城市，得到國際間普遍的肯定，每年全球著名城市宜居調查報告，總遙遙領先亞洲其他的城市。然而城市綠化得再美，建築風格線條再流暢明亮、前衛現代，霧霾一來，全化為海市蜃樓，環境指標頓時一落千丈，變得和貧窮落後的鄰居一樣，烏煙瘴氣，戕害人體健康。新加坡不斷對最大嫌疑犯印尼提出抗議，軟硬兼施，一會兒要求國際聯合用法律制裁縱火犯，一會兒主動提議派出飛機及人員支援救火，印尼政府多半不理不睬，因為縱火案比涉及毒品及恐怖主義的案件更複雜，處理起來更棘手，　一旦變成國際事件，尚關係到面子問題，印尼政府長期執法不力，庸碌無為，讓新加坡人入境幫忙，失敗了是看笑話，成功了怕別人邀功！總之，山火繼續年年燒，現今印尼砍林燒林的問題比巴西更嚴重；地球人燒地球的肺，目前右肺燒得速度比左肺更快！住在花園城市裡的人，只能繼續年年忍受霧霾！

英國政府提供人民 13 年的免費教育[2]，地方政府有責任安排新遷入該地區的學齡孩子就學。但和別的國家一樣，升學率高的公

立學校，父母趨之若鶩，想盡辦法拿到好學區內的居住證明，報名人數永遠大幅超額，學校因此要求，家長在登記時（通常為入學前一年）出具 6 個月、登錄家長名字及地址的水電繳費收據。這表示至少在孩子入學一年半以前，家長必須準備就緒，遷入該學區；問題是，佈署周全並不能保證孩子必定進得了理想中的學校！大城市如倫敦，學區互相重疊處極多，學校素質良莠不齊，有好有壞，因為某種原因，孩子可能無法進入你心目中理想的學校，而被分編進一所爛學校。這是外派人員回國後多半送小孩上私立學校的原因之一。

搬去新加坡之前的夏天，我們帶兩個孩子去參觀位在倫敦東南郊、史提夫媽媽住處附近的一所私立中學。學校不錯，校舍由 17 世紀一幢大宅邸改建，古色古香，花園綠地廣闊，賞心悅目，但我忍不住和孩子們讀過的國際學校比較，覺得設施不夠齊全，也不夠現代化。那時孩子們已參觀過未來的學校，新加坡世界聯合書院，我本以為他們和我觀感一致，期望他們油然生出感恩惜福之心，沒想到離開之前，海倫突然對我和她爸爸說：

「我們可不可以不要搬去新加坡？！我覺得這所學校夠好了，我和弟弟可以適應良好，至少在體育方面還能得前幾名！」

她的反應令我訝異，背後的心理耐人尋味。我不認為這純粹是想進入無老虎的山中稱霸王的猴子心態，而是一種疲憊厭倦的表態。我了解孩子每次投身全然陌生的團體，必須承受極大的心理壓

2　5 ～ 18 歲，但 16 歲考完「中等教育普通證書測驗」GCSE 後可選擇不繼續升學

力，我可以體會初期的摸索、選擇和自我調整所引起的焦慮，以及想被接納的渴望，但連我都不確知再次將硬生生斬斷已建立起的友誼與安全感，對他們年輕敏感的心靈將造成多大的傷害。

無論如何，移居新加坡勢在必行。自從 2001 年 911 恐怖襲擊事件發生之後，國際間大凡涉及人流與金流的管理，如移民旅行申請、出入境檢查、存款匯款等法規，便不可逆轉地逐步嚴格化與官僚化，尤其和美國扯上關係時，辦理起來更加麻煩，這使得外派人員的日子愈來愈難過，所需申報填寫的表格文件愈形繁瑣。近幾年史提夫常抱怨有滅頂之感，極欲脫離卡夫卡式的官僚體制迷陣。不過，他決定從美國公司退休、返回英國定居以前，至少在英國境外居住一年以上，一方面將他的身份及財務稅務單純化，另一方面想存一筆錢，作回國後送小孩上私立中學的專款。

搬離新加坡前一年夏天，我們又帶孩子去看位於英國中部律倫郡（Rutland）郡政府所在地歐肯姆城內（Oakham）的歐肯姆中學。這所學校是康菲石油公司在 1995 年印尼發生大規模排華暴動期間，因雅加達局勢動盪不安，兩次將所有外派人員家屬暫時撤離到曼谷，將孩子們安插進曼谷的國際學校寄讀，搞得人仰馬翻，記取教訓後，經人事部徹底調查，在英國選中的住宿及通學學校。該校同時提供英國普通教育高級文憑（A Level）及國際文憑組織頒發的文憑，外國學生不少，回流的孩子將承受的文化衝擊應較小。康菲公司接著規定當時駐雅加達的外派人員，須將小孩送回國寄讀，否則不受理；史提夫有許多同事的孩子，都成為歐肯姆中學的校友。

司馬家多次租運河船出遊，全在英國中部的運河內航行，早已對保存英國傳統田園風光、人口與交通遠不如大倫敦區那般擁擠

的中部印象良好。正如台北人對台灣其他城市不感興趣，史提夫這位典型的倫敦人，除了在亞伯丁工作多年，對蘇格蘭熟悉之外，英國中部、北部、威爾斯及愛爾蘭，極少涉足。我們一家赴歐肯姆城勘察環境，也是他第一次踏入律倫郡。歐肯姆城歷史悠久，根據1089年完成的「末日審判書」記載，當時城內已有「158 戶人家，很大！」，城外便是全英國最大的人工蓄水湖及水禽棲地保留區，被拉薩姆公約列為國際重要濕地的律倫湖；餘者唯農田牧場與樹林，及星佈的古雅小村莊；喜歡清靜的人如我與史提夫，這樣的大環境沒得挑剔。

我們接著參觀學校，校內有音樂戲劇大樓、表演廳、工藝設計美術館、運動場…，戶外球場不計其數，課外活動選項繁多；我滿意了。全家一致同意，弟弟高中畢業以前，將以此小城為家。

孩子們順利通過入學考試，辦好入學手續，接下來是住的問題。史提夫堅持先租屋，待熟悉環境後，才考慮買房。理智上，我完全同意，但每次上網看房子，還是忍不住想鼓動他買！不為別的，只為了不想再多搬一次家。現階段的我，一想到搬家，湧上心頭的全是負面情緒：煩躁、疲倦、厭惡、消沈…。

史提夫不願遙控買房，但租房非線上操作不可，結果發現學校附近租屋選擇少得可憐。英國房子大多小巧玲瓏，自從搬去休士頓，我們習慣住大房子，加上十多年來為兩個孩子添購一大堆垃圾用品，拖著這一兩個貨櫃的長物，沒有 4 間臥室以上的房子，根本塞不下。經過篩選，只有一個選擇，從此史提夫緊迫盯人，時常打電話騷擾房產經紀人，終於搶到那棟房子，簽約一年，但屋主申明，不准使用閣樓！未來一年，我們居住的空間即儲藏室，家就是

倉庫。

　　我上網查詢歐肯姆城的人口統計資料，發現該城總人口不到一萬，絕大多數為白種人和基督徒，亞洲人不及 1%，佛教徒約占 0.3%。城裡有多所教堂——英國國教、天主教、貴格會、浸信會、衛理公會、公理會，但沒有佛教或回教團體；最近的寺廟在 25 英里外的萊斯特城內，屬於南傳佛教系統。

　　2014 年，飛往倫敦的機票訂在 8 月 15 號。我們將暑假一分為二，前半留在亞洲，讓孩子們多和同學相聚，我和史提夫為搬家準備；後半停留倫敦，再遷入歐肯姆，等候貨櫃抵達，安頓新家。

　　住新加坡最後一個月，每天都珍貴無比。我們回吉利小島在陽光下閒晃一週，也算告別印尼的島嶼與海洋。其餘時間，待在碧山，過平常家居生活：每週三次，騎單車去碧山公共泳池游泳，一張票一元新幣，奧林匹克標準池，日曬充足，氯大量分解，池水不臭也不黏，乾淨清爽。周末一家人走去碧山路對面的購物商場，先看場電影，再去鼎泰豐吃頓飯。早晨或傍晚，只要有風，天氣不太熱，騎單車去碧山、安茂橋大公園繞一圈，讓弟弟進麥當勞吃個冰淇淋。聯合世界淡濱尼校區附近有片生態綠地，當我想看黃胸織布鳥的時候，就去那裡；牠們用巧喙編織奇特的吊鐘型鳥巢，掛在樹上遠看像一根根絲瓜巾。不過，待在碧山的家裡，隨時也可以在外面看見黃鸝、爪哇八哥、以及太陽鳥「玄鳳」，彷彿紅寶石一般熠熠生輝⋯。

　　還有別的角落，一定得去。烏敏島是新加坡最後一塊原始自然地，租四輛單車，順羊腸小徑，穿越叢林去看野豬，沿海岸兜風賞

海，再跳下車走一段伸入紅樹林的木棧道，看泥灘裡的彈塗魚和招潮蟹。遇上特別值得慶祝的日子，去 33 樓餐廳酒吧，新加坡的符圖圍繞濱海灣，閃爍金屬光輝的濱海灣金沙酒店，自船形頂樓將雷射光秀投射在遊船穿梭的海灣內。數不清的瓊樓玉宇，可觸而不可及；看不盡的霓彩紅塵，蠱惑人，令人迷戀，令人迷失⋯⋯。

　　以往我總懷抱興奮的心情，期待遷居異地，在心中描摹願景；這一次，除了預期至少還得再搬兩次家，未來，是一片空白，無法想像。根據我對英國人有限的認識，像我這樣一個大嗓門、作風粗線條的亞洲婦人，投入極端重視社會禮儀，超級含蓄委婉的英國社會，情勢並不看好。但這一站是「默認設定」，不能改、沒得選，甚至可能就是終站。向來客居的心態，保留退路、騎驢找馬，得放下。

　　就連史提夫，也感受到破釜沈舟的壓力。倫敦的家人與老友們，對他旅居國外三十載、終於返國重新紮根所選擇的地點大惑不解，因為沒人聽過歐肯姆。英國中部，對身為英國人的他，何嘗不是個新國度？

　　司馬一家四口，再度背負行囊，飛度重洋，降落在那多雨多霧、夏天也能把人凍得直打哆嗦的西歐島國；但這一次，不再停駐熟悉的倫敦，我們將繼續北上，攜手深入另一塊未知領域。

跋

　　我生長在解嚴之前的台灣，從小嚴肅多思，習慣坐而思，很少起而行。那時社會風氣保守，學校也不鼓勵學生從事和升學聯考無關的活動。6 年女子中學、4 年國立大學讀完，再工作兩年存錢，24 歲才第一次坐飛機，赴美留學。我表面上看起來挺好，不負國家父母的期望，卻無日不暗自怨嗟活得狹窄無趣，生命一片空白。燦爛青春、花樣年華，與我無關；我只懂得青澀、尷尬。那是內爆期；閉塞於內的諸多渴念嚮往，儘管強烈，卻無法成形外現，只憋得一團混沌，面目模糊，生活依舊阻滯不前，乏善可陳…。

　　然後，我嫁了一位滾石不生苔、「褲子裡有螞蟻」的英國丈夫，再生下兩個健康好動的小孩。這下子我可不再抱怨生活無聊，缺少變化了！命運之輪一旦啟動，便挾帶我們往前滾，清風拂面也好，跟蹌仆跌也罷，總之非走不可，有時方向和速度都由不得你決定。我相信每一位中年人，無論婚嫁與否、有無小孩，定有同感──工程愈包愈大，歇不下來！

　　這本書可說是一部遊記，記載 1998 年至 2014 年間我人生最忙碌歲月的旅程，它標示了地理上跨越陸洲與海洋的路線：從台灣到北美洲，再折返亞洲，旅居中國、印尼、新加坡；也描述一連串心理上的陌生境域：心靈的修煉與病態、生育子女、為人父母。在我們一家人不斷遷徙途中，我得以觀察稔知異國的城市、土地、水域、人民與動物；隨人生經驗累積，面對潛伏於自我精神與性格中各種不同的可能性。童年對於自我的存在與對周遭世界充滿驚嘆與

熱愛之感，未曾稍減，只愈發強烈：地球原來如此美妙！人多麼複雜！動物這般可愛！生命何其珍貴！

女兒在北京唸小學三年級時，有一次老師請家長去聽孩子們介紹太陽系。投影幕上，環繞巨大火球般的太陽，八大行星、彗星、星際塵雲、矮行星…，依序莊嚴寂靜地朝我們逼近，再列隊遊行般逐漸遠去。老師問學生，他們最喜歡、最想去的是哪一個天體？孩子們爭先恐後舉手發言，我驚訝地發現，居然沒有一個人說出我心中的話：「我最愛的是地球。別的星球不宜人居，我不想去！」和孩子們在一起，總讓我意識到自己落伍得厲害，時代的潮流必須不斷往前推移。

1976年美蘇白熱化的太空競賽戛然終止，兩國突然同時結束登陸月球，蘇聯轉向發展太空站，白宮則明令美國太空總署從此傾力探測火星，遠程目標皆為外星殖民。我和孩子聊起這個話題，兒子毫不遲疑地表示，如果可以，他也想去火星。

我愛地球；地球是個奇蹟。地球環境不酷寒，也不炙熱，含氧量不多也不少，有湛藍的海、綠色的樹，和多不盡數、形形色色、氣味、觸感迥異的花草動物。這麼美好的家，除非它惡質化到即將毀滅，否則誰會真的想移民去火星、或是去太陽系裡任何別的星球？

也許在上個世紀末，當科學界及輿論仍在為人類是否一手促成這一波全球暖化，甚至全球是否真的在暖化而爭論不休之際，一般人會認為「外星殖民」這個話題事不關己。可是現在，歷經過去一、二十年來地球環境遽變種種現象及數據不可否認的印證，再談「外星殖民」，至少對我而言，當下觸及痛處，戳中要害。

經常旅行，我意識到，世界非常大，個人精力、時間、或財力有限，沒去過的地點永遠比去過的多。地球上仍有許許多多未被污染糟蹋的美好地方，文明勝跡持續展現人類無窮盡的智慧與創造力，令我們驚奇讚嘆，靈感湧現；落實保育的荒野與海洋依舊守衛著大自然的純淨與豐饒，洗滌我們的身心靈，賜予寧謐。但我無法假裝沒看見，地球生病了。如今居家或旅遊安全無虞的國家愈來愈少，所有我去過的自然保護區都顯露或多或少的病兆，最怵目驚心的，便是如中國、印度、印尼、尼泊爾等亞洲國家嚴重的河流污染及印尼海域堆積綿延的千年不化垃圾。

　　生病的地球，亟需我們溫柔對待。

　　除搬離德州休士頓七年之後才回訪，每次遷居，我必定在一年內安排帶孩子重訪舊地，讓他們見以前的朋友，回以前的學校，最好能和老同學再一起坐在教室裡上上課。這麼做是希望為他們年輕生命的另一階段，正式畫上休止符；我知道他們必將發現時空相隔後，自己變了，別人也會改變，從而領悟，緊抓著過去無益。

　　幾番故地重遊，我們總愕然發現，熟悉的街景地貌都變樣了，今不如昔。現下世界人口爆增，且因戰亂及經濟因素，亞、非、歐、南美洲都正在發生史無前例的大規模遷移，加上全球氣候變化，天災頻仍，大都市相貌如白雲蒼狗，瞬息萬變。2017 年是大西洋形成颶風最多、造成災禍最嚴重的一年。休士頓在哈維颶風來襲後，阿迪克斯蓄水地氾濫，洪水倒灌，把以前我們住的艾德里奇眾湖住宅區及附近無數民宅都給淹了；瑪莉亞颶風登陸我們遊歷過的波多黎各，幾乎令整個島癱瘓，停水停電，時隔一年，仍未修復。雅加達因無清潔衛生的自來水可用，包括城中心高樓大廈一概鑿井

大量汲取地下水，過去十年城北區已下沈 2.5 公尺，並且仍在以每年 25 公分的速度往下陷，成為世界上下沈速度最劇烈的都會；至於北京，中國政府雷厲風行，已將所有流民逐出首都，六環內所有老村悉盡拆除，高樓林立，朋友告訴我，再回北京，我可能找不到優山美地別墅區了！

世事無常，我們更應珍惜當下。

謹以此書，紀念我們一家人流浪的歲月，感謝豐富我們生命的那許多異地、人與動物。

唐嘉慧

2018 年夏末於英國中部

致謝

感謝所有在我生活中曾經出現與仍然駐足的人，豐富我的生命。感謝姊姊，照顧媽媽，讓我無後顧之憂。感謝我的丈夫與兩個小孩，提供本書寫作題材。最後特別感謝總編輯張蕙芬，沒有她，這本書不可能順利出版。

大開眼界自然系列

04 漂流途中 司馬家的流浪生涯

Drifting On Route – the Smalley's Roaming Career

◎出版者／遠見天下文化出版股份有限公司
◎創辦人／高希均、王力行
◎遠見・天下文化・事業群 董事長／高希均
◎事業群發行人／CEO／王力行
◎天下文化社長／總經理／林天來
◎國際事務開發部兼版權中心總監／潘欣
◎法律顧問／理律法律事務所陳長文律師
◎著作權顧問／魏啟翔律師
◎社址／台北市104松江路93巷1號2樓
◎讀者服務專線／（02）2662-0012
　傳真／（02）2662-0007；2662-0009
◎電子信箱／cwpc@cwgv.com.tw
◎直接郵撥帳號／1326703-6號　遠見天下文化出版股份有限公司

◎撰　　文／唐嘉慧
◎繪　　圖／徐偉
◎大樹書系總策劃／張蕙芬
◎總　編　輯／張蕙芬
◎美術設計／連紫吟・曹任華

◎製版廠／東豪印刷事業有限公司
◎印刷廠／祥峰印刷事業有限公司
◎裝訂廠／聿成裝訂股份有限公司
◎登記證／局版台業字第2517號
◎總經銷／大和書報圖書股份有限公司　電話／（02）8990-2588
◎出版日期／2019年3月25日第一版第1次印行
◎ISBN: 978-986-479-653-3
◎書號：BBT6004　◎定價／450元

國家圖書館出版品預行編目資料

漂流途中：司馬家的流浪生涯 / 唐嘉慧著.
　-- 第一版. -- 臺北市：遠見天下文化, 2019.03
　　面；　公分. -- (大開眼界自然系列；4)

　ISBN 978-986-479-653-3 (精裝)

　1.移民 2.異國婚姻 3.社會生活

　577.67　　　　　　　　　　108003703

BOOKZONE 天下文化書坊　http://bookzone.cwgv.com.tw
◎本書如有缺頁、破損、裝訂錯誤，請寄回本公司調換。